美国竞技体育科学训练与科研体系研究

——国家体育总局2019年“优秀中青年专业技术人才百人计划”培养对象赴美国培训班成果汇编

国家体育总局干部培训中心　编

北京体育大学出版社

策划编辑：吴　珂
责任编辑：田　露　井亚琼
责任校对：吴　珂　刘艺璇
版式设计：杨　俊

图书在版编目（CIP）数据

美国竞技体育科学训练与科研体系研究：国家体育总局2019年“优秀中青年专业技术人才百人计划”培养对象赴美国培训班成果汇编 / 国家体育总局干部培训中心编. -- 北京：北京体育大学出版社, 2021.4
ISBN 978-7-5644-0263-1

Ⅰ. ①美… Ⅱ. ①国… Ⅲ. ①运动医学－康复医学 Ⅳ. ①R87 ②R49

中国版本图书馆CIP数据核字(2020)第273231号

美国竞技体育科学训练与科研体系研究
MEIGUO JINGJI TIYU KEXUE XUNLIAN YU KEYAN TIXI YANJIU　**国家体育总局干部培训中心　编**

出版发行：北京体育大学出版社
地　　址：北京市海淀区农大南路 1 号院 2 号楼 2 层办公 B-212
邮　　编：100084
网　　址：http：//cbs.bsu.edu.cn
发 行 部：010-62989320
邮 购 部：北京体育大学出版社读者服务部 010-62989432
印　　刷：唐山玺诚印务有限公司
开　　本：710 mm × 1000 mm　　1/16
成品尺寸：170 mm × 228 mm
印　　张：19. 25
字　　数：293 千字
版　　次：2021 年 4 月第 1 版
印　　次：2021 年 4 月第 1 次印刷
定　　价：98. 00 元

前　言

为加强对国家体育总局“优秀中青年专业技术人才百人计划”培养对象的针对性培养，学习美国现代科学训练的新理念、新方法，拓宽国际视野，促进我国体育事业可持续发展，国家体育总局于2019年10月11日至11月2日举办了“优秀中青年专业技术人才百人计划”培养对象赴美国培训班。

本次赴美培训班一共 22 人，来自国家体育总局机关、科研院所和全国各地的 18 个单位，由国家体育总局人事司人才工作处副处长赵正光任团长。

国外培训在美国罗得岛、纽约两地进行，培训课程内容丰富、形式多样，有运动生理学、运动生物力学、运动营养学、康复医学等运动基础学科的理论性教学内容，也有体能训练、技术训练等实践性教学内容，还有体育管理、体育产业、体育教育、器材开发等拓展性教学课程。整个国外培训期间，学员们共参加了14期讲座、7次实地考察、1场赛事观摩和5场训练教学，通过不同方式的学习，立体化感受美国体育。

为了对此次培训成果进行交流和宣传，并向有关职能部门提供咨询参考，我们将学员培训总结、课堂记录、经验交流编辑成集。本书在编辑过程中，得到了国家体育总局人事司、北京体育大学领导的关心、重视和北京体育大学出版社的大力支持，在此一并致以衷心感谢。

由于水平有限，书中不当之处在所难免，敬请读者批评、指正。

编　者

目　录

学习成果与培训总结

专家讲课记录

科研成果交流

学习先进理念　练好专业内功
为建设体育强国打造一流的科研队伍
——国家体育总局2019年“优秀中青年专业技术人才百人计划”培养对象赴美国培训班总结

为加强对国家体育总局“优秀中青年专业技术人才百人计划”培养对象的针对性培养，经国家外国专家局批准，国家体育总局于2019年举办了“优秀中青年专业技术人才百人计划”培养对象赴美国培训班。本次培训自10月11日开始，到11月2日结束，分国内培训（10月11日—12日）和国外培训（10月13日—11月2日）两个阶段。国内培训在国家体育总局干部培训中心进行，国外培训在美国罗得岛、纽约两地进行。

一、基本情况

（一）培训目的

本次培训的目的是加强对国家体育总局“优秀中青年专业技术人才百人计划”培养对象的针对性培养，学习美国现代科学训练的新理念、新方法，拓宽国际视野，促进我国体育事业的可持续发展。

（二）参训人员

本次培训班一共22人，来自国家体育总局机关、科研院所和全国各地的18个单位，由国家体育总局人事司人才工作处副处长赵正光任团长，编制劳资处郭子龙任副团长，内设教研组和后勤组两个小组，实行团长负责制。培训班成员见表1。

表 1 “优秀中青年专业技术人才百人计划”培养对象赴美国培训班成员表

序号	姓 名	性别	工作单位	职务 / 职称	团内分工
1	赵正光	男	国家体育总局人事司	副处长	团长
2	郭子龙	男	国家体育总局人事司	主任科员	副团长
3	丁丽玲	女	国家体育总局健身气功管理中心	研究员	团员
4	何子红	女	国家体育总局体育科学研究所	研究员	团员
5	李祥晨	男	国家体育总局体育科学研究所	研究员	团员
6	邵晶	女	国家体育总局运动医学研究所	副研究员	团员
7	高颀	男	北京体育大学	教授	团员
8	李春雷	男	北京体育大学	教授	团员
9	赵俊杰	男	山西体育职业学院	副教授	团员
10	张蓝予	女	辽宁省体育事业发展中心	研究员	团员
11	马玉丹	女	吉林省体育科学研究所	副研究员	团员
12	蔡成法	男	山东省体育科学研究中心	副研究员	团员
13	刘亮	男	武汉体育学院	教授	团员
14	杨成波	男	成都体育学院	副教授	团员
15	李厚林	男	首都体育学院	教授	团员
16	刘石	女	哈尔滨体育学院	教授	团员
17	刘晖	男	郑州大学体育学院	副教授	教研组长
18	任占兵	男	深圳大学	副教授	团员
19	范国平	男	西藏自治区体育运动技术学校	高级讲师	团员
20	赵刚	男	新疆体育职业技术学院	副教授	团员
21	杨冠强	男	石河子大学	副教授	团员
22	魏琦	女	国家体育总局干部培训中心	干部	后勤组长

（三）培训内容

此次培训班分国内培训和国外培训两个阶段。国内培训主要以授课与研讨的方式进行；国外培训以授课、考察、研讨和撰写培训总结等方式进行，历时3周，旨在学习美国体育的最新成果和科研体系。培训课程内容丰富、形式多样，有运动生理学、运动生物力学、运动营养学、康复医学等运动基础学科的理论性教学内容，也有体能训练、技术训练等实践性教学内容，还有体育管理、体育产业、体育教育、器材开发等拓展性教学课程。整个国外培训期间，学员们共参加了14期讲座、7次实地考察、1场赛事观摩和5场训练教学。讲座内容涉及运动生理、运动生化、运动心理学研究、体能训练与康复、运动损伤与预防、运动营养、智能穿戴设备等。在实地考察及赛事观摩活动中，学员们考察了大学体育设施、体育科研机构、职业体育俱乐部运营，观摩了罗得岛大学冰球联赛等，通过不同的学习方式，立体化感受美国体育。

二、主要收获

（一）产、学、研高效结合的大学体育

大学体育是美国体育的主要特点之一。美国的各级政府不直接管理体育，美国体育的基石是大学体育，而美国只有一所专门的体育院校（春田学院），所以美国的优秀运动员是分散于各大综合院校的。这些综合大学的体育机制是产、学、研高度结合。从大学各种运动联盟、各种赛事，到周边产品及多种衍生品，美国大学体育已拓展到基础社会文化，而不仅限于学校圈。

美国罗得岛大学是我们这次培训的主要地点之一，该大学拥有较为先进的运动机能、运动生理等实验室。其中的运动捕捉实验室是由8个摄像头构成的3D系统，可以测量运动员的运动幅度、频度、冲击力、平衡力等，精度为5 mm，且设备可以放到训练场地使用。学校所拥有的篮球馆、游泳馆、冰球馆、棒垒球场、田径场等，有些可以和我们国家队训练场馆相媲美。先进的科研和训练直接服务于大学运动队，运动队又以优秀的运动表现，打造体育产业链。

美国大学体育的粉丝基数大约为2亿人，每年顶级大学体育比赛的累计上座率也高达2亿人次。从观赛人数、电视观众、购买运动装备人数这三大维度来看，美国大学体育的影响甚至不逊于“四大联盟”。美国大学体育的组织者为NCAA（美国大学体育联盟），NCAA旗下拥有1 100多所高校、24个联赛，以及50万注册运动员，2017年NCAA财政收入突破10亿美元。作为非营利组织，

NCAA 的使命是促进美国大学体育的长期发展。因此，NCAA 将每年的大部分财政收入以分红、奖学金、基金，以及建设体育设施等方式进行分配，从而促进了美国大学产、学、研的良性运转。

（二）精细实用的体育科研

美国的教练及体育科研人员普遍具有较高的科研素养，科研做得精细而且实用。他们认为体育和实践密不可分，并善于从实战出发，为解决训练中的实际问题收集数据、分析数据，从而做出有价值的决策，提升训练水平。比如春田学院的富特雷尔教授（医学博士、高级康复师），在“步态再训练干预以减少跑步过程的影响”研究中，提出了“脚趾瑜伽”，通过脚趾的不同开合，提升神经触感，从而起到提升精细控制力的作用。

在考察了纽约大学、罗得岛大学等体育实验室和体育科研机构后，总体感觉是有些设备虽不如国内先进，但他们实际运用得很好。比如，哈佛医学院物理医学与康复方向的滕福德教授，在对肌腱炎的研究中，常用的仪器是超声波。肌腱炎是运动员常见伤病，10% 的运动员会得肌腱炎，所以准确而及时的诊断就显得尤为重要。超声波仪器携带、使用方便，通过观测波形变化，就能做出相应判断。滕福德教授解释说，之所以不用 MRI（核磁共振成像），一是因为机器庞大且有辐射性，不能带进训练场馆；二是检查环节烦琐，不易操作。使用超声波，教练及队医可以随时进行现场诊断，并及时进行康复训练。

（三）完备的理论知识体系

单就体能训练来讲，美国已建立了完备的知识体系和训练、培训体系。体能教练必须掌握运动解剖及运动损伤知识、能量代谢系统知识、生物力学知识、运动的周期性理论、内分泌反应知识等；同时，还需要掌握良好的沟通技巧及正确的训练方式。体能教练有科学的训练理念，并将训练流程规范化，做到所有数据均可量化评估；为此，建立了“评估—纠正 / 恢复 / 再生—动作准备—运动训练—测试评估”的工作流程。其发展了体能训练的金字塔模型，并建立了 FMS（功能性动作筛查）、SFMA（选择性功能动作评估）等多种评估测试方法，创立了相邻关节理论，完善了能量系统及运动专项测试、线性速度评估、爆发力测试、柔韧性测试等多种测试方法。其学科知识体系完备，并把人体作为一个有机的整体，从哲学角度思考训练与恢复，将体能训练上升到一个新高度。

从营养学的角度来讲，就糖、蛋白质、脂肪的功效，碳水化合物、蛋白质补充的方式、数量、时机，脱水的监控及特殊能源物质的补充，相关领域的研究者都进行了深入的探讨与分析。围绕高温环境下的热习服，研究人员也进行了详细的研究，得出需要 2 周时间进行热适应的结论，并给出了热环境下如何进行热习服以提高比赛成绩的方法。

从这些天的学习内容来讲，无论是理论研究还是实践训练，都具备扎实的理论基础。而且每一项研究都不是凭空而来，都是在实际需要和前期研究的基础上发展而来的，这种坚实的理论基础为后期的创新与提高提供了可能性。

（四）先进科学的测试仪器与监控手段

罗得岛一个小小的体能训练俱乐部也配备了爆发力测试仪、速度测试仪等先进仪器，将所有测试、训练量化评估，通过测试，确定训练方案，即 why（为什么练）—what（练什么）—how（怎样练）—how much（练多少），系统循环进行。同时，再后续跟进测试，定期实施科学监测，评估训练效果，修正训练方案，真正实现了科学化训练监控。

这种复合监控体系，给学员们未来工作的开展提供了新思路、新方法，这种内部负荷、外部负荷协同监测的方式可以更好地评估训练负荷，调整急性负荷与慢性负荷的比例也可以更好地预防运动损伤，提升科学化训练水平。

（五）注重开放交流，加强各国间的合作

美国的体育发展水平处于国际先进行列，并且注重开放交流，通过与世界各国的联系，不断革新自身体育教学、科研、训练、竞赛体系及运行模式。在前进过程中，注重反思。尤其是科研院所、高等院校的有关学者，对本国体育发展各方面进行深入的探索，跟踪研究，形成连续的研究成果，为后续体育发展提供智库支持。美国对外体育文化交流，既与自身进行对照，也参照欧洲、亚洲的发展状况，有着活跃的学术交流氛围，良好的学术研究机制，在政府体育决策发生偏差时起到一定程度的监督和修正作用。

三、思考与建议

（一）中美体育的发展差异与比较优势

中美体育所产生的社会土壤和时代背景完全不同，这种不同又在不同民族文化的浸润下形成了各自的特点与民族特色。在 21 天的学习培训中，学员们一直在思考来美国究竟学习什么？又能学到什么？学员们发现专家授课过程中所讲到的许多训练理念与手段竟然和中国传统文化不谋而合，如在准备训练的肌肉激活环节，他们模仿几种动物所设计的练习动作，其实在中国几千年前的导引（如五禽戏）中就早已经存在；他们所采用的呼吸训练方法，也恰恰是中国健身气功的内容，等等。中国在体育发展中不乏经验，但理论体系的构建还有很大的发展空间。

（二）增强中国体育的学术自信

此次美国之行，学员们感觉在体育发展过程中，特别是竞技训练部分领域，美国理论体系和实践体系并不是唯一标准；且在体育社科和管理领域，国外同样存在着诸多未能解决的新、老难题，如兴奋剂、球场暴力、科技依赖等。这说明体育的发展没有固定的模式和现成的答案，需要各国进行不断和独具特色的探索。这也告诉我们，中国和美国体育之间有很大的差异，但这种差异不完全是一种差距，而是各有优势。在学习美国体育先进理念和优势的同时，也要从中国体育已经取得的举世瞩目的成就中找到学术自信，并不断增强与世界体育进行学术对话的能力。

（三）重视运动训练中的人文关怀

在多场讲座中，讲师都反复强调了在训练中注意对运动员的人文关怀，营造积极的训练氛围，减少对运动员的负面评价，激发运动员的训练热情；注重通过在训练室中以“敲钟”的特有方式营造团队文化。这充分说明了美国训练体系对团队文化精神的塑造以及对运动员人文关怀的重视。尤其重要的是，美国教练与科研人员在训练及人才培养过程中通过科学精神所渗透的人文关怀更加值得我们思考。

他们在训练开始、训练过程中及训练后的各阶段都会对运动员进行评估，并通过评估结果调整训练计划；在训练中不要让运动员成为验证教练知识的实验对象，训练知识的应用已通过验证并与自身实践结合，同时，注意根据运动员的反馈调整训练计划。以上科学训练体系的搭建与对训练细节的关注反映了教练体系对人本身的关怀，通过科学训练、想尽一切办法延长运动员的职业生涯是对运动员最大的，也是最基础的人文关怀。

当前，我国教练与管理人员都认识到了运动员首先是一名社会人，需要给予运动员高度的人文关怀。在训练及人才培养过程中，都要体现对运动员的关心与关怀。

（四）竞技体育人才培养：继续发挥与完善举国体制的主体作用

由于美国职业体育的高度商业化发展，美国竞技体育人才培养主要依赖于家庭、俱乐部和高校运动队。在这个培养过程中，经济作为最主要的因素在运动员参训初期就决定了运动员参与的深度和广度。如果没有家庭的经济支撑，运动员将缺少高水平的专业指导。相关科学研究也需要运动项目联盟或者商业机构的支撑，而由于职业联盟和商业机构都是营利机构，其支持研究的前提是能够带来巨大的利益回报。

相比较而言，举国体制对促进我国竞技体育发展发挥了巨大的作用。因而，我国竞技体育在人才培养中需要举国体制继续发挥基石作用，有效融合多种培养方式，对处于“职业前”阶段或缺少职业化基础的运动项目，应坚持以专业培养模式为主，以体教结合培养模式和社会自主培养模式为有益补充，在举国体制的基础上，加大对处于职业过渡阶段和职业基础阶段运动员的支持力度，充分发挥举国体制的优越性。

四、结语

美国21天高强度、高密集的培训，让来自全国各地的科研人员都受益匪浅。通过各项课程的学习与考察，综合全面地感受美国体育的最新成果和科研体系，学习了美国体能训练与康复，运动生理、生化、心理学，运动损伤与预防，运动营养，智能穿戴设备等内容，通过各项课程的学习与考察，整体提升了学员的科研能力和知识体系，达到了出国之前设定的预期目标。“学为我用、兼收并蓄”，相信全体学员会在学习、吸收、消化美国体育先进理念的同时，实现我国体育在理念上的创新、思想上的突破。同时，不断革新自身体育教学、科研、训练、竞赛体系及运行模式，提高我们的体能训练、运动康复水平，为我国体育健儿在 2020 年东京奥运会和 2022 年北京冬奥会上取得优异成绩、为体育强国的建设贡献体育科研人员的集体智慧！

赵正光团长向罗得岛大学加里・利古里院长赠送奥运会纪念品

观摩默西学院女子曲棍球队训练后合影

开展“中美双方教研活动”，学员为美国 NCAA 篮球队运动员授课

丁丽玲老师带领培训班全体成员练习八段锦

学习成果
与培训总结

他山之石 可以攻玉

山东省体育科学研究中心 蔡成法

2019年“优秀中青年专业技术人才百人计划”培养对象赴美国培训课程主要在罗得岛大学和纽约默西学院进行，本次培训采取了专家讲课、现场观摩与实际操作相结合的方式，培训方式灵活，培训内容丰富，主要涉及美国体能训练的当前理念、体能训练的哲学、竞技体育管理体制及可持续发展、竞技体育的商业化运作模式、青少年及大学体育发展、大数据在竞技体育中的应用等内容。通过培训，我开阔了视野，丰富了专业知识，提高了认识，得到了有益的启示。现总结如下。

一、美国体育发展模式及特点

（一）美国体育的发展模式

美国的体育建设是重点发展精英体育，通过精英体育的繁荣带动大众体育的发展，最终形成精英体育与大众体育的协同发展。美国精英体育发展模式是金字塔模式，共分为青少年体育、高中体育、大学体育、职业体育和奥林匹克体育五个层面。五个层面的发展是逐级递进的，在美国，一名运动员要想代表国家参加比赛，必须经过层层培育，层层筛选，只有进入精英阶层，才能有代表国家参赛的机会。在精英运动员发展过程中，每一层级都有较为明确的发展目标、定位标准及培养方式，且各层级间的发展是相互联系、相互支持的，从青少年到奥林匹克体育的金字塔模式，为美国体育的职业化与商业化提供了坚实的后盾。

（二）美国体育的发展特点

美国重视青少年体育发展，6~17 岁的青少年参与体育的总人数达到 2 600 多万人，分为社区、俱乐部和业余体育联盟三种模式，占到美国青少年人口的 50% 以上，且近年来青少年体育发展趋势发生较大变化，参加有组织的体育活动人数显著增加。青少年体育以社区模式为主，鼓励青少年参加多种运动项目，不强调专项化，旨在培养青少年对体育的兴趣，在从事体育运动的同时，磨炼其意志品质，培养其团队精神及面对挫折的能力。

美国高中体育是在青少年体育的基础上发展起来的，参与体育运动的 2 600 多万名青少年中，会有 700 万名以上的人继续从事体育运动。美国高中普遍拥有室外运动场和设施齐备的室内体育馆，学校为高中体育竞赛营造了良好的氛围，在某种程度上，学生对体育的热爱甚至超过了学习。学校也会提供带有季节性特点的运动项目，多数项目持续 3~4 个月，美国高中生运动员能够根据季节变化选择不同的运动项目。

美国大学生参与体育运动的人数在高中体育的基础上继续缩减，缩减至 40 万 ~50 万人，此阶段的体育运动由几个协会共同管理，其中，NCAA（美国大学体育联盟）是最有影响力的机构，NCAA 是美国高校竞技体育规则制定的主体，属于非营利性机构，但其主导着美国大学体育的发展。美国大学体育在 NCAA 的领导下实现了教育与体育的有机融合，美国大学生运动员中的一部分会成为职业运动员。

美国的职业体育联盟共有约15 000名运动员，一部分来自高校，是由NCAA培养模式培养出来的运动员；另一部分则是在高中毕业后直接成为职业运动员。美国职业联赛是体育商业化的成功典范，在宣扬美国体育文化和价值观的同时，也在世界范围内赚取商业利润。

代表美国参加奥运会的运动员最终是在五六千人之中选拔，这五六千人是美国精英体育的主体，是金字塔模式中的“塔尖”。

二、美国体育发展的成功之处

（一）重视青少年体育发展

在美国的体育发展模式构建中，青少年体育发展是最为关键的一环，它是美国体育发展的基础。对于青少年的体育教育在美国有着完善的体系，从学校到俱乐部实现了无缝衔接，体育教学内容有统一的要求。青少年阶段，重视基础能力和兴趣培养，鼓励并引导学生从事多种运动项目，禁止过早专项化，无论是学校还是俱乐部均重视青少年的柔韧、灵活、灵敏、协调及速度等能力的发展。以冰球为例，20 世纪七八十年代，美国体育实践证明，单一的训练发展模式并未取得成功，从 21 世纪开始，美国用 7 年的时间研究挪威和瑞典等国的冰球运动，形成了自己的 ADM（美国发展模式）——美国最佳青少年发展方案。ADM 将青少年按年龄分段，并细化了每一年龄段的发展内容，学校及俱乐部的冰球训练均统一使用冰球协会制定的方案，2~4 岁，注重发展其基本运动技能；4~6 岁，让其选择多个运动项目培养兴趣；6~10 岁，保留 1~2 个喜欢的运动项目；10~13 岁，注重训练其敏捷性、灵活性和基本技能，不让青少年过早地专项化；14~18 岁，对其进行专项化训练，再进行增肌、力量、爆发力的练习。随着 ADM 的深入执行，美国冰球联盟培养的运动员数量从 1980 年的 76 名发展到 2018 年的 286 名，冰球联盟的会员也由 1990 年的 125 195 个发展到 2018 年的 562 365 个。这种爆发式增长得益于 ADM 的严格执行，这是今天美国冰球职业化繁荣发展的基础。

（二）重视教练的培养

美国非常重视教练培养，针对教练制定了详尽、统一的培训内容，并有严格的考核认证体系。与此同时，鼓励教练终身学习，与高校科研人员加强合作，教练通过多渠道获取训练信息，并将有用信息整合到自己的训练中。在美国，教练不仅要懂训练学，还要懂心理学，并且掌握高效的沟通技巧。教练综合素质及执教能力在不断地学习与培训中得到了充分发展，教练与运动员之间的知识传递通道更为顺畅，训练实践与理论研究相得益彰。

（三）重视体能训练，促进健康发展

美国现代体能训练体系的关注点已不仅仅是围绕具体身体指标的训练方法或手段，而是在奥林匹克背景下，基于人本主义理念和生命健康前提，依托生命科学原理，围绕竞技目标定位，平衡各学科因素开展的运动与训练活动。因此，美国体能训练具有典型的体系化特征和丰富的文化内涵，成功避开了急功近利的危害。美国体能训练分工精细，且具有高度职业化特征，结合社会需求，美国成立了许多与运动相关的协会，如美国运动训练治疗师协会、美国体能协会、美国物理治疗协会和美国运动医学协会等，这些协会负责相关从业资格的认证及培训工作。美国社会需求的多样性决定了职业化细分的程度，体能教练不仅要掌握训练学相关知识与技能，还要广泛涉猎其他学科知识，所以在美国具有体能训练认证资格的人群范围非常广泛，包括运动生理学家、研究人员、教练、学者等。体能训练不只存在于职业体育和高水平竞技体能领域，还广泛存在于教育、军队、警察、运动健身、航空航天等领域。这种“百家争鸣”式的体能训练发展模式，满足了美国不同社会职业对运动的需求，也夯实了美国奥林匹克体育的群众体能基础。

（四）重视实验和数据分析

在美国，应用于训练实践的训练方法，基本上都有相关实验进行过验证，提高了训练的科学性。我们要重视训练过程中的数据采集、分析及提炼，通过大数据分析，厘清项目特点，评价训练效果，从而指导精准训练。

三、关于我国体育强国建设的思考

（一）加强我国体育发展模式建设

在我国深化体育改革的过程中，对美国体育发展模式的研究是我国体育发展顶层设计的重要参考。结合中国特色，依托体教结合的模式，细化学校体育教学内容，激发青少年对体育锻炼的兴趣，同时增加体育课的时间，结合国情适当增加小学生体育锻炼项目，并对项目训练内容进行详细规定，围绕健康促进的发展理念，重点发展这一阶段学生的灵敏性、柔韧性、速度等基本能力，

杜绝对此阶段学生实施专项化训练。中学阶段，逐渐增加体能训练的比例，并根据中国体育发展总体规划，以项目发展规律为导向，制定中学生体育发展教育大纲，按照年龄阶段把内容进一步细化，最终固定中学体育教育模式。重视大学体育发展，完善中学到大学体育发展的通道，强化大学生体育协会的功能，充分发挥大学生体育协会在大学生体育联赛中的作用，完善大学生体育训练的团队结构；参加大学生体育联赛的各项目校队除了主教练，还需要配备助理教练、物理治疗师等；扩大大学体育教育培养范围，除了承担对在校学生的培养，还要承担对社会体育精英人才的挖掘与培养。

（二）加强教练队伍建设

在中国，教练的培养主要由国家、省、市及区、县体育局和运动项目管理单位进行，高校的体育教育职能被弱化，造成教练执教水平和知识结构的脱节，建议加强高校资源向体育教练培养倾斜，应根据项目特点和发展规律，开设有针对性地对教练进行培养的课程，以便整体优化教练的知识结构和执教能力。此外，还要发动社会力量参与教练的培养，鼓励和支持民间体育组织开发教练培训、认证课程体系。为加强管理，制定各运动项目教练行业标准，加强教练培训和资格认证方面的监管与评估。

（三）重新认识体能训练

我国体能训练经历了理论引进、消化吸收、应用实践总结及创新发展四个阶段，体能训练无论对竞技体育还是大众健身都产生了巨大的推动作用，但是目前体能训练的发展在我国遇到了瓶颈，为了打破这个瓶颈，我们需要做到以下几个方面：在国家层面上，应该统一体育行业相关人员的认知，组织国内外专家将经过实践检验的体能训练相关碎片化理论进行整合，形成符合我国国情的系统化体能训练体系；在理论和实践两个层面上，完善体能教练培养体系，统一标准，加强体能教练考核认证；扩大体能教练队伍，将体能教练资源向学校体育倾斜，尤其是13~16岁青少年学生的体能训练需要专业体能教练指导；加强体能训练的创新理论研究与投入。

（四）加强数据库建设和数据挖掘技术

受国际大环境的影响，大数据在体育领域发挥的作用日趋增强，我国大数据研究及应用研究主要集中在竞技体育、体育产业、体育教育和体育传播等方面，理论研究偏多，应用研究偏少，且数据挖掘深度不够。建议加强数据库建设，着眼于利用现代化的科技手段实现“海量”数据积累；利用高校和体育研究机构资源，加强体育大数据人才建设；转变研究视角，将对单一变量或两个变量关系的研究转向多变量关系的分析及应用；建立竞技体育、体育产业、体育教育、全民健身之间的联动机制，加强数据挖掘的深度。从政策层面将大数据的研究引导到成果落地应用，真正做到数据来源于群众又服务于群众。

学习 拓展 融合 发展

国家体育总局健身气功管理中心 丁丽玲

2019年10月11日至11月2日，国家体育总局2019年“优秀中青年专业技术人才百人计划”培养对象一行22人，赴美国罗得岛和纽约进行了为期21天的培训。

一、学习收获与启示

教练最初的含义是搬运，从A运到B，表示作为一名教练，要使运动员不断提升，从一个起点到达一个巅峰。这次培训所接触的美国讲师，既有俱乐部的教练，也有大学教授，在与他们的接触过程中，感觉这些教练大都有个共同特点，我称之为“综合素养高”。这种综合素养包括三个方面，即运动能力、科研素养、职业素养。

首先，美国优秀教练大多具有较高的运动能力。美国是一个崇尚体育的国家，在学校如果只是学习好而体育不好，会被人瞧不起，所以学生从小就广泛地参加各种运动，具有良好的运动能力。比如佛罗里达大学蒂姆教授，他获得了4个硕士学位，同时也是世界壁球冠军。蒂姆教授举例说，在他的办公室悬挂的是奖牌，而不是博士头衔，因为奖牌比毕业证书更具有说服力。良好的运动经历，能够让这些教练在关键时刻做出正确的抉择。

其次，美国优秀教练大多具有很强的科研能力。他们善于在实践中收集数据，分析运动员表现，并能运用于运动执教实践中。例如，波士顿棕熊队体能主教练迈克，在他25年的体能训练中，研究并运用了金字塔训练模型。

金字塔训练模型主要由力量、速度、灵敏、意志、技巧等因素构成。

在这个金字塔训练模型中，技术只占到了15%，而体能和其他因素占到了85%，最为关键的是，迈克能很好地运用并完善这一模型，将体能训练见缝插针地运用于赛季和非赛季的训练当中。

迈克主教练讲授金字塔训练模型

此外，美国优秀教练具有较高的职业素养。无论是高中教练、俱乐部教练还是大学校队教练，他们都以从事教练职业为荣，在工作中充满了热情和激情。春田学院（美国一所专门体育院校）布赖恩教授列举了教练的4条职业素养。①知识丰富。布赖恩教授要求自己每年读50本书，内容涉及方方面面。②抓住机遇。要善于发现并抓住机遇。③两分钟定律。无论是庆祝，还是忧虑，都不要超过两分钟，而后忘记它，投入新的工作。④要像爱护自己孩子一样爱护运动员，力争使他们有所成就。迈克有个理念，即不让俱乐部浪费一块钱，不浪费运动员一分天赋，不让运动员白流一滴汗。

二、结合自身项目的两点思考

（一）传统体育的康复训练优势

我从事的运动项目是健身气功，典型代表是八段锦、易筋经、五禽戏等。

健身气功将自身形体活动、呼吸吐纳、心理调节相结合，是优秀的民族传统体育项目之一。健身气功可以说是体医结合的典型代表，在恢复体能和康复治疗中有着独特的优势。

现代体育，包括竞技体育与群众体育，训练、恢复、康复是三大核心问题，可以说，谁恢复得快，康复得好，谁的训练（锻炼）效果就明显。健身气功最大的特点是柔和缓慢，抻筋拔骨，身、息、心三调合一，在恢复体能和康复治疗中有着独特优势。在现代康复手段中，很多都有这些传统方法的身影。比如，本次培训中斯普林菲尔德学院体能教授布赖恩，以及波士顿棕熊队体能主教练迈克，都非常注重呼吸训练，通过逆腹式呼吸的节律控制，调节生理机能和运动能力。再比如，春田学院富特雷尔教授在“步态再训练干预以减少跑步过程中的影响”研究中，强调对体态的要求，舌抵上颚，下颌微收，头顶领起，等等，这些与中国传统练功方法有着异曲同工之处。

纵观近 10 年国际上对健身气功的研究，发表在核心期刊上的健身气功、太极拳研究以生物学、医学康复领域居多；以健身气功与生活质量、姿势控制、精神健康三个知识群为特点，研究层次分明，且逐步加深。健身气功源于中国，我们在发展这一项目上有着得天独厚的优势，建议加强对它的研究和应用，发挥其在身心恢复及康复上的独特作用。

指导迈克教练练习八段锦

（二）传统体育的开放融合发展

健身气功的实践基础主要是古人大量功法锻炼的身心体验，基础理论涉及中国传统医学、哲学及儒、释、道等多家学说，功法传承多在古代哲学语境下进行经验性的总结探索。目前，健身气功科学研究面对的最大挑战和机遇是如何运用现代科学中适应项目特点的研究思路、方法和手段，解析自身的科学内涵，以实现传统文化最广泛的传播。

对此，我有以下几点思考：一是要借鉴现代科学思维方式，培养科学研究素养。二是要甄选研究方法与指标。甄选符合健身气功项目特点和规律的研究方法指标是解决问题的核心，这就像找对开锁的钥匙，建立传统文化通往现代科学的桥梁。三是运用好现代科学工具，如大数据研究、智能穿戴设备等。

加强体育运动国际化交流

西藏自治区体育运动技术学校　范国平

根据国家体育总局2019年培训计划，并由国家外国专家局批准立项，由国家体育总局人事司主办、国家体育总局干部培训中心承办的2019年“优秀中青年专业技术人才百人计划”培养对象赴美国培训班，于10月11日至11月2日成功举办，现将有关情况总结如下。

一、培训目的

了解美国运动训练技术、体育科技发展，增强国际化眼光，学习美国现代科学训练新理念、新方法，拓宽国际视野；了解美国相关专业的课程设置和课程学习内容，作为回国后从事教学工作的参考；了解美国做科研的思路和方法，提升我国的科研能力，加快我国体育科学技术发展，夯实体育产业发展的科技支撑能力。

二、本次培训的特点

（一）严谨细致的安排

此次学习培训内容都是严格按照事先制订的计划进行的，没有做任何临时调整，这也体现了对接待方及授课教师的尊重。

在美国学习期间，学员们遵守培训纪律，严格按照培训计划有序进行。在赴美培训期间接待方安排了丰富的教学活动，使每一个参加研修的学员收获颇丰，受益匪浅，不但提高了自己的专业技能，而且开阔了视野。

（二）坦诚广泛的交流

培训班中有不少国内体育科研、运动康复领域的专家，所以在培训过程中会出现思想的碰撞，总体来说，美方授课人员对于这种思想的碰撞持欢迎态度，他们喜欢学员提出问题甚至就不同观点进行讨论，在课后也会留下联系方式，欢迎大家以后继续保持联系和讨论问题。

（三）丰富多彩的观摩

培训期间，为避免总是安排讲座而使学员产生倦怠心理，接待方特地安排校内内容丰富的观摩考察，学员们也因学习方式的改变振奋了精神。学员们在罗得岛大学现场观摩各个实验室及运动训练设施的配置，由厄普带领参观运动生理学实验室，观摩迈克的体能训练，迈克是体能和力量专家，有超过 20 年的专业冰球运动员的训练经验。

学员们在默西学院观摩女子及男子足球训练，并与教练交流；观摩曲棍球队训练并与教练交流，还观看了曲棍球比赛。

三、主要收获

（一）感受专家风采，聆听出色讲座

本次培训期间，我们总共进行了 14 期讲座，每一期讲座都让我深深体会到培训院校的专家、名师的风采，他们兢兢业业，严谨治学的敬业精神令人钦佩，他们热情开朗的性格、幽默的语言也在深深吸引着我。同时，专家们还以鲜活的实例、精湛的理论阐述，进一步从理论的层面上解释了在运动训练过程中碰到的实际问题。

（二）美国运动员选拔机制

美国学校从小学到中学，都十分重视体育成绩，鼓励学生参加体育运动。各学校、年级都有运动队或联赛，体育是学生非常重要的加分项，竞争激烈。各大学通过奖学金、降低分数线、优先录取等形式，吸引和选拔运动员。进入大学，学校有体育协会，校际有体育联盟，还有激烈的大学联赛。很多大学生

运动员已是顶尖选手，他们参加大赛，接受商业赞助，和职业运动员已经没有区别。美国的运动员选拔体系与许多国家大不一样，大体来说，美国的运动员基本上是“自生自长”的，没有国家培养一说。每个体育项目的所谓国家队，大部分是临时组成的，比赛完成之后自动解散，到需要时再重新组建。美国运动员基本上在整个运动生涯中，无论是决定参与某一体育项目，成为该项目的运动员，还是聘请私人教练进行平时训练，所有的决定都是个人、家庭与教练做出的，所有的经费也都是靠个人、家庭想办法解决的，包括寻找赞助、争取奖学金等（当然，一旦代表国家参加国际比赛，在赛前的短期训练及参赛期间的费用，则由相应的组织机构负责），在这个过程中，政府不会出资，更不会向运动员发工资。所以，除了天分、努力、机遇，能否解决训练、比赛经费及日常生活所需，则是一名运动员面临的最大挑战。当一名运动员显露出自己在某一项目上的兴趣、才华时，就会参加当地的体育俱乐部、训练中心或学校运动队，然后通过参加一系列比赛获得同行的认可，在绝大多数个人项目中，如田径、游泳、体操等，参加比赛是入选国家队的重要渠道；而团队项目，如足球、排球、篮球等，则多由国家级教练选择、推荐队员。

（三）美国大学体育联赛对大学生运动员要求非常严格

大学生运动员的入学标准与其他普通学生一致：申请大学生运动员资格审查的学生必须高中毕业，且高中期间必须修完一定数量的必修课程和核心课程且成绩合格，SAT（学术能力评估测试）或ACT（美国大学入学考试）成绩必须达到最低分数线。

在学业要求上，大学生运动员在上大学、修学分的过程中，与其他普通学生的要求完全相同，学校不会因为他们是运动员，或是优秀运动员，而放松学习标准。

在训练参赛上，为了贯彻以学为主的方针，美国对学生运动员的参赛和训练时间做了严格的规定。

注重大学赛事与职业赛事的赛制衔接。如美国职业篮球联盟和球员工会规定，进入联盟的最低年龄是19岁，或者是高中毕业至少一年，保证了人才培养的系统性和连贯性。

（四）美国的体能训练

本次培训使我了解了美国体能训练的基本状况、现代体能训练的特点及发展方向，并总结出美国体能训练的先进性、系统性、复合性、专项性、精细性及规范性等特点。结合国际现代体能训练理论与实践，在核心力量训练、力量平衡、功能性力量训练、损伤预防、运动伤病体能康复等方面表现出了明显的效果。美国体能训练体系的理念是通过运动促进人类身体发展，以人为本，保持健康，围绕竞技表现能力目标，以力量为核心系统整合安排训练计划。

看清美国体能训练核心之所在，从认识上掌握美国体能训练的理论原理，才是我们学习体能训练的正确方法，才能掌握美国体能训练的精髓，我们才能在工作中触类旁通、举一反三，正确定位体能训练，准确使用体能训练的手段与方法，有效提升体能训练的效率，达到向美国学习体能训练的目的。美国的体能训练，我们需要从它的背景层面去深入了解，才能对它形成比较完整的认识。

四、感受及建议

多数学员是第一次出国访学，对国外的学习和生活相当陌生。初来乍到，由于语言不通、社会状况不熟，在学习和生活中会遇到不少困难。因此，提前做好相关准备，处理好各种问题，对每一个学员来说都非常重要。当然，每个学员的兴趣爱好、学习规划等方面存在较大的差异，他们需要做的准备和应当解决的问题也各不相同。结合自身的感受，提出如下建议，希望能更好地促进工作的开展。

在美国生活和学习，关键的准备有两点：一是事先联系好住宿的地方，尽量选择离研修地点较近的宾馆，减少长时间的奔波；二是携带好必备的生活学习用具。美国和中国的电压不同，学员最好能从国内携带一个电压转换器，便于在美国使用从中国带来的各种电器。

在研修期间，学习任务虽然比较繁重，但也有自由支配的时间。如何把这些时间安排好，对每一个研修人员来说都很重要。研修人员要利用这些时间开展学术研究工作，使自己在研修期间的学习和生活丰富而充实，在研修结束后能够满载而归。

在美国 21 天的学习和生活，让我有机会较深入地了解美国文化、教育、经济等各个领域，感受中美两国在各个方面尤其是在高等教育领域内的诸多异同。另外，也更加强烈地感受到中国在诸多方面也有着自己独有的优势，为祖国的发展和繁荣昌盛而自豪，为祖国在国际舞台上影响力的日益增强而欣慰！

对跟腱病变评估与治疗的认识

北京体育大学　高颀

如今，跑步非常流行，越来越多的人参与其中。大多数跑者认为跑步非常简单，一双普通的球鞋和一块空地就可以跑步。事实上，并非如此，跑者可能需要注意鞋子的选择、跑步的姿势、自身的能力及跑步节律等问题。如同课程中提出的，增加每分钟的步数可以降低下肢的负荷，使用前足过渡的模式可以降低损伤的风险。跟腱病变是跑者可能遇到的严重的损伤之一，它甚至导致9% 的业余跑者和 5% 的职业运动员结束运动生涯。此次课程让我对跟腱病变的评估和治疗有了更为深刻的认识，我将之前的临床与科研知识与本次课程相结合进行总结。

正如课程所提出的，跟腱病变是一种过度使用跟腱导致的损伤。主要特征是跟腱局部疼痛，通常与体力活动和运动相关。患者通常主诉跟腱在体力活动中和活动后存在疼痛，早晨僵硬并且局部压痛，症状出现在跟腱中部或止点处，症状通常会随着身体活动减少而缓解。

已经有文献提出了一些对跟腱病变的检查，主要包括主观检查、跟腱触诊、弧形征测试及小腿挤压的鉴别诊断测试，最后从功能的角度在站立位进行被动牵拉、单腿提踵和单脚跳跃测试。虽然一些主观检查有不错的敏感性和特异性，但仍有一定的弊端，因为跟腱病变常常与腱围炎和后跟囊肿同时出现，主观检查并不能同时进行鉴别诊断。因此，我们还需要借助影像学的帮助，进一步确定临床假设和鉴别诊断。如今大量研究证明，肌骨超声与 MRI（核磁共振）在肌腱检查上有相同的敏感性和特异性而且相对方便。

跟腱病变的风险因素主要包括内在因素和外在因素。内在因素主要包括下肢生物力学异常，比如长短腿、膝外翻、前足过度旋前和距下关节活动受限，以及全身情况，如年龄增长、骨关节炎、皮质类固醇的使用、糖尿病、高血压、肥胖、痛风等因素。外在因素主要包括过度的力学负荷和错误的训练方式，如增加间歇性训练、训练计划的突然改变、过度的山地训练、在坚硬或倾斜表面训练、较差的减震等。课程让我进一步认识到不能局限于跟腱局部的检查，可能需要考虑整个下肢的力线、骨盆的位置以及核心的稳定性。因为人体是一个整体，每个区域相互关联，只有通过改善相邻关节或整体下肢与核心的力量才可以改善症状。在风险因素中，还需要注意患者的病史、用药及生活习惯的情况。最新的研究提出使用氧氟沙星等抗生素，曾经的下肢肌腱病变或骨折、中度饮酒等因素都会增加跟腱病变的风险。因此，在问诊环节我们了解得更加详细，这对临床检查和治疗会有重要的指导意义。目前，跟腱病变的病因尚未清楚，这也使治疗变得更加困难。作为物理治疗师，我们要尽可能地去发现跟腱损伤的风险因素，并进行解决，从而提高患者的跟腱功能和生活质量。同时，外部风险因素也证明了正确进行跑步训练的重要性。

针对跟腱病变的治疗，在课程中已经提到了离心训练（表 1）和大重量慢速抗阻的练习。已经有大量的研究证明，这些练习能够有效改善症状。一项随机对照研究比较了离心训练和向心训练的治疗结果，12 周训练后的结果显示，离心训练组有 82% 的患者满意并且重返之前的活动水平，但向心训练组只有 36% 的人满意且重返之前的活动水平。此外，在以 78 名患者（101 个跟腱）为测试对象的另一项研究中发现有 89% 的跟腱因离心训练而缓解疼痛，且有良好的预后。超声和 MRI 的随访研究也发现，随访过程中的改善比即刻训练后更加明显，这也证明离心训练有很好的长期预后效果。

由于跟腱病变的位置不同，分为止点型病变（跟骨止点）和中段病变（跟骨止点近端2 ~ 6 cm处）两种，那么在离心训练的方式上就会有一些差别。目前，离心训练虽在研究与实践中大量应用，但没有针对具体动作的完成时间、组间间歇、如何控制进阶等细节做出明确阐述，只是提出了在屈膝位和伸膝位下重复的次数、组数、频率、强度等参数。在离心训练与大重量慢速抗阻训练的随机对照研究中，研究者基于阿尔弗雷德森（Alfredson）的方案，改进了训练方案，并且研究结果显示离心训练对患者短期和长期都有很好的效果。我将之前这些文献中的参数进行了汇总，提出了一个应用方案。但更加细致的方案，还需要进一步的研究证明，以确定更加有效的离心训练方案。

表 1 离心训练常用的参数

参数名称	参数量
练习动作	站于台阶边缘，健侧下肢抬起足跟后，将重心转到患侧下肢；分别在膝关节伸直和屈曲位下进行
动作完成时间	从起始位到足跟落下最大背屈位的时间为 3 s
重复次数	15 次
组数	3 组
组内间歇	2 min
组间间歇	5 min
频率	每天 2 次
持续时间	6 ~ 12 周
练习强度	练习过程中会出现疼痛和不适（尤其前 2 周），但要控制疼痛在 5 分以下，且疼痛时间不会持续到下一次训练，如果疼痛持续存在就说明强度过大，需要调整负荷、重复次数或组数

虽然离心训练有很好的预后，但需要患者每天进行，有些患者可能很难完成，因此课程中提出的大重量慢速抗阻的方法是一个很不错的选择。大重量慢速抗阻所需要的频率较慢，时间较短，患者更加容易坚持。并且研究发现，大重量慢速抗阻练习与离心训练有相似的预后，我将训练的过程总结如下（表 2）。

表 2 大重量慢速抗阻常用的参数

参数名称	参数量
练习	每次进行 3 个双下肢动作练习： ①坐位屈膝，足跟抬起落下 ②坐位，卧蹬架下足跟抬起落下 ③站立位，直膝前脚掌站于杠铃片，足跟抬起落下
一次动作完成时间	足跟抬起 3 s，落下 3 s
每周计划	第 1 周　15 RM 第 2 ~ 3 周　12 RM 第 4 ~ 5 周　10 RM 第 6 ~ 8 周　8 RM 第 9 ~ 12 周　6 RM RM 指标准完成个数的最大重量，15 RM 是指能够标准完成 15 次训练的重量，以此类推
组间间隙	2 min
每个动作组数	3 组
3 个动作的间隙	5 min
频率	每周 3 次
持续时间	12 周
练习强度	练习过程中会出现疼痛和不适（尤其前两周），但控制疼痛在 5 分以下，且疼痛时间不会持续到下一次训练，如果疼痛持续存在就说明强度过大，需要调整负荷、重复次数或组数
日常活动	可以继续日常活动，但控制疼痛在 5 分以下（参考练习强度）
小提示	脚踝落下达到最大踝关节角度

除了课程中讲的离心训练和大重量慢速抗阻训练外，体外冲击波治疗已被英国国家健康和保健医学研究所批准用于治疗跟腱病变，研究证明体外冲击波治疗可以改善患者症状，尤其是针对止点型的病变。牵拉是日常中很普通的练习，研究发现牵拉对跟腱病变也有良好的预后，但研究数量较少。还有一些医生常用的治疗，如硬化注射、非甾体抗炎药等，也都有很好的效果。

本次课程中让我印象深刻的是跑者步态再训练准备阶段的练习与测试。尤其是针对足弓的练习，因为过度的足旋前会增加跟腱病变的风险，而且多数足弓下降可能都是后天因素造成的,通过足弓的练习我们可能会改善它的形态，从而降低损伤的风险。同时足趾的练习也让我有了更多的思考，因为足底筋膜与跟腱是相连的，足底筋膜的过紧可能会导致跟腱的过度紧张，跟腱与跟骨发生撞击，从而产生症状；足趾的瑜伽练习能够牵拉、放松足底的筋膜，从而减小跟腱的压力，缓减症状。

当患者跟腱的症状得到改善，我们可能需要通过功能性动作模式筛查，如 FMS，找出患者功能中的不足，对不足进行更细致的筛查，如肌力检查和延展性检查等，最后通过课程中的一些训练动作进行纠正，逐渐递增难度，为后续的步态再训练进行准备，预防损伤。步态再训练可以通过视觉的反馈来进行，已经有研究证明这种方法可以通过改善患者跑姿改善症状。

总体来说，此次课程让我了解到了一种新模式的步态训练，通过改善跑步的节律与前足过渡的模式预防损伤。同时也进一步加深了我对跟腱病变评估与治疗的认识及思考，后续我会将课程的知识进一步地用于临床与科研中，找到更多的证据支持这些练习。

汲取众长　融会贯通　执着投入 寻求突破　灿烂绽放

国家体育总局体育科学研究所　何子红

我有幸在2019年10月11日至11月2日参加了国家体育总局“优秀中青年专业技术人才百人计划”赴美国培训班，进行了21天的学习。此次赴美学习对我而言是一次激励——积淀的翻陈、现实的交汇、知识的碰撞、事业的自信、工作的激情；是对我工作一次难得的回顾、总结和感悟。通过此次学习，我获得了心灵的启迪，拓展了研究思路、开阔了视野。以下是我此次培训的主要体会与心得。

一、融会贯通，找到新的切入点，为进一步解决2020年东京奥运会备战问题提供了思路

（一）应用尿颜色和尿比重在赛区把控运动员的脱水和水合的实时状态，为精准化的速降体重和称重后的快速恢复提供可量化依据

我已经从事了四届奥运会（2004年、2008年、2012年和2016年）的科研攻关与科技服务，目前正在带领团队进行2020年东京奥运会的备战，虽然在之前的比赛中，我积累了一定的经验，但是自2016年巴西奥运会开始，众多的格斗类项目改变了以往的比赛规则，尤其在称重时间上，给对体重有要求的运动员的比赛成绩带来重大影响。比如摔跤项目，比赛时间由过去的1天，修改为两天。称重时间由过去的比赛前一天下午调整到当天比赛前2小时。这

给运动员体重管理带来了全新的挑战，在旧规则下，运动员只需要在比赛前一天称重，并且有至少 16 小时的恢复时间；而新规则，运动员两天比赛的早晨都需要称体重，仅有 2 小时的恢复时间。我们之前建立起来的运动员的理想体成分、减重方法、称重后的快速恢复方法均需要根据新规则再次进行调整，这个过程中遇到了很多的困难，尤其在 2019 年世锦赛的比赛前，某运动员速降体重的过程中出现了极点，但因为在赛区，没有携带大型仪器，只能靠观察和鼓励要求运动员必须将体重减到位，当时根本无法判断运动员脱水的严重程度和运动员可能会存在的崩溃点。幸运的是，运动员按要求将体重减到位，但是称重后由于糖原回填不理想或是水合不充分，导致运动员场上表现并不理想。因此，在世锦赛后，我一直在查询文献和咨询有关专家，研究有没有简单易行的方法可以在比赛赛区监控运动员的脱水和水合状态。

这次培训的过程中，斯特恩斯博士和营养师南希·克拉克都提到了尿液在热适应和营养膳食过程脱水评价中的应用情况和已经建立的评价方法。过去四届奥运会的备战过程中，2004 和 2008 周期，我们团队一直应用尿十项监控运动员的恢复能力、训练课的强度及下一次课前的恢复状态，但是因为有的摔跤运动员一直处在控制体重的状态，所以尿液中总会出现酮体等，这就导致无法正确区分是膳食还是训练引起的尿液指标的变化。该指标在 2012 年、2016 年和 2020 年的备战过程中应用逐步减少。但是在本次培训中惊喜地发现美国主要应用尿颜色和尿比重（表 1）进行脱水的监控，这给我带来了新的研究思路，我们在选择指标的时候，不仅要求精确，还要考虑快捷和实用。我决定在回国后的备战中进行尝试，观察尿颜色和尿比重在格斗类项目应用的可行性。如果可行，就尝试教会教练和运动员，在所有的比赛中实践。

表 1 脱水状态的评价指数

脱水状态	体重的变化 (%)*	尿的颜色	尿比重
水分充足	+1 至 −1	1 或 2	<1.010
轻度脱水	−1 至 −3	3 或 4	1.010 ~ 1.020
重度脱水	−3 至 −5	5 或 6	1.021 ~ 1.030
严重脱水	>5	>6	>1.030

注：* 体重的变化：（运动后体重—运动前体重）/ 运动前体重 ×100。

（二）将 BHI 引入日常膳食，进一步提高科技服务工作的科学性，这也是科技服务工作细致到位的基础

运动员在日常训练和比赛期间，都喜欢喝果汁，运动队也会给运动员提供果汁，但是选择果汁，基本是依据运动员的喜好。这次培训授课过程中，南希提到了各种食物和饮料中 CHO（碳水化合物）和维生素的贡献率时，我突然想到我们运动员在选择果汁时，除了喜好，应该有更好的指标。查阅文献后，发现饮料水合指数（Beverage hydration index，以下简称 BHI）正在被研究和应用。例如，40 名脱水和禁食的受试者（17 名男性和 23 名女性，尿比重 <1.025）依次摄入 AA-ORS（含氨基酸饮料）、G-ORS（含果糖饮料）、SpD（运动饮料）和水（对照组）1 L，BHI 分别为 1.15 ± 0.28（AA-ORS）、1.21 ± 0.28（G-ORS）、1.09 ± 0.26（SpD）和 1.0 ± 0.0。AA-ORS 和 G-ORS 的 BHI 均高于水。尽管这些受试者在体重上有很大差异，但是体重或性别均独立于 BHI。

美国军队的环境医学研究所的研究表明，老年人和青年人的 BHI 不同。将 12 个年轻人（23 ± 3 岁，7 男 /5 女）和 12 个老年人（67 ± 6 岁，5 男 /7 女）进行对照研究，要求他们在 30 min 内分别摄入 1 L 的纯净水、G-20（6%CHO，20 mmol/L Na+）、G-45（2.5%CHO， 45 mmol/L Na+）、AA-30（5AAs，30 mmol/L Na+）和 AA-60（8AAs，60 mmol/L Na+）。在 0 min、60 min、120 min、180 min 和 240 min 时收集尿样，在 5 min、10 min、15 min 和 30 min 时收集血样。年轻人的 BHI 随着 Na+ 增加而增加，在 AA-60 有最高的 BHI（1.24 ± 0.10 水的 BHI 为 1.00，P=0.10），独立于 CHO 和 AA。因此，我们在日常或比赛期间，为运动员选择运动饮料的时候，要考虑运动员的年龄和 Na+ 的含量，这将对提高水合速度有重要意义。这次培训也在一定程度上提示我，在日常的科技服务工作中，做什么事情，都要问问自己，为什么这么做？依据是什么？这是把备战工作做好、做出成效的基础。

（三）长期控制体重（低能量摄入）可能是导致按级别比赛运动员发生伤病的重要原因

按级别的比赛项目，为了维持日常体重与比赛级别要求不相差太多，运

动员需要长期控制体重。当我们给运动员测试基础代谢率和体成分后，我们发现部分运动员的脂肪含量很低且在撰写报告时经常备注脂肪含量过低的运动员会容易出现小伤小病，虽是这样备注，但我一直都没有厘清为什么脂肪含量很低的运动员经常出现小伤小病，尤其是男运动员。

在听到哈佛大学医学院的滕福德博士讲到低能量摄入可能会导致伤病，男运动员同样存在三联征的时候，我突然意识到，这些年忽略了低能量获得对伤病的影响，对长期低能量摄入可能会导致运动员伤病的关注过少。为了进一步搞清楚低能量获得的危害，我查阅了文献，发现低能量获得不仅仅会导致伤病，还会影响身体健康和比赛表现的各个方面。

二、寄情于工作，自豪于事业，不忘初心，牢记使命，不断突破

2018 年，我作为领队带队参加了在匈牙利和保加利亚的排名赛、亚青赛、世青赛。在比赛过程中，我不知道如何说服教练和运动员服从裁判的判罚。在听完蒂姆博士的课后，我问他："如果在某些时候，确实裁判有误判的情况，该如何劝说教练和运动员？"蒂姆博士回复："我们为什么仅仅局限于裁判判错的那个球，而不是想想在其他时间得到更多的球？"这句话使我很受启发。我们经常局限于比赛吃亏的时候，却忽略了在其他更多时间的表现，而其他更多的时间才是决胜的关键。

戴维教授对工作的激情和热爱深深感动了我。戴维教授在两天的交流中多次提到默西学院的使命（默西学院致力于通过高等教育为有动力的学生提供改变他们生活的机会，在个性化和高质量的学习环境中提供专业课程，从而使学生做好准备，开始有价值的职业生涯，在不断变化的世界中做出有道德和负责任的行为）。这与我们的"不忘初心，牢记使命"是一致的。这使我清楚地认识到只有热爱我们从事的工作，为我们所做的工作自豪，我们才能在工作中体会到幸福和快乐，才能把工作做好，做出成果。

在撰写这次培训总结时，我惊讶于自己的成长和心态的转换。感谢国家

体育总局人事司和干部培训中心提供的学习机会和为安排学习内容所付出的努力。

参考文献

[1] CASA D J, ARMSTRONG L E, HILLMAN S K, et al. National athletic trainers' association position statement: fluid replacement for athletes[J]. Journal of athletic training, 2000,35:212–224.

[2] CLARKE M M, STANHEWICZ A E, WOLF S T, et al. A randomized trial to assess beverage hydration index in healthy older adults[J]. The American journal of clinical nutrition, 2019,109:1640–1647.

[3] SOLLANEK K J, TSURUMOTO M, VIDYASAGAR S, et al. Neither body mass nor sex influences beverage hydration index outcomes during randomized trial when comparing 3 commercial beverages[J]. The American journal of clinical nutrition, 2018,107:544–549.

[4] MOUNTJOY M, SUNDGOT–BORGEN J K, BURKE L M, et al. IOC consensus statement on relative energy deficiency in sport (RED–S): 2018 update[J]. British journal of sports medicine, 2018,52:687–697.

[5] MOUNTJOY M, SUNDCOT–BORCEN J, BURKE L, et al. International Olympic Committee (IOC) Consensus Statement on Relative Energy Deficiency in Sport (RED–S): 2018 Update[J]. International journal of sport nutrition and exercise metabolism, 2018,28:316–331.

[6] STATUTA S M, ASIF I M, DREZNER J A. Relative energy deficiency in sport (RED–S)[J].British journal of sports medicine, 2017,51:1570–1571.

[7] KEAY N, Francis G. Infographic. Energy availability: concept, control and consequences in relative energy deficiency in sport (RED–S)[J].British journal of sports medicine, 2019,53:1310–1311.

体能强　中国强

北京体育大学　李春雷

2019年金秋送爽之际，本人有幸参加了国家体育总局“优秀中青年专业技术人才百人计划”培养对象赴美国培训班，短短21天，时间紧，任务重，值此培训结束之际，细细回味，收获颇丰。

此次培训学习主要在美国纽约和罗得岛地区开展，具体培训基本在高校内部进行，参与培训的高校有罗得岛大学、默西学院、纽约大学；培训方式有理论讲授，也有实践观摩；培训内容有体能防伤训练、穿戴设备大数据研究、执教艺术、体育管理专题，可谓组合丰富，课程展示了美国现代高校体育现状、发展趋势以及最新体育科学研究成果，特别是体能训练方面，让我触动最大，现将感受和心得体会总结如下。

一、强国先强种，少年强则中国强

来美国学习之前，本人刚刚邀请哈佛大学约翰·瑞迪副教授来北京体育大学举办了“运动改造大脑”的讲座，约翰·瑞迪教授运用大量的实践研究证明，体育运动不仅可以强身健体，还可以帮助孩子提高学习成绩，在其出版的《运动改造大脑》一书中强调运动不仅可以改造大脑，更可以让大脑进化。约翰·瑞迪在其演讲中提到，体能训练可以让孩子变得更强、更优秀；通过体育运动和专门的体能训练可以使孩子获得新技能，更好地控制自己的身体，给身体的挑战越多，大脑使用的就越多，身体控制能力好其实就是大脑控制能力强。

在美国，我们看到了儿童青少年身体生长周期发展模型（加拿大LTAD和美国YPD模型）。儿童青少年身体发展有自身的特点和规律，在身体发育的各个阶段，身体素质的发展按照一定的顺序依次开启（机会之窗），青少年的体育运动一定要按照这个窗口期设计。第二次世界大战后，美国专门设立了青少年体能总统顾问委员会，总统亲自过问儿童青少年的体能问题，现在美国对青少年体能的重视更是达到一个新的高度，名称由过去的青少年体能转变为如今的生存体（必）能，比如男子青少年的身体素质必须要达到引体向上 15 ~ 20 个，双杠屈臂撑 25 个。这一点值得我们借鉴。

二、健康中国与体医融合

2016 年 8 月 19 日，习近平总书记提出了到 2030 年中国首要发展战略——健康中国，该战略的提出将中国对全民健康的关注提到了前所未有的高度。健康中国不是医疗中国，健康中国不是建设更多的医院，而是让大家积极、科学地运动起来，形成健康的生活方式，不生病、少生病，从而提高生活质量。世界卫生组织于2009年认为运动不足已经列于全球死因第四位！美国研究证实，高度发达的现代医学体系与人的健康没有太大关系，有 30% ~ 40% 的手术根本不需要做，在美国人健康寿命相关的因素中，仅有 10% 跟医疗有关。如今，许多致死原因与个人习惯和生活方式密切相关，而非医药所能解决。

如要实现身体的全面健康发展，必须要有体能训练的加入。如何科学锻炼就成了最为关键的问题。科学锻炼不是做家务，也不是吃保健品，更不是跳跳广场舞、打打拳就能达到身体全面健康的目标，而是基于循证研究的个性化的科学运动处方。美国运动医学学会首先提出了“运动是良医”的概念，并已在全世界进行推广。中国体育科学学会目前正在积极推进运动处方师的培训，我有幸参与这一项目并担任培训讲师，体育不仅仅是比赛，体育更是科学，体育与医学的深度融合将成为未来健康中国战略实现的“助推器”。

三、奥运争光计划与体能训练

体育竞争看上去是技术、战术的比拼，其实都是基于体能的比拼。体能不是万能的，但没有体能是万万不能的。体能训练如何给技术、战术训练提供支持一直是美国学校体育、职业体育关注的焦点。一位体能教练授课时提到，美国冰球队每年花在体能训练上的时间远远超过技术训练的时间，高校运动队甚至在春季不允许练技术，只能练体能。这次学习接触了罗得岛大学、默西学院和纽约大学的运动队，他们都有自己的体能训练中心和实验室，每所大学的运动队都有专职体能教练，每位体能教练都有体能教练认证，每位体能教练都可以站上讲台讲授最新的体能训练领域的研究文献。

为进一步备战东京奥运会，强化体能工作，国家体育总局要求各支队伍提高对体能训练的认识，营造“以测代练、以测促练”的氛围。目前，中国体育系统正在进行实体化、协会化、社会化改革，国家队未来的运动员预计多数来自学校系统，学校系统的体能训练水平决定了未来选材的水平，建议尽快在学校体育系统普及推广科学体能训练理念。

四、体育兴国，体育就是最好的教育

体育是最好的教育。体育不仅能强身健体，体育比赛的争胜也可以培养学生的竞争意识、拼搏意识，同时体育比赛有胜利就有失败，因此，体育也是最好的挫折教育，可以强化学生的心理抗压能力。体育训练和比赛往往多人同时参与，在训练后或比赛中也可以培养孩子们的团队精神和协作意识。比赛是在一定规则下进行的体力和智力的对抗活动，因此，体育比赛中还有社会规则教育。体育不仅是身体的活动，还是体现竞争、信心、责任、自立、协作、团队、爱国、荣誉等人格魅力的活动。

人应该通过运动增强身体素质，增强自信，通过运动提高竞争意识和社会适应能力，即使以后不参与高水平体育，也一定要掌握几项体育运动技能，养成体育运动的习惯，从而培养终身体育的习惯。这样老年时也能保持健康的身体和积极的心态，这就是体育的价值，这就是体育的魅力！

另外，针对此次学习培训还有以下几点小建议。

（1）培训住宿地点距离学校相对偏远，路途花费时间较多，对学习有一定的影响。

（2）培训学校不是美国顶尖体育名校，还不具有典型代表意义，如能组织在美国一流大学、一流运动队的学校学习无疑意义会更大，如斯坦福大学等。

（3）培训讲师的水平参差不齐，研究的领域和内容比较分散，专题讲座浅尝辄止，难以深入。

最后，衷心感谢国家体育总局，正是国家体育总局人事司的选派、北京体育大学的支持使我此次学习得以成行。2009 年，我第一次被国家体育总局委派赴美国体能协会学习，距今正好 10 年。这 10 年我亲眼看见中国发生翻天覆地的变化，正在欣欣向荣大跨步地发展，美国则进步不大，甚至暴露了一些问题。但我们仍要向美国学习，学习其重视体育、重视体能训练的文化，学习其重视教育、重视科技的传统，学习其重视学习、重视创新的精神。

开拓新思路 启迪新思想 担当新使命

首都体育学院 李厚林

国家体育总局2019年“优秀中青年专业技术人才百人计划”培养对象赴美国培训班的国内培训于10月11日至10月12日在国家体育总局干部培训中心进行；国外培训于10月13日至11月2日在美国罗得岛和纽约两地进行，作为本次培训班的成员，我有幸接受了培训，现将有关情况总结如下。

一、基本情况

（一）学习目的

按照国家体育总局的要求，本期培训班的目的是加强对“优秀中青年专业技术人才百人计划”培养对象针对性培养，学习美国现代科学训练新理念、新方法，拓展国际视野，促进我国体育事业的可持续发展。本期培训也可能是我的最后一期国外培训，学习机会弥足珍贵，增加了我学习的紧迫感。

（二）行程安排

10月13日，我们从北京飞往纽约，再乘大巴抵达罗得岛。第一周和第二周的学习主要在罗得岛大学金士顿的主校区进行，其间到迈克的训练中心进行冰球体能和力量训练理论与实践的学习；10月26日从罗得岛出发再次抵达纽约，主要在默西学院和纽约大学进行培训。

（三）生活安排

罗得岛大学培训期间我们住在假日酒店，大约距离学校1小时车程，在纽约期间所住酒店，离默西学院 1.5 小时车程，双人间保证了学员的休息，在中餐馆和学校餐厅用餐，为学习提供了有效的保障。

学员在上下课路程中，进行了唱歌、研讨等活动，并将《明天会更好》定为班歌，利用课余时间进行练习，丰富了大家的课余生活。

在课余时间，来自健身气功管理中心的丁丽玲老师带领大家进行了八段锦健身练习，八段锦练习引起了美国冰球体能和力量训练中心迈克教练的关注，教练也一起练习，我们互相学习和交流，在这个过程中传播了中国优秀的气功文化，得到了讲师的认可。在学习新知识的同时，也对我国的优秀文化进行了再认识，进一步加强了对我国传统文化的自信心。

我们利用业余时间观看比赛，通过观看在罗得岛大学的男子冰球比赛，感受到力量与速度的高强对抗、精细的技巧技术把控，也感受到这项运动的魅力所在。

本次培训期间，6 位学员在国外度过了自己的生日，学员自发组织，就地设计，通过多种形式加快了团队的熟悉与融合，增进了友谊，为未来的团队合作奠定了基础，提高了学习成效。

二、学习收获

本次学习恰好安排在多哈田径世锦赛结束之际，本人所服务的田径项目取得了 3 金 3 银 3 铜的成绩，总分第四名，在金牌数量和奖牌数量上都有所突破，尽管如此，田径项目的比赛发挥还存在改进与提高之处，尤其在高温、高湿的环境下，比赛发挥还有可提高之处。因此，我特别关注高温、高湿方面的研究成果，具体学习感受如下。

（一）学校选择类型鲜明

纽约大学是一所位于纽约的世界顶尖私立研究型大学，成立于 1831 年，由 18 个学院和研究所组成，是美国境内办学规模最大的私立名校之一。作为全美排名前 30 名的学校，纽约大学被列入 25 所新常春藤名校。 罗得岛大学 1892 年建校，是美国罗得岛州首屈一指的公立研究型大学，世界大学排名第 337 名，美国大学排名第 152 名，美国公立大学排名第 88 名，位于美丽的海滨城市金斯顿。默西学院位于美国纽约，是一所国家级私立学院，学院成立于 1950 年，是一所拥有本科及硕士项目的综合性大学，美国北部大学排名第 167 名。

通过在这三个学校的学习，我们既了解了世界顶尖私立研究型大学、新常春藤名校的技术前沿、治学理念，又学习了公立研究型大学的教学方式，在比较中对美国的各类学校有了深入的体验与认识。第一，基础设施完善。即使是最“年轻”的技术类学校默西学院也有着完整的体育设施与全面的科研技术设备。第二，基础研究普及。大学不但拥有科研项目的资助或捐赠，还拥有基础项目的研究保障，结合基础训练进行研究，有效地保证了研究的普及度。第三，体育与科学技术结合得更加密切。罗得岛大学具有工程学院，运用现代科技手段进行应用推广研究，加快现代科技成果向日常生活应用的快速转化，创新产品的更新周期为 2~3 年。第四，学科分类目标鲜明。在运动训练方面，美国大学生体育联合会明确了甲、乙、丙类学校的要求与定位，并且对相关规定严格执行，学校的不同定位与训练经费投入具有直接关系，明确了学校的发展定位，有利于区分不同类型学校的培养目标，有效保证学校人才培养目标的现实性。

利用课余时间，我们就近参观了哈佛大学、耶鲁大学、布朗大学，对他们的学校氛围和学习形式有了更深的了解，提升了培训质量。

（二）内容有重点，兼顾全面

学习内容包括运动损伤（运动员过度损伤的预防与筛选优化训练），力量训练（发展与肌肉质量无关的力量、能力和速度），运动营养（帮助运动员高水平发挥），教练管理艺术，力量和体能的哲学，体育管理（培养全球化的体育领导者），青少年训练（美国体育从青少年到职业运动员的发展趋势），训练和比赛的环境问题，运动生理学（肌腱训练），新技术（可穿戴技术在运动中的发展和应用及趋势，使用生理、心理和生物标记物监测运动员训练和身体状况），学科建设，体育市场营销等，重点围绕训练和比赛的环境问题进行了培训，全面的学科培训知识兼顾到所有学员学科背景与复合型人才综合知识培训需求，整体全面地认识了体育领域，更新了知识结构与训练理念。

（三）实践与理论高度融合

培训期间，实操训练结合理论学习进行，进一步转变了训练思路。

在罗得岛州第一家专门为运动员设计的体能训练培训机构 North East Sports Training（以下简称 NEST 中心）学习期间，NEST 中心的教练、体能训练师和治疗师组成的团队参与培训过程，使我切身感受到理论与实践活动的统一，这种复合型团队进一步诠释了教练、体能训练师、物理治疗师和营养师一体化工作过程，并将完整的运动训练体系呈现出来。第一，在教练艺术方面，迈克教练在授课中既关注传统与现代教练的训练艺术要素，也考虑了当代美国青少年的现实兴趣，个性特点及价值观的转变特点，明确体现市场关系下供给方与需求方平衡的关系，更为精准地定位科学执教的切入点。第二，训练过程的体系化。在训练实施过程方面，将生物学原理与训练手段相结合，变抽象为具体，提高了可操作性；在训练实践理论方面，根据实际训练的阶段性与层次性，建立了力量训练、爆发力训练、速度训练、灵敏性和反应性训练及技术训练，建立了递进关系的金字塔模型，提升了训练的操作层次，厘清了功能关系，形成新的训练体系。

我们在默西学院观摩了英式足球、篮球、曲棍球和棒球、垒球校队训练，校队的教练组结构健全，例如，女子英式足球教练组由 1 名主教练、3 名助理教练（其中一名为兼职研究生）、2 名体能师和 1 名物理治疗师组成，还有兼职的心理咨询师、营养师和机能监控人员。默西学院作为技术类学院参加美国乙级大学生东部地区的比赛，各校队教练组的配置保障全面，而且会针对训练进行项目研究，保证了项目追踪的系统性，将训练实践与理论研究密切结合，这也是国内高校甚至省（市）队训练应该学习与借鉴之处，也是打破科研、训练两层皮的瓶颈的突破口。

（四）授课内容实用引领

罗得岛大学建立了热适应实验室，针对东京高温、高湿的环境适应进行了研究，为 2020 年东京奥运会的备战提供研究成果。

在生理学方面，专家针对肌腱进行了专门的研究，腱器官的训练学研究将是运动训练成绩提升和伤病预防的关键，也是未来训练机制突破之处，在现代检测技术的支持下，系统的研究成为现实。

纽约大学开展了体育营销与商务教学，积极主动地适应新国际形势的挑战，培养专门的商务人才，成功实现“大体育”的商务模式体系构建与人才培养，为我国体育协会实体化改革过程中的市场运行人才培养提供范式。

纽约大学、罗得岛大学、默西学院图书馆图书繁多，分类鲜明，学习氛围浓厚，环境适宜，对读书兴趣的养成、科学研究的深入具有重要的引领作用，也是现代创新社会自我学习模式构建的需求。

三、存在的不足与改进之处

经过3周的学习，我在理论与实践方面得到全面提升，思想认识得到深化，科学意识再次加强，也认识到了国家体育总局协会实体化改革项目发展前景的光明与广阔，同时增强了面对挑战的信心。

尽管如此，还是存在许多不足之处。

（一）队伍培训内容

培训时间短，学习内容丰富多样，许多还没能及时消化吸收，理解还存在一定偏差，还需要尽快深入整理与学习。

（二）思想认识

现在体育信息技术日新月异，思想准备还有不足，必须从技术应用思想向技术创新思想转变，否则将落后于当代体育科学的发展。

（三）行动行为

通过学习，思想认识上得到提高，但是，在贯彻执行上还不清晰，需要进一步提高，加大学习力度，加快行动上的转变，担当新使命。

中美体育科技发展这十年

国家体育总局体育科学研究所　李祥晨

美国东部的深秋，高高低低的山丘上，火红和金黄的枫树林一团团、一层层，像打翻了的油画调色盘映衬在蓝天白云之中，仿佛让人置身于童话世界。坐落在美不胜收的枫林里的罗得岛大学是我们这次赴美培训的第一站，前两周主要在罗得岛大学进行学习和参观实验室等相关体育设施，除此之外，还去了冰球培训机构学习。最后1周，培训班转场到纽约，首先在默西学院参观学习，这是一个开设有体育管理本科专业的职业学院，然后，在纽约大学进行最后一天的课程学习。21天的时间不知不觉地过去了，这是本人被国家体育总局人事司第三次选派来美国参加培训了，2009年我第一次来美国，是在凤凰城AP总部和亚利桑那州美国国家体能协会培训，2014年赴康涅狄格州和宾夕法尼亚州的州立大学进行培训，2009年到2019年，已经过了整整10年的时间。基于此，本次总结我想从10年的时间跨度上，结合本次培训学习谈谈自己的感受和对世界体育科技未来发展的看法。

一、美国具有世界领先的体育基础设施

2009年的培训学习是在AP公司总部，它是全球顶级的运动训练专业商业培训机构，2014年的培训是在康涅狄格州立大学、宾夕法尼亚州立大学。无论是AP公司，还是州立大学均具有国际顶级的设备设施和科研仪器，均具有能够承接各类国际赛事的球场、田径场等，并配置世界顶级的高端训练设备，如大型康复水槽等先进的康复训练设备，以及满足各类专业科研的仪器设备等。由于它们均是美国一流的专业机构，具备完备高端的设施，这好像是理所当然

的，在当时并没有引起我多大的注意。然而，罗得岛大学在全美排名第166名，不能算一流的大学。但出乎意料的是，它同样具有高端的体育设施，除了拥有一流的田径场、室外足球场、体能训练中心外，还有一座设施完善可以承接大型赛事的冰球馆。更令人意想不到的是，默西学院仅仅是一所职业教育院校，也同样具有高端的体育设施。

罗得岛大学的体能训练中心、田径场和篮球馆

默西学院的田径场和篮球馆

二、美国具有完备的体育科学体系

2009年的AP培训课程，由核心力量训练切入，从体能、专项、营养、比赛，再到恢复、康复，逐步勾画出了完整的现代体育科学体系。很多新的技术名词，如核心力量、动作功能能力筛查等组成了现代体育科学全景图。2014年，在美国康涅狄格州立大学看到在20世纪70年代研制的大型低氧训练仓，在宾夕法尼亚州立大学看到利用真人脚掌器官与合金骨骼进行生化结合的实验，可以看到美国创新的科学精神和实力雄厚的基础研究。普通院校对体育的科学认识，

以及专业训练的理念、方法、技术，与高端专业机构一脉相承且完全同步。这表明，美国现代体育科学体系已经形成，并具有像美国快餐一样的标准化、体系化，甚至他们在设备选用上也具有高度一致性。即便是职业学院层次的体育教育，科学的理念和技术都与高水平训练并无不同，训练水平也非常专业。在女足校队的训练观摩中，可以看到在一支普通学校运动队训练中，竟然有 1 名主教练、3 名助理教练、1 名体能教练和 1 名队医同时在场。篮球训练场上也有 1 名主教练、2 名助理教练和 1 名队医同时在场，这足以说明美国体育训练科学体系已经非常完善和发达。

三、中国体育科技 10 年的追赶

10 年前，中国在全国体育系统开始选拔中青年体育人才，先后派出了多批科研人员和教练到美国参加培训学习。经过 10 年的追赶，中国的体育科技水平也逐渐提升，一批具有国际视野和学术水平的科研人员逐步成长起来，他们回国后将知识与专业队训练实践密切结合，很多先进的训练方式和监测技术逐步得到应用和改进。除了科研的进步，中国很多国家队、科研院所和高校先后引进了许多国外的先进仪器设备，基础设施得到大幅度改善。由于充分利用了后发优势，很多装备均是当今最先进的。

相对于中国的快速发展，美国体育科技这 10 年的进展相对缓慢。从本次培训的内容来看，无论是运动训练理论和技术，还是科研创新和仪器设备，几乎都没有超过前两次的内容。

四、中美体育科技发展的共同问题和对未来发展的思考

在培训过程中，经多次与外方教授交流，我们认为中美体育科技的发展面临着许多相同的问题。

首先，科研、训练“两张皮”。在中国体育界，科研和训练是分开的或者把科研当作训练的“婢女”，仅仅让科研人员提供有限、低端的服务。授课教授认为，在美国这种现象同样普遍存在，由此可见，这是中美体育科研面对的共同问题。

其次，体育大数据的相关研究是两国面临的新问题。本人这次来美国有迫切了解美国运动可穿戴设备和体育大数据科研方面的技术进展情况的愿望。罗得岛大学健康科学学院院长加里·利古里博士和纽约大学文斯·根纳罗博士分别介绍了该方向上的一些进展，但是，还只限于一些科普性的介绍和一些展望，未能提供颠覆性和创新性的思路，个人认为，在此方面中美应该处于并跑阶段。

针对以上问题本人提出以下观点和建议：

科研、训练“两张皮”是表面现象。看起来是体育科研解决不了训练实践问题，或者教练重实践不重视科学。深究这些问题的深层次原因，可能是现阶段的科研方法论出现了问题。在体育科研中，西方国家遵循着不断分解的原则，把整个人体细分为若干系统，若干系统再细分为不同器官组织，甚至细胞分子、基因等，不断分解量化，希望通过了解微观的运行机制来掌握人体运动规律。然而，这种科学方法论严重违背了人是一个复杂系统，是一个不可分解的整体，各微观组组合起来并不等于整体的基本规律，是典型的把人体进行简化，是机械主义和还原论。这是导致体育科技徘徊不前的深层次的原因。美国作为现代体育科技的代表，尽管目前已经做到极致，但是，仍然无法解决人体训练实践的问题，可以预见，如果我国继续沿着美国这条路线，不可能有根本性的突破。中美体育科技界应该重新思考是否可以从整体上思考运动训练问题，这可能是未来体育科学发展的另一个方向。

当前，世界正在孕育着新的技术革命。未来是大数据和人工智能的时代，也是体育走向整体系统研究的时代，此领域必将是中美未来体育科技竞争的主要阵地。从本次培训来看，美国也在探索，但没有形成规模化的研究，更没形成体系，尚未深入其本质，这应该是我国体育科技发展的突破口，应该加快研究和部署。

当前，国家高度重视体育产业的发展。体育产业发展的重要动力是学校体育，以目前水平来看，我国学校体育的发展水平还很难起到拉动体育产业发展的作用。我国需要加快体制改革，重视学校体育的发展，重构体育人才培养体系，加快协会实体化，加速市场机制引入，加大对学校体育基础设施的投入。

体育强国建设勇担当

郑州大学体育学院　刘晖

2019年10月11日—11月2日，我们来自全国14个省（市）的22名中青年科研骨干参加了国家体育总局2019年“优秀中青年专业技术人才百人计划”培养对象赴美国培训班，在美国罗得岛和纽约进行了为期3周的学习。

此次培训班在国家体育总局、国家留学基金委、国家体育总局干部培训中心的精心组织和直接领导下，在罗得岛大学和纽约大学的周密安排、全力支持下，全体学员坚持丰富知识和增强实践相结合、开拓思维和不断拓宽视野相结合、强化素质和提升能力相结合的学习理念，珍惜机遇、认真学习、积极实践、深入思考。

通过课程讲授、观摩考察、学习讨论、撰写论文等学习实践活动，进一步完善了知识结构、夯实了学科基础、拓展了国际视野、培养了战略思维，圆满完成了学习任务。

一、培训的组织与目的

国家体育总局2019年“优秀中青年专业技术人才百人计划”培养对象赴美国培训班是由国家体育总局人事司主办，国家体育总局干部培训中心承办的。本次培训班的培训计划、课程设置及学员的学籍管理，均由国家体育总局干部培训中心负责。

本次培训旨在通过学习美国体育的最新成果和科研体系，提升学员科研能力和整体素质。

二、培训方式

本次培训自2019年10月11日开始，到11月2日结束，分为国内培训（10月11日—12日）、国外培训（10月13日—11月2日）两个阶段。国内培训两天，主要采用授课与研讨方式进行，国外培训分为授课、考察、研讨和撰写培训总结等方式，历时3周。

三、培训过程

（一）国内培训阶段（10月11日—12日）

国内培训在国家体育总局干部培训中心进行，国家体育总局干部培训中心副主任郭涛主持会议。北京体育大学副校长、国家体育总局干部培训中心主任夏伦好讲话，夏伦好对本次培训的目的和意义进行了介绍，并对学员进行了出国前教育，叮嘱学员们要开阔眼界，了解其他国家体育科技发展现状及相关的教学训练，掌握前沿动态，做好课堂记录和本次培训班总结。郭涛强调，以学习为第一要务，有学习，有收获，有总结，学有所成。赵正光要求，团组的组织纪律观念要强，代表国家体育总局的形象、体育人的形象，要服从大局，课程设计上外方做了很多工作，要学会举一反三。国家体育总局干部培训中心徐庆雷老师强调了出国纪律，即忠于祖国，忠于人民，坚决维护国家主权和组织纪律；场面上不失礼，思想上不失防；保管好学员手册、邀请函等相关文件、资料，谨防遗失。

在培训之初，每位学员提交了一份3 000字的个人研究总结。10月12日，教研组组织全体学员进行了科研成果和实践经验的总结，学员们对各自从事体育工作的科研现状、成果、存在的主要问题及赴美国培训关注的热点问题进行了研讨交流。

（二）美国培训阶段（10月13日—11月2日）

培训班一共22人，来自国家体育总局机关、科研院所和全国各地的18个单位，内设教研组和后勤组两个小组。

在美国的活动地点以罗得岛和纽约地区为主，还到附近波士顿纽约大学和麻省理工学院学习参观。

四、学习收获

（一）国家体育总局、干部培训中心领导的高度重视

领导高度重视，学习方向和目标明确：出国前，在国家体育总局干部培训中心进行了专门培训，国家体育总局人事司、培训中心的领导亲自动员和部署，进一步明确了本次出国留学的宗旨、意义和应注意的事项，从不同角度对此次留学提出了具体要求。

此次培训班，是国家体育总局为培养竞技体育训练及科研创新人才而举办的一次境外集体留学，得到了国家留学基金委的大力支持。国家体育总局、国家留学基金委、国家体育总局人事司、国家体育总局干部培训中心的各级领导对此项工作高度重视，精心部署，周密安排，制定了明确的学习目标和详细的学习任务。

在海外学习过程中，国家体育总局人事司、干部培训中心和培训班建立了工作联系反馈机制，国家体育总局人事司和干部培训中心的领导、具体负责同志随时了解学员的学习、生活情况，给予精心指导。各级领导的高度重视，精心安排和周密部署，确保了我们此次培训的学习质量和效果。

（二）学习内容丰富，形式多样，效果明显

此次培训在学习安排上采用单独编班、单独授课、模块化教学的方式。学习内容丰富，涉及面广，既有运动生理学、运动生物力学、运动营养学、康复医学等运动训练学科基础性教学内容，也有体能训练、技术训练等实践性教学内容，还有体育管理、体育产业、体育教育、器材开发等拓展性教学课程。

学习内容丰富，形式多样，效果明显。每部分授课内容既相互独立，又有内在联系，形成知识纵向延伸和横向拓展，加大学习深度和广度。学习形式灵活多样，既有课堂教学、实践体验，也有观摩考察、学习讨论、撰写论文，多种学习形式有机衔接。校方为培训班精心安排了的授课教师，既有学术研究

成果丰硕的资深教授，也有实践经验丰富的一线教练；既有单项协会负责人等职业体育的管理人员，也有物理治疗师、体能训练师等竞技体育训练领域的专家。授课教师教风严谨，形式活泼，既注重理论和实践相结合，又注重跨学科知识的运用，更注重新的理念和研究成果如何解决运动训练、大众健身、产业经营等领域的实际问题。

著名营养学家南希·克拉克教授，从能量动态平衡、即时平衡、人体代谢、营养补剂、体重和运动能力等方面，全方位、多视角对运动营养理论进行实践解读。体能训练师迈克和布赖恩·汤普森对运动表现金字塔模型、周训练计划的安排、年度训练计划的安排、美国体能新的测评工具、功能性动作筛查进行了讲解；蒂姆博士是佛罗里达州立大学科训中心主任、教授兼教练，他讲授了教练的培养，如训练前的最佳绩效策略、训练中的最佳绩效策略、训练后的最佳绩效策略等； 厄普博士、教授讲授了英国人才库选材标准，即选择跟腱长度，主要关注小腿肚和跟腱与运动表现的关系。罗得岛大学健康科学学院院长加里·利古里博士讲授了可穿戴技术的发展趋势。副教授克里斯托弗·塔伯博士讲授了 AEL（离心强化训练），与传统负荷相比，AEL 提供了更大或相同的刺激，为了得到更好的效果，建议在运动员运动生涯后期使用 AEL 训练法，使用 AEL 训练时，应考虑时间 / 负荷量和运动员训练状态等因素。这些讲座都给我们留下了深刻的印象。在此过程中，大家听得认真、看得仔细、问得广泛、想得深入，讨论热烈，取得了显著的学习效果。

（三）紧密结合任务要求，增强学以致用的针对性

在学习过程中，根据国家体育总局的指导思想和具体目标任务要求，大家结合自己的专业背景和工作实际，认真学习、强化实践，全方位、大视角、多领域地学习了美国运动科学在体能训练方法、运动营养补充、运动生物科学、竞技体育训练等方面的先进理念和最新科研成果。紧密结合任务要求，考察了美国职业体育运动队在科医人员构成、保障机制、运行模式及教练培训、训练计划制订等方面的具体做法和经验。同时，对于美国体育产业结构模式、人才培养的路径和特点、体育赛事经营和管理、群众体育开展方法评价等有了深入的了解。对如何借鉴先进经验，围绕体育强国战略，进一步提升体育科技攻关

服务水平、体育人才培养水平，进一步和国际接轨，更好地服务于我国体育事业发展等问题进行了辩证思考。

（四）创新思维，科技助力东京奥运会和北京冬奥会

利用空余时间，培训班还开展了以“地方如何做好体育科技攻关服务工作”为主题的研讨。学员们围绕地方体育科研人员的队伍建设、服务方式、运行模式、激励机制等方面进行了热烈的研讨和经验交流，取得了良好的效果，使学到的知识和经验更具有可借鉴性、可操作性。

此次培训班，既是大家学习和借鉴美国在训练、科研、管理等方面先进理念和实践经验的难得机会，也是体育科研人员“零”距离沟通，深入了解训练实际，将理论和实践相结合的有力载体，更是科研人员之间相互学习交流的平台。通过学习，坚定了我们要以更为振奋的精神，更加昂扬的状态，为实现体育强国梦，实现中华民族伟大复兴的中国梦奉献自己的全部力量！

（五）政治理论学习不放松，坚定体育强国建设的信心、决心

在国外学习期间，喜逢中华人民共和国70周年华诞。身在异国他乡，培训班全体学员热切祝福祖国更美好，集体将《明天会更好》定为班歌，为祖国70年历程所取得的丰功伟绩，感到无比激动和自豪。大家纷纷表示，以习近平同志为核心的党中央带领全国人民砥砺奋进，我国经济社会发展所取得的伟大成就世界瞩目，振奋人心。在异国他乡，大家切身感受到了国际社会对日渐强大的祖国的高度赞誉，也更加真切地感到只有在中国共产党的坚强领导下，才能实现中华民族伟大复兴的中国梦，实现体育强国梦。

（六）严格遵守组织纪律，展示良好精神风貌

全体学员牢记学习要求，在学习生活中，树立全局观念，严格要求自己，遵守组织纪律，表现大方得体，举止文明礼貌，展示了作为我国中青年体育科技骨干应有的良好风貌。

每个学员都制订了学习计划，认真完成课程笔记。培训班每周组织学习

讨论交流会，每位学员都积极参与讨论和发言。大家互帮互助、互相支持、团结一致，圆满完成学习任务。

（七）校方的筹备和接待

罗得岛大学、默西学院、纽约大学校方都组织了热烈的欢迎仪式，中方代表致辞，感谢校方的高度重视和热情接待，提供优秀的师资和良好的学习环境。

在美国培训期间，与科研人员融洽相处，在专业技术、优秀运动队科研保障、体能训练、高水平运动员的生理指标检测、青少年运动员选材、运动营养方案制订、体能康复训练、大学高水平运动队的建设和训练等多方面做了细致深入的交流，为大家今后的科技攻关工作奠定了坚实基础，搭建了科研人员共同学习、成长提高的平台。

我们深知肩负的责任，全体学员将以习近平新时代中国特色社会主义思想为指引，努力把学习成果转化为工作实践中的丰厚资源和强大动力，以奋斗的精神开拓进取，为体育强国建设做出新的贡献！

开阔视野　增强自信

武汉体育学院　刘亮

2019 年 10 月 11 日—11 月 2 日，我有幸参加了国家体育总局人事司组织的 2019 年“优秀中青年专业技术人才百人计划”培养对象赴美国培训班。通过专家授课、实地考察、现场教学、实践操作和交流研讨等培训方式，不仅加深了自己对美国体育的认识，而且开阔了学术视野，拓展了研究思路，收获了珍贵友谊。20 多天的学习是充实的，收获也是巨大的，体会更是深刻的。现主要从以下三个方面进行总结。

一、培训情况简要回顾

为了保证本次培训活动的顺利开展，出国前国家体育总局人事司和干部培训中心专门组织了动员与培训，从组织纪律、安全事宜到礼仪规范、必备用品等都进行了安排。到达美国罗得岛大学后，我尽力克服时差、疲劳等不利因素，全身心地投入学习中。20 多天的培训过程中，几乎没有一天是空闲的，不敢浪费一秒宝贵的学习时间。从早上到晚上，从周一到周日，预习课程、整理笔记、准备问题、撰写材料，忙碌又充实，收获远比预想的要丰富。

二、培训主要收获

（一）提高政治站位

国家体育总局人事司组织本次培训，既是在中华人民共和国成立 70 周年和国务院印发《体育强国建设纲要》之际，又恰逢党的十九届四中全会召开和全党开展“不忘初心、牢记使命”主题教育活动之时，我认为这次美国之行不仅仅是学习美国现代科学训练新理念、新方法，更是被赋予了特殊的意义。因此，在培训过程中，一种前所未有的使命感和责任感始终萦绕在自己心头。在培训研讨环节，通过对国内外体育发展形势的研讨，以及对习近平总书记在9月30日会见中国女排代表时讲话的学习，大家一致认为，作为一名体育工作者应服从和服务于体育强国建设，为将体育建设成中华民族伟大复兴的标志性事业做出应有的贡献。20多天的培训和实地考察，既加深了自己对体育的理解，切身感受中美体育之间的差异，也让自己意识到这不仅仅是一种业务培训，更是一种使命教育，包含着一份沉甸甸的责任。

（二）开阔学术视野

本次培训课程经过主办方的精心设计，课程内容丰富充实，照顾了团组成员不同领域、不同专业的学习需要。且主讲专家既有来自高校从事研究的科研人员，也有来自运动训练一线的经验丰富的实践者，突出了培训的前沿性、实用性、针对性和专业性等特点。培训内容包括运动损伤预防、步态训练、肌肉和力量训练、可穿戴技术、训练方法、运动营养、训练监控、训练方案制订、管理体制、竞赛模式等，涉及运动训练学、解剖学、生理学、心理学、管理学、大数据、营养学和康复治疗学等多学科知识。通过这些内容的学习，我从中汲取到营养和智慧，开阔了视野，拓宽了思路，丰富了知识。同时，通过接触世界体育发展的新思维、新观点、新理念，我对体育工作有了全新的认识。

（三）了解前沿知识

1. 新理念、新观点

一是运动训练过早专项化的问题。美国授课专家认为，很小的时候就专注于一项单独的运动项目的运动员，成为精英运动员的比例很低，且会有运动损伤、兴趣丧失等一系列问题。最新研究表明，在青少年时期进行多种运动对年轻运动员更有益处。

二是运动员、运动队和教练的关系问题。虽然教练与运动员生活在同一个集体中，有着共同的目标，但两者在运动队中的角色不同。授课专家认为，教练不仅仅要训练运动员去参加比赛，更重要的是要有合适的执教理念，并建立运动队的核心价值观以实施管理。

2. 新理论、新实践

一是运动员发展金字塔模型。美国授课专家提出了一个由力量、爆发力、SAQ（速度、灵敏性和反应）、技术等因素构成的运动员发展金字塔模型，对运动员进行有针对性的训练。根据这一模型，合理安排训练周期和训练方案，在冰球运动员培养中被证明是有效的，给国内运动员培养也提供了一个范本。

二是发展运动员肌肉质量。美国授课专家指出，肌束长度虽然与运动表现相关，但如考虑肌肉体积，就失去了相关性。因而，就需要关注如何在保持肌肉体积不变的情况下，提高运动表现。西点军校相关研究证实，特定训练可以改变肌束结构，如果肌肉质心上移则可给髋部减少 7%、膝部减少 25% 的惯性阻力，这一理论为力量训练提供了新思路。

3. 新方法、新手段

一是可穿戴设备。当前，可穿戴健身设备具有监控心率、步数、能量消耗、呼吸频率、肌肉活动、行进距离等能力，这使训练服务突破地域限制，为异地和实地训练监控提供了可能。且随着技术的发展，如纳米技术、电子文身等，会给可穿戴设备带来新应用与新功能。

二是积极恢复训练的手段。美国专家介绍了以下几种恢复训练的方法：压缩服装恢复系统，使用脉动压缩空气来按摩四肢、调节体液；无线肌肉电刺激,可以通过更大比例的肌肉纤维参与来帮助运动员最大限度地发挥肌肉力量;深层肌肉刺激器，可通过机械振动来刺激肌肉组织深处的本体感受器。

4. 新问题、新挑战

一是体育规律与商业规律的协调问题。由于现代体育具有多重功能，而发达国家现代体育的快速发展正是得益于其经济功能的充分发挥。但从本体价值和意义上来看，由运动训练规律、竞技能力发展规律、人才培养规律和赛事运营规律等构成的现代体育规律与商业规律显著不同，过度的商业化也会给体育带来一系列负面问题。如从商业角度来看，商业赛事越多带来的经济价值也就越多。但从体育规律来看，运动员训练和竞技能力有其内在的周期，这就造成商业需求与现代体育内在功能属性的冲突愈演愈烈。

二是科技与人文的关系问题。不可否认，科技推动了现代体育的发展，但体育的真正魅力却在于其内在的人文力量。在美国培训期间，正遇肯尼亚选手基普乔格在马拉松比赛中第一次跑进了 2 小时。然而，国际田联声明并不承认这一纪录。此次壮举虽然有一定的象征意义和科研意义，但也引发了人们对高科技跑鞋和科技过度介入问题的质疑。如何处理体育科技与人文价值的关系，摆脱科技依赖，还原体育的本真价值，其实也是工具理性与价值理性的关系问题。

总之，参加本次培训学习，个人感觉受益匪浅。这既是一种能力的提升，又是一次使命的感召。接下来，我定将培训中了解到的新理论、新知识应用到工作实践中，按照党中央、国务院关于加快推进体育强国建设的决策部署，以实际行动为中国体育发展尽一份绵薄之力。

开放交流　精益求精

哈尔滨体育学院　刘石

2019年10月11日至11月2日，本人有幸参加了国家体育总局“优秀中青年专业技术人才百人计划”培养对象赴美国培训班。在为期20多天的集中学习与交流活动中，我与来自国内18个单位的优秀中青年专家一起，进行了紧张有序、内容丰富的学习。通过学习，我真正感受到了开放合作和精益求精的学术研究氛围，在运动科学理论与实践领域获得了长足进步。主要心得和收获汇报如下。

一、领导重视，组织严密有序

国家体育总局人事司高度重视此次交流活动，对培训班寄予厚望，并提出严格要求。学习期间，领导和负责日常管理工作的同志，定期组织学习总结会，督促团员进行各阶段学习成果的交流与研讨，保证学员在第一时间将学习内容和学习心得进行提炼，形成理论教学和实践操作的成果总结，为后续研究留下更多参考资料。同时，注重培训班在美国期间的交流和文化生活，组织开展了唱红歌、诗朗诵、中美篮球教学交流等文化活动。让全体团员在交流中结下深厚友谊，为各专业人才的进一步合作与交流打下基础。

二、平台丰富，中美交流互相促进

中美体育科学研究领域各有特色，如何将在美国学习期间获得的信息进一步整理，进行深入分析并内化产生对相关领域有积极借鉴和参考价值的学术研究成果，需要结合自身实际主动思考。在理论授课和实践环节中，我深感体育科学发展的速度之快，需要我们不断更新已有的知识体系，只有主动探索并积极思考，结合运动科研的实践环节，才能增强创新能力，满足体育科学研究领域的发展需求。

我国在一些体育领域的理论研究和实践方面已经形成自己的特色，尤其是服务一线队伍的专家，基于实践环节所总结出的理论成果，对美国专家提供的研究成果有重要的补充和提升意义。我通过与团组中的优秀专家学者进行学习探讨，获得了对相关研究更深刻的理解。本次培训班成员有国内各领域的知名专家，为自己进一步理解交流内容，分析教学内容中不了解的知识提供了宝贵的学习机会。学员包括国家体育总局体育科学研究所何子红、李祥晨研究员，北京体育大学高颀、李春雷等教授，他们为大家讲解课程中的理论和实践难点，大大提高了学习效率和效益。学员们发挥各自长处，互相帮助，通过与美方专家的深入研讨，碰撞出思想的火花，为将来的深入研究积累了知识。

三、体育科研，重在理论创新与实践结合

培训班全体成员通过课程学习、分组研讨和实践操作等环节，就运动员过度训练损伤的预防、优化训练方法的筛选、冰球运动员力量与体能训练的理论、长期运动表现的训练指导、运动员营养及运动员生理和心理的监测、训练与比赛环境适应问题、运动员可穿戴设备的应用与发展前景等问题与美方专家学者进行了深入的探讨与交流。培训期间，我们参观了美国罗得岛大学运动医学实验室、生物工程实验室，纽约默西学院的运动医学实验室和纽约大学运动科学院，进行了运动员身体监测的相关测试实践活动。与全美运动医学协会、全美大学生体育协会、美国滑雪协会、美国冰球青少年培养联盟的专家进行深入研讨，了解运动医学、运动力学、冬季奥林匹克运动的最新研究成果，掌握相关领域研究的主要发展趋势和重点研究内容的前沿进展。

本次培训，自己对美国体育科研的认识主要有以下几点。

（一）关注科技与体育的融合，注重创新发展

在运动科学实验室参观时，学员亲身体验实践操作，了解实验室在

运动监控、体能训练和实验开发环节的发展现状。在罗得岛大学的体育科学实验室，我们参观了运动评估实验室，并以膝关节受损的学员作为实例，研究运动对机体组织的影响。通过该实验室的实时动态监控，学员清晰地观察到受损肌腱的形态改变和血流情况，了解到运动康复直观监测的效果。参观罗得岛冰球俱乐部体育训练设备时，学员通过国内外训练器械的对比，了解体育训练的新动态，并亲自体验冰球运动员进行等速训练、力量训练、风阻训练时的训练设备。美国体育实践领域对新科技产品的应用与开发，是其训练科学化的重要保障。俱乐部和学校研究中，多以先进的科技手段作为辅助，提高理论研究的科学基础。

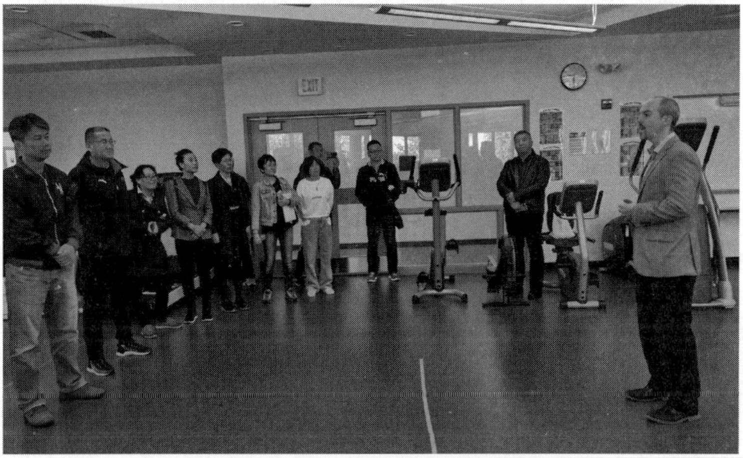

参观罗得岛大学运动科学实验室

（二）体育科研从实践出发，解决运动实践难点

美国培训课程中，授课专家的研究题目，取自其所服务的运动实践，围绕本领域中出现的实践难点，解决相关的问题。授课专家一般都有实践经历或多年研究基础，因此对课题的选择更具有实践意义。专攻运动医学的滕福德教授在斯坦福大学的物理医学、康复和运动医学的研究经历，使他更多关注治疗跑步和运动医学疾病方面的问题，选择治疗影响肌腱、骨骼、关节、肌肉和韧带的疾病作为研究方向。在成为医生之前，他曾是全美长跑运动员，并为斯坦

福大学的多个国家冠军球队做科研保障工作。运动员经历为其后的运动医学研究奠定了基础。

春田学院教授、医学博士富特雷尔就“步态再训练干预以减少跑步过程中的影响”进行授课。她发表过多项关于跑步步态再训练的研究成果，对跑步和非跑步人群的步态训练和足部肌肉精细化临床干预措施有独到见解。12 年的物理治疗师经验，为她担任骨科物理治疗认证专家提供了扎实的实践基础。上课期间，她带领全体团员亲身体验如何运用足部肌肉力量，保持运动中的正确足姿。赤足训练的学员，在生动活泼的教学环节中亲身体验理论内容，获得了直观的感受。

科里·斯特林格研究所首席运营官、康涅狄格大学副教授斯特恩斯博士，对训练和比赛的环境问题有深刻见解。专门研究如何预防热环境下的运动猝死、中暑、劳累性热病等问题，从人体电解质平衡温度调节、水合作用等角度研究优秀运动员的热适应和膳食补充剂，并就多哈运动会中运动员的热习服问题进行讲授。这些来自实践基础的理论研究成果，为学习提供了丰富的资料。

（三）注重开放交流，加强各国间的合作

美国的体育发展水平处于国际先进行列，但是它仍然注重开放交流，通过与世界各国的联系，不断革新自身体育教学、科研、训练、竞赛体系及运行模式。在前进过程中，注重反思。尤其是科研院所、高等院校的有关学者，对本国体育发展各方面进行深入的探索和跟踪研究，形成连续的研究成果，为后续体育发展提供智库支持。美国对外体育文化交流，既与自身进行对照，也参照欧洲、亚洲的发展状况，有着活跃的学术交流氛围，良好的学术研究机制，在政府体育决策发生偏差时起到一定程度的监督和修正作用。

（四）美国同行在运动实践中存在的问题

其一，受产业化、社会化和职业化影响，个别研究选题受限，研究成果停留于表面。虽然整体上美国的运动训练、体育教学和社会实践处于较高的发展水平，但是在不同的环节上，也存在一些共性问题。以社会化、产业化和职业化为基础的美国体育，科研人员往往受资金提供方的限制，不能对所关注问

题进行有效研究，部分来自实践层面的研究热点、难点不易获得更有力的财政支持。很多研究成果缺乏实践支撑，只能停留在理论推断和假设阶段。如单板滑雪障碍追逐的生理生化监测研究，受运动员数量和开展范围限制，研究对象只选取非一线运动实践者，在形成心肺功能的推理判断和进行运动指导时，尚停留在粗糙的简略描述层面。通过与培训班专家何子红同志交流，我们了解到美方授课专家在极限运动表现层面的研究还有待更精确的描述和进一步的研究。

其二，全美青少年运动积极性有所下降，新一代美国青少年的运动水平面临滑坡危险。美国纽约默西学院体育管理项目主任戴维博士就全美青少年到职业运动员的发展进行介绍。部分运动的参与度持续下降，尤其是相对偏远地区的美国群体对体育的参与度要远低于发达地区。美国学者也对此提出批评意见，这对我们也有一定启示。

此次赴美培训，我获得了体育科学研究领域的前沿动态，美国在体育实践领域的发展信息，提高了对国内外体育科学研究发展的认识。未来我一定会将培训成果转化到工作实践中，不忘初心，牢记使命，为服务体育科技发展、建设体育强国贡献新的力量。

立足实际　夯实基础　团结合作
助力体育高速发展

吉林省体育科学研究所　马玉丹

2019年10月11日至11月2日，我有幸参加了国家体育总局2019年“优秀中青年专业技术人才百人计划”培养对象赴美国培训班的学习、考察。本次培训班学习了美国现代科学训练的新理念、新技术、新方法，对运动员过度训练损伤的预防、可穿戴技术、力量与体能训练、运动营养、训练监控、特殊环境中的训练与比赛及美国竞技体育管理体制等专题进行了深入讲解，了解了现代科学技术在美国体育领域的应用，实地考察了罗得岛大学实验室，观摩了冰球比赛，以及篮球、足球、曲棍球、长曲棍球、垒球训练。同时，还与来自不同科研机构的同学们进行了广泛深入的交流和学习，拓展了自己的视野、丰富了专业知识、对提升自身整体素质起到了积极作用。在此，经过学习和思考，结合学习培训内容和自己的实际工作，将对自己有启发性的内容总结如下。

一、建立完备的理论知识体系

美国不仅在夏季奥运会中始终处于领先地位，在冬季奥运会上也一直名列前茅。此次赴美学习、考察过程中，深切体会到美国体育的强大。

美国的体能训练已建立了完备的知识体系和训练体系。体能教练必须掌握运动解剖及运动损伤知识、能量代谢系统知识、生物力学知识、运动的周期性理论、内分泌反应知识等，同时，还需要掌握良好的沟通技巧及正确的训练方式。体能教练的训练理念基于科学，并将训练流程规范化，做到所有数据均可量化评估。为此建立了“评估—纠正/恢复/再生—动作准备—运动训练—测试评估”的工作流程，发展了体能训练的金字塔模型，并建立了多种评估测试方法，创立了相邻关节理论，完善了能量系统及运动专项测试、线性速度评估、爆发力测试、柔韧性测试等多种测试方法。学科知识体系完备，并把人体作为一个有机的整体，从哲学角度思考训练与恢复，将体能训练上升到一个新高度。

从营养学的角度来讲，就碳水化合物、蛋白质、脂肪的功效，碳水化合物、蛋白质补充的方式、数量、时机，脱水的监控及特殊能源物质的补充，相关领域的研究者都进行了深入的探讨与分析。同时围绕高温环境下的热习服，研究人员也进行了详细的研究，得出需要 2 周时间进行热习服的结论，并给出了热环境下进行热习服，以提高比赛成绩的方法。

从这些天的学习内容来讲，无论是理论研究还是实践训练，都具备扎实的理论基础。这种坚实的理论基础为后期的创新与提高提供了可能性。

二、理论与实际紧密结合

体育科研成果与运动训练的有效结合，也是美国竞技体育在国际体育舞台上取得优异成绩的重要因素之一。

在此次培训中，大部分的科研和医疗专家都有过运动经历，有些甚至曾是水平很高的专业运动员。因此，他们非常熟悉运动训练的特点与规律，能够准确地找到研究的切入点，与训练紧密结合，有效地解决了训练中的一些关键技术问题。同时，美国的体育科研工作者，无论是大学教授还是公司的体能训练师，都非常关注科技前沿研究的进展，注重自我知识的不断更新，更注重将科研成果运用于实际。科研成果不仅可以发表论文，也可用于训练实践，并由此建立一套完备的实施体系，这种理论应用于实践的精神值得我们学习，在日后的体育科研工作中也要紧跟基础科研领域的新发现、新进展、新研究，积极与运动训练实际相结合，拓展运动训练监控的新方法、新指标、新技术。

三、配置学科完善的团队

一支队伍或一名运动员要取得优异的运动表现需要具备一支由体育教练、运动训练师、体育防护咨询师、运动营养师、体能教练、科研人员组成的团队。正如春田学院运动科学教授布赖恩·汤普森所述，春田学院 26 支运动队之所以去年取得了 243 胜、99 负、5 平的战绩，不只是教练自己的功劳，更是团队合作的成果。默西学院的曲棍球队也配置了 3 名体能师（其中 2 名负责体能训练、1 名负责物理治疗）和 1 名营养师。运动员的体能训练由专业的体能教练负责，还有专业的营养师负责运动员的能量补充，并设计合理的饮食方案。

从现实的角度来讲，现代科技迅猛发展，我们处在一个知识大爆炸的时代。运动训练相关的运动营养、运动生物力学、运动生物化学、运动医学、运动心理学等学科信息庞杂，单靠教练无法完成全部知识的学习与系统梳理。在这种情况下，组成包括科研、体能、营养、医疗康复等方面专家的复合支持团队与专项训练联动配合，相互支撑，围绕训练计划制订监控训练内部和外部负荷的测试评估方法、研究运动伤病及疲劳原因、开展结合专项的体能训练，无疑将大大提高训练效果，改善运动表现。

四、细致、专注与敬业的工作态度

纵观罗得岛大学的理论体系，多学科围绕一个核心问题（跑步）进行了详尽而深刻的理论研究与实践探索，体现了美国科研人员对待科学严谨专注的态度、踏实肯干的作风、甘于寂寞的心态、勇于探索的精神。教练迈克对待训练认真、专注、敬业，注重细节，不仅关注运动员的跑步姿势，连跑步过程中的呼吸，都要确保是正确的。除针对项目特点制订团队训练计划外，也针对运动员个体特征，发现短板与弱势，制订针对化训练方案，挖掘运动员潜力，将团队与个体化科学训练相结合。把握好个体与项目特点的关系也是提高训练效果的关键，值得我在日后的工作中深入思考与探索。

五、不断学习先进科学测试仪器与监控手段

在这次学习中，我们发现罗得岛大学中一个小小的体能训练俱乐部也配备了爆发力测试仪、速度测试仪等先进仪器，将所有测试、训练量化评估。通过测试，确定训练方案，即 why（为什么练）—what（练什么）—how（怎样练）—how much（练多少），系统循环进行。同时，再后续跟进测试，定期实施科学监测，评估训练效果，修正训练方案，真正实现了科学化训练监控。

还有，采用多种手段，进行积极恢复训练，包括使用：①压缩服装恢复系统，该系统包括一个控制单元和连接在腿、手臂或臀部的附件。可以通过压缩空气来按摩运动员的四肢，加快恢复速度。② Compex 无线肌肉电刺激器，也称为神经肌肉电刺激（NMES），它将电子脉冲发送到运动神经以产生肌肉收缩。它可以通过更大比例的肌肉纤维参与来帮助运动员最大限度地发挥肌肉力量。无线肌肉电刺激器既可以针对影响耐力的 1 型慢肌纤维，也可以针对影响爆发力的 2 型快肌纤维，可以帮助运动员提高训练效率，从而增强健身效果。这些设备可用于多种训练解决方案，包括热身、恢复、训练和疼痛管理。Compex 无线肌肉电刺激提供的恢复程序可以在 6 分钟内消除乳酸，从而预防延迟性肌肉酸痛（DOMS）。它还促使机体向肌肉输送新鲜的氧气，预防疼痛。这种设备可使运动员的肌肉尽快恢复以进行下一次训练。这种设备通常应用在训练或激烈的比赛后，在比赛后几小时或休息日使用，旨在消除乳酸，释放内啡肽并放松肌肉，从而为肌肉恢复创造康复环境。③局部冷敷（也称为冷冻疗法），是在受伤部位使用冷敷，这有助于患处恢复并减轻疼痛。它通过减少肿胀来促进受伤部位的细胞愈合。无论是锻炼后还是受伤后，均可用长达 30 分钟的冷敷来帮助缓解肿胀和肌肉酸痛。④深层肌肉刺激器（以下简称“DMS”），即用机械振动来刺激肌肉组织深处的本体感受器。许多肌肉疼痛是由训练导致的乳酸积累及肌肉疤痕组织引起的，DMS 能促进肌肉的新陈代谢，增加乳酸循环来缓解疼痛。DMS 可用于急性疼痛和慢性疼痛的有效治疗，如肌腱炎、滑囊炎、水肿等；可以促进血液循环和淋巴流动；可以帮助放松收缩的肌肉，也可以刺激松弛的肌肉；也被用于以综合手法治疗肌肉骨骼功能障碍。DMS 对身体周围的肌肉和结缔组织都有轻微的拉伸作用，有助于这些组织恢复弹性。

DMS 还通过加速受伤区域的有效循环和对愈合组织的适当刺激，帮助软组织损伤和过度使用后的恢复。

还有讲师介绍了复合训练监控体系，即对不同类型的训练应激，采用不同的监控指标，监控指标分为内部负荷和外部负荷，内部负荷采用心率进行监控，外部负荷选取速度和加速度进行监控，并通过监测急性负荷与慢性负荷的比例预防运动损伤。

这种复合训练监控体系，对我未来工作的开展也提供了新思路、新方法，内部负荷、外部负荷协同监测的方式可以更好地评估训练负荷，监测急性负荷与慢性负荷的比例也可以更好地预防运动损伤，提升科学化训练水平。

六、构建团队精神、提高凝聚力

此次学习中不止一次从不同讲师的口中听到，要尊重运动员，理解运动员，建立团队共同的价值观，这些精神力量会带给人正面的感染，激起大家奋发向上、努力拼搏的奋斗意志，刻苦训练、勇于争先的训练热情，这些正是团队凝聚力和团队精神的体现。团队凝聚力和团队精神是队伍的“魂”，中国女排也正是因为具备女排精神这个“魂”，才能不断突破、挑战难关。这个“魂”在各个队伍中如何塑造，是值得深思的问题。

回顾在美国 20 多天的学习，收获满满，不仅在专业知识方面得到了进一步提升，更获得了思想上、理念上的冲击与碰撞，我想美国体育的强大不是空中楼阁，而是建立在坚实的基础之上的，从体育馆中熙熙攘攘的健身人群可见其深厚的群众基础。而美国体育科研工作者专注于提升科研能力的精神，以及专心的工作态度，理论与实践相结合的探索精神，都是成就美国体育的坚固基石。在我国建设体育强国的历史背景下，我们体育人更要不懈努力，加快实现新时期我国体育工作改革和发展的目标与任务。

开阔视野　取其精华
结合实际　踏实进取

国家体育总局运动医学研究所　邵晶

我在2019年10月11日至11月2日参加了国家体育总局“优秀中青年专业技术人才百人计划”赴美国培训班。本次培训为期21天，培训地点包括了罗得岛大学、默西学院和纽约大学（全球体育研究所）、NEST体能培训中心和New Port冰球俱乐部等。此次赴美学习使我对美国体育发展、运作管理及人才培养有了一定的了解，对团队核心价值观的重视和培养深有感触。经过这段时间的学习和思考，我对本次美国之行的学习活动回顾与总结如下。

一、对运动营养工作的研究和思考

（一）合理膳食

中美运动员培养体系的不同导致在运动营养的保障服务方面也有很大不同。美国大学生运动员虽然集中训练，但是就餐时需要他们自己准备食物，营养师都是一对一进行膳食指导和教育，向运动员反复讲述合理膳食的益处。让我感触比较深的是他们对运动员进行营养教育的方式，不能因为你讲述的知识是正确的就理所当然地认为他们会接受。新生代的运动员每天接触的新事物和信息量都很大，我们也要努力学习和关注年轻运动员感兴趣的事物，要用他们能够接受的方式将知识穿插到日常的训练和生活中。

美国的食物融合了各个移民国家的特色，虽然他们一餐的食谱构成相对简单，但是食物品种非常丰富，而且能量密度高。运动员的营养素质普遍较高，一旦领会营养师的指导就能够很好地完成对食物的选择。

授课专家建议运动员平时对肠道进行训练，以提高赛前消化、输送食物和水的能力。运动员要反复尝试以获得自己的赛前补充方案，主要包括：①运动前的食物。吃什么？吃多少？什么时候吃？②液体。喜欢喝什么？喝多少？如何携带？③固体食物。选择超市的食物，还是商业的体育产品？补充的碳水化合物的形式和食物组成由运动员个人决定。

（二）睡眠不足

昼夜节律及相关问题也是目前运动医学的研究热点。营养对运动员的睡眠质量有重要影响，研究表明膳食成分会影响睡眠时间、质量和行为。睡眠不足和体重增加经常会同时发生。睡眠不足还可能会影响运动员的运动表现。

（1）接近 30% 的成年运动员睡眠时间少于 6 小时。

（2）睡眠不足会导致激素分泌改变，尤其是饥饿素（增加饥饿感），还会影响大脑的功能，食物摄入会增加快感。

（3）睡眠不足会影响身体健康（如血压、心脏病等）。对疲劳、超重成年人为期 3 周的研究表明，每天多睡 1.5 小时，连续 3 个晚上后，他们对甜食、高盐的垃圾食品的欲望会降低 62%，过度膳食的欲望会降低 14%。

（三）缺水问题

让运动员充分理解缺水对身体机能和成绩的影响。缺水时，血浆总量减少，渗透压上升，每搏输出量减少。调节激素开始调节，一氧化氮开始释放，血压和血流也会降低，出汗率下降，通过蒸发和传导散发的热量减少。因此，体内水分与体温是相互联系的。当缺水达到机体含水量的 3%~4% 时，会影响运动成绩：最大力量降低 2%、爆发力降低 3%，高强度下的力量耐力降低 10%。

要量化运动员每天实际需要的补水量。过度补水和补水不足都是很危险的。

（四）热环境及降温

2020 年东京奥运会要在高温高湿环境下进行，铁人三项运动员要在室外进行将近2小时的比赛。运动员需要提前在热环境下进行2~3周的热适应训练，并在整个比赛过程中做好降温措施，防止中暑。例如，赛前要进行降温，比如穿冰背心，在空调房喝沙冰等；比赛过程中可往身体上洒水进行降温，骑车途中可补充含糖饮料或凝胶，如果不能大量饮用也可小口啜饮或采取用含糖饮料漱口的方式；赛后可以用4℃的冰水沐浴以快速降温，还可以补充冷的含糖和含电解质的饮料等。还可在平时的训练中利用药物进行肠道核心温度的实时监测。

（五）实验设施和仪器

参观美国大学的运动生理学或运动人体学实验室，我感触比较深的是他们的实验室都比较小，其中很多设备或仪器虽然使用时间都很长，但是研究人员对仪器参数的理解及适用范围研究得都非常透彻，对后期数据的解读也有自己的一套标准或体系。

二、美国国民有着浓厚的体育运动氛围，这是体育强国的基础

在美国，体育已经深深植根于这个国家民众的自觉行为之中。在美国校园、街道和社区，我们都能看到大量的人在从事体育活动。尤其是在课堂上和授课老师的交流中，我们更能感受到体育运动和体育文化是美国人必备的活动能力和文化素质，几乎人人都有相关的体育运动背景和体育文化知识。

人们自发地、自觉地学习体育、从事体育，享受体育带来的荣誉和快乐。当然美国的体育事业也是建立在其高度发达的经济基础之上的。

三、美国的体育科研人员、教练、教师和体育从业人员都具有较高水平的专业技能

很多的科研人员、教练、物理治疗师和其他从业人员，以前从事某种运动项目，后来从事与体育相关的工作，他们对运动的理解更深刻、更透彻，进行的研究更加细致并且紧贴运动训练。无论是普通俱乐部的教练、大学的科研

人员、运动医学专家，还是体育管理专业教授，我们都能感受到美国体育从业人员的高超技术和渊博知识以及对体育事业的热情。

四、美国大学校队的后勤保证有力、设施齐全

学校训练或比赛场馆设施齐全,并且使用率高,有篮球馆、排球馆,垒球场、冰球馆、足球场、曲棍球场、体能训练馆等。场馆包括运动员的更衣室、卫生室、洗衣间、热身室、康复室等，后勤保证极为有力。美国特别重视大学体育运动员运动技能的发展和提高，国家财政、社会捐助等资金大量涌入美国大学校园，提供了充足的资金保障。

美国大学校队除了主教练外还配备有自己的体能教练、物理治疗师、营养师、心理治疗师、队医和科研人员等专职的后勤服务人员，他们的目标是保证每一位运动员都能有好的运动状态，保证每一位运动员都能有好的体质和技能，并且能够达到实时监控和分析运动员体能状况和竞技水平的目的。

五、重视运动员精神建设

来自佛罗里达州立大学的蒂姆教授讲授的通过对运动员核心价值观的培养来实现最佳运动表现的课程内容让我印象深刻。一个球队的主教练首先要有明确的目标和核心价值观，以此来筛选合适的运动员，在运动员和团队中反复强化其核心价值观，得到运动员的理解和认同，从而实现共同成长，达到最佳表现。核心价值观的确立可以帮助我们识别哪些是需要解决和关心的问题，这会让我们前进的方向更加清晰明确。

经过本次的学习、思考和总结，我将会根据体育发展趋势，结合我国运动员身体素质条件的实际情况明确自己的研究方向和目标，并在此基础上辩证地选择、借鉴和吸收国外先进的经验和研究成果，将其运用到自己的研究中，为我国体育事业贡献自己的一分力量。

上肢抗阻力量训练最大功率负荷的动作形式及负荷特征

深圳大学　任占兵

“自古逢秋悲寂寥，我言秋日胜春朝。” 2019 年 10 月 11 日—11 月 2 日，国家体育总局 2019 年“优秀中青年专业技术人才百人计划”培养对象赴美国培训班顺利举办。此次培训，我不仅收获了知识，还收获了友谊。

本次培训班分为国内和国外两个阶段，国内培训，主要以同行交流、集中学习等方式进行；国外培训，主要以集中学习为主，同时结合实践，对实验室、体育场馆等进行学习考察。在学习成果方面，我重点阐述一下“上肢抗阻力量训练最大功率负荷的动作形式及负荷特征”，关于这个方向，我曾与罗得岛大学的厄普博士进行过深入的交流与探讨。

上肢抗阻力量训练是一种在外部阻力的作用下使上肢肌肉收缩的运动训练方法，其目的是增强上肢肌肉力量或耐力。外部阻力可以是杠铃、哑铃或自身体重等任何导致肌肉收缩的阻力，上肢抗阻力量训练在高水平运动员训练中不可或缺。众所周知，大部分竞技体育项目的专项动作都要快速完成，比如投掷等，都是以专项技术动作表现最大输出功率。因此，如何通过力量与速度之间的曲线关系发展上肢最大输出功率显得格外重要。功率是指物体在单位时间内所做的功，即功率是描述做功快慢的物理量，故功率等于作用力与物体受力点速度的标量积（$P=FV$），力与速度的有机结合能使输出功率最大化。在传统抗阻力量训练中，以最大力量为导向的力量训练，可使运动员对抗性增加，但动作速度不佳；以速度为导向的力量训练，可使运动员动作速度提高，但对抗性较差；最大力量和速度相结合的训练，由于缺乏对训练负荷的精确配比，在训练实践中的训练效果不佳。迄今，人类对力量训练的最优化研究从未间断，面对永无止境的竞技需求，以最大输出功率为导向的力量训练为实现训练负荷精确化、输出功率最大化指明了方向。OPL（最大功率负荷）是产生最大输出功率的负荷强度，研究发现，以 OPL 进行力量训练能有效提高专项竞技能力所需的投掷能力、跳跃能力、打击能力、变向能力及加速能力等。有文献表明，单块肌肉或单个关节运动的最大输出功率为 1 RM（1 RM 表示一个人以正确的动作只能举起一次的阻力）的 30% 或最大收缩速度的 30%，对于多关节肌肉运动而言，OPL 随运动方式的不同而变化。有研究认为，上肢卧推训练的 OPL 为 1 RM 的 30% ~ 70%，杠铃卧推抛的最佳 OPL 是 1 RM 的 50%。

运动训练科学化水平的不断提高，对运动训练过程的精细化提出了更高要求。OPL 力量训练能有效刺激机体，提高功率输出能力，促进训练效应向比赛效应的转移，引起国际体育科学界的极大关注。因此，对 OPL 的训练学影响因素进行剖析，有利于推进 OPL 力量训练在训练实践中的推广和应用。

一、动作形式

运动员产生的最大输出功率与其动作形式密切相关，选择适当的训练形式有利于提高运动表现。发展最大输出功率的动作形式通常有传统抗阻训练、末端释放训练、复合式训练和举重训练四种。

（一）传统抗阻训练

诸如卧推、卧拉等传统抗阻力量训练中，在完成动作的末端会出现减速的现象。研究表明，1 RM 的 80% 负荷下进行卧推，末端动作速度降低至整个过程速度的 52%，做负荷为 1 RM 的卧推时，末端动作速度降低至 23%，当在负荷为 1 RM 的 45% 时，完成动作的末端速度接近整个过程速度的 40% ~ 50%。因此，大负荷的传统抗阻训练中，即使要求运动员以最快速度完成，末端动作速度与实际完成跳、掷等动作的速度也相差甚远。造成末端动作减速的原因是拮抗肌的激活，而末端动作减速也造成了传统抗阻训练效果的减弱。除此之外，传统抗阻力量训练对提高部分项目专项动作的输出功率也卓有成效，主要是通过增大骨骼肌横截面积和神经冲动来提高最大力量而实现的。大强度抗阻力量训练对提高中低水平运动员的输出功率效果最为显著，并随着力量水平的提高而逐渐减小。因此，传统抗阻力量训练对发展运动员力量和输出功率均至关重要。

（二）末端释放训练

末端释放训练指在整个动作训练范围内，运动员迅速克服自身体重或额外负荷，在动作末端将整个身体或额外负重释放的爆发力训练方法。末端释放训练能有效地避免末端减速，实现动作全程加速的目的。其负荷范围在 1 RM 的 0 ~ 80% 不等，具体训练形式与传统抗阻训练相似，但由于末端释放训练能够实现全程加速，其速度、力、功率和骨骼肌激活程度均高于传统抗阻训练。此外，由于末端释放训练与众多运动项目的动作高度相似，增加训练的适应性更利于训练效应向比赛效应的转化。因此，许多学者和教练建议在发展运动员最大输出功率时优选末端释放训练。相关研究亦证明，无论是大负荷还是小负荷，末端释放训练均能有效提高运动员的最大输出功率。末端释放训练对提高最大输出功率的作用机制尚不清楚，但其确能有效提高动作完成的神经冲动、神经激活速率及协同肌间的协调性，最终能有效提高动作完成过程中的力量增长速率。综上所述，无论是在不同负荷条件下，还是在不同运动水平上，末端释放训练均能有效发展运动员的最大输出功率。

（三）复合式训练

复合式训练指将传统抗阻训练与快速伸缩复合训练相结合，其主要特征就是快速完成拉长—缩短的周期动作，如单侧和双侧的掷药球、俯卧撑、下落跳及跳栏架等。复合式训练与末端释放训练的动作结构非常相似，但对抗的负荷较小（药球等）或者是无负荷（自身体重），较大的负荷应通常用于缩短完成拉长—缩短周期的动作时间，如增加下落跳的高度。复合式训练既可以应用于短时间（100 ~ 250 ms）的跑、远跳和高跳项目，又可以应用于较长时间（>250 ms）的下蹲跳和投掷类项目。复合式训练不仅动作结构与各专项动作近似，而且应用的条件较为宽泛，最主要的是还能提高运动员最大输出功率。

尤其是小负荷、高速度的拉长—缩短周期动作提高最大输出功率的效果更为显著。关于复合式训练的作用机制的相关文献相对较少，但其提高神经冲动、神经激活速率及协同肌间协调性的作用机制与末端释放训练相似，能有效提高拉长—缩短周期动作的最大输出功率。因此，高度专项化的复合式训练在发展专项动作的最大输出功率方面表现出非常好的训练效果。

（四）举重训练

举重训练通常包括抓举、高翻、挺举及其变化动作，这些举重训练动作几乎适用于所有运动项目的运动员发展最大输出功率。举重训练的动作均在高速度、大力量的情况下完成，能有效增大运动员的输出功率。举重训练中抓举和高翻动作的最大输出功率负荷通常在 1 RM 的 70% ~ 85%，其动作形式与跑、跳等动作形式相似。

二、训练负荷

在运动训练过程中，不同负荷会产生不同的速度 – 力曲线关系，输出功率的变化也会随训练负荷的变化而变化，这些训练负荷可分为大负荷、小负荷、OPL 及复合负荷 4 种。

（一）大负荷

尽管大负荷力量训练（≥ 1 RM 的 80%）会降低动作速度，但也能增加运动员输出功率，原因有二：其一，由于骨骼肌收缩过程中速度与力的曲线关系，力与功率的关系密切，大负荷力量训练时输出功率也同时增大；其二，源于大负荷力量训练能增大骨骼肌的募集效率。骨骼肌“大小原则”认为，大强度的骨骼肌运动能激活更多的运动神经元，募集更多高阈值运动单位（Ⅱ型肌纤维），产生更强的收缩张力和输出功率。

（二）小负荷

小负荷抗阻训练（1 RM 的 0% ~ 60%）通常应用于末端释放训练或复合式训练来提高输出功率，这些训练手段能使运动员在接近实际动作速度的情况下进行训练。大量研究证明，小负荷末端释放训练或复合式训练能有效提高一些项目运动员的输出功率及灵敏素质。

（三）OPL

OPL 下进行力量训练能有效提高最大输出功率，通常单关节运动最大功率负荷为 1 RM 的 30%，而多关节运动 OPL 变化范围较大。如卧推最大功率负荷为 1 RM 的 30% ~ 45%，抓举和高翻 OPL 为 1 RM 的 70% ~ 80%。OPL 受不同训练形式和最大力量水平的影响，最大力量水平越高，OPL 越高。

（四）复合负荷

在发展最大输出功率的训练中，小负荷训练有利于提高动作速度以及低强度运动下的功率输出，大负荷训练有利于提高高强度及低速度运动下的功率输出。复合负荷训练既可以利用小负荷训练的速度，又可以利用大负荷训练的强度，实现运动员输出功率的最大化。相对其他训练负荷而言，运用复合负荷训练可以有效改变速度与力的关系曲线，实现输出功率和训练效应向比赛效应转化的最大化。未来关于复合负荷训练，训练效果是否受每组负荷、单个赛季或不同赛季负荷的影响仍是研究的重点。

三、小结

“雄关漫道真如铁，而今迈步从头越。”通过此次培训，我发现美国运动训练科学研究注重实践与实证，注重团队合作，注重国际视野，注重服务意识。运动训练的问题不仅仅是教练的问题，更是科学家的问题，不仅仅是体育领域的问题，更是多学科交叉融合的问题。在新的历史背景下，如何用科学的方法解决我国运动训练的实际问题，任重而道远。

思维与视野的双重开阔
学习与交流的融合之旅

成都体育学院　杨成波

2019 年 10 月 11 日—11 月 2 日，作为国家体育总局"优秀中青年专业技术人才百人计划"培养对象，我参加了由国家体育总局人事司主办的赴美国培训班的培训学习。通过国内、国外培训，我对美国现代科学训练的新理念、新方法有了较深入的了解，开阔了视野，而且经过与外方讲师及所在团团员的交流，前期存在的困惑得到了部分解答，对目前从事的工作及后续工作的开展也有了一定的思考。

一、体育科研：在实践中发现问题，通过科学研究解决问题

体育科研的最直接目的是培养竞技体育人才，而竞技体育人才培养既需要以实验为基础的自然科学的支撑，也需要以经验为基础的社会科学的指导。实验的结果需要在实践中验证，经验知识也需要在实践中升华为理论。因而，体育科研工作就需要我们高度关注实践中产生的各种问题。

在培训过程中，大部分讲师都具有丰富的实践经历，而且是在结束运动生涯后开始再次学习，在获得相关执照、认证的基础上从事运动训练，或者从事科学研究。他们的经历使其能够了解实践过程中的问题，并能够利用所学习的知识对实践中的问题开展研究。

二、运动训练：科学精神是最基础的人文关怀

在多场讲座中，讲师都反复强调了要在训练中对运动员进行人文关怀，营造积极的训练氛围，减少对运动员的负面评价，激发运动员的训练热情，用特有方式营造团队文化。这充分说明美国的运动训练体系对团队文化精神的塑造与对运动员人文关怀的重视。

在培训中，给我印象最深的讲师是NEST中心负责人迈克。他曾担任2011年史丹利杯冠军波士顿棕熊队的力量和体能教练，曾与北美职业冰球联盟（NHL）、美国职业橄榄球大联盟（NFL）和美国职业棒球大联盟（MLB）的运动员合作过，并且曾是普罗维登斯学院的力量与健身教练及美国举重运动协会的主席。他在“冰球运动员的训练基础与细节”讲座中对新、老教练和运动员的特点做了清晰的介绍，对当前比赛数量不断增加、赛季不断延长情况下运动员的培养需求有着较为清晰的认识，并且在讲座中，他对运动解剖学、运动生物力学、运动康复学的知识极为熟悉，表明其在从业过程中逐渐建立了严谨的科学知识体系，其在训练过程中充分关注了学科知识的系统性与知识的关联性。

他在讲座中说，在训练开始、训练过程中及训练后等各阶段都要对运动员进行评估，并通过评估调整训练计划；在训练中不要让运动员成为验证教练知识的实验对象，训练知识的应用应通过验证并与自身实践相结合。同时，注意根据运动员的反馈调整训练计划。以上科学训练体系的搭建与对训练细节的关注更加反映人文关怀。通过科学的训练延长运动员的职业生涯是对运动员最大的，也是最基础的人文关怀。

当前，我国教练与管理人员都认识到了运动员首先是一名社会人，需要给予运动员高度的人文关怀。在训练及人才培养过程中，也都体现了对运动员的关心与关怀。但是，我们还需要建立与完善科学的训练体系。

三、运动项目发展：统一的规划与严格的监管

在美国冰球发展模式的讲座中，讲师托比作为一名从业23年的教练，曾执教于美国顶级联赛球队，并分别作为教练、经理、球探从事与冰球运动发展

相关的工作。他较为详细地介绍了美国冰球重新崛起的历程与经验，其中关于训练发展模式与管理方式的介绍给我留下了深刻的印象。

从2000年开始，美国冰球联盟组织科研人员和教练，长时间进行对年轻球员培养方式的研究，开发出了美国冰球运动员培养模式（American Development Mode，以下简称“ADM”），并在十几年的发展过程中不断地被推广。在此模式下，不同年龄组确立了全国统一的教育、训练和发展模式，最大限度培养年轻运动员，并且严格规定，所有的青少年培养必须统一在此模式下进行。根据规划，各年龄段运动员分别结合运动员生理和心理特点及发展敏感期开展训练。

美国冰球联盟规定，如果俱乐部不能遵循ADM关于运动员的培养规定，联盟将拒绝该俱乐部的注册，使其不能参加联盟相关竞赛。同时，美国冰球联盟通过严格教练培训与准入体系，提高了教练的执教素质。在美国，即使是奥运会冠军，在没有经过认证和考核的情况下，也不允许执教。在其他培训中，讲师也在做自我介绍前反复强调自己是经过认证的教练。由此推理可知，美国其他项目也有着严格的教练执教准入制度。

我们应借鉴美国冰球联盟的发展方式，组织专家、教练对各自项目进行深入研究，探讨人才发展与训练体系，细化不同年龄段的重点能力发展区域，从而使各级训练机构在后备人才培养中有法可依、有法可循，切实提高人才培养的质量与效率。

同时，各项目在具备基础的情况下，应建立职业联赛体系并严格监管，对不遵循人才训练与发展模式的给予制约。如我国网球已经建立比较完善的竞赛体系，U系列竞赛已经与国际网联全面接轨。在此基础上，网球协会可组织专家探讨制定网球项目青少年运动员发展模式，并严格监管。建立完备的教练培训与发展制度，加强对各级教练的培训、考核与认证，尤其是对以社会为主导的参赛俱乐部教练进行严格的认证与考核，从而不断提高教练执教水平，提高后备人才培养效率。

四、竞技体育人才培养：继续发挥与完善举国体制的主体作用

由于美国职业体育的高度商业化发展，美国竞技体育人才培养主要依赖于家庭、俱乐部和高校运动队。在这个培养过程中，经济作为最主要的因素在运动员参训初期就决定了其参与的深度和广度。如果没有家庭经济支撑，运动员将缺少高水平的专业指导。相关的科学研究也需要运动项目联盟或者商业机构的支撑，而由于运动项目联盟和商业机构都是营利机构，其支持研究的前提是能够带来巨大的利益回报。

相比之下，举国体制对促进我国竞技体育发展发挥了巨大的作用。因而，在人才培养中需要继续发挥举国体制的基石作用，有效融合多种培养方式，实现中国运动员由专业向职业发展。

事实证明，举国体制作为我国体育事业发展的特殊制度，有力地推动了我国竞技体育、全民健身、学校体育，乃至体育产业的发展，举国体制在提升中华民族在国际社会的影响力等方面也发挥了举足轻重的作用。一些体育职业化发展较好的国家也在学习我们的举国体制，我们就更加不能放弃我们的体制优势。

实现多种培养模式的补充与融合。在各项目处于“职业前”阶段或缺少职业化基础时，应坚持以专业培养模式为主，以体教结合培养模式和社会自主培养模式为有益补充。在举国体制的基础上，加大对职业过渡阶段和职业基础阶段运动员的支持力度，充分发挥举国体制的制度优势，不断夯实项目可持续发展的后备人才基础。

体制和市场的顺序发力，促进专业运动员向职业运动员转化。对基础阶段和职业过渡阶段运动员的培养要发挥举国体制的培养优势，准职业运动员和职业运动员发挥市场的培养优势，使体制和市场顺序发力。本着“成熟一批、放飞一批”的原则，将各项目准职业运动员提前推向市场，将职业运动员的运作完全让渡给市场，充分释放市场的活力，发挥市场的创造力和资源配置优势，将体制和市场两方面的优势充分结合，整合各方要素、聚合各方资源。

五、精英运动员的培养：教和练的终身学习

在学习过程中，多名讲师反复强调了要树立终身学习的理念，认为精英运动员的培养是一场马拉松。在精英运动员培养过程中，需要教练和运动员双方分别树立人才培养理念与终身学习理念。

对于教练来说，需要在建立科学理念的基础上，不断追踪新的研究成果，并在积极实践、验证后再投入应用；需要不断研究运动项目发展规律，吸收不同学科的理论知识并应用于训练实践。

对于人才培养而言，反对早期专项化培养。美国运动员在从事专业训练前会进行多种运动的尝试并发展多种运动能力，通过一定的测验决定其是否适合特定运动，而不建议进行早期专项化训练。其目的是培养运动员适应未来职业发展需要的多种能力，而不是培养特定项目所需的早期专项化选手。同时，人才培养的目标是培养“发展中的人”，不是运动机器。通过这样的培养理念，促使运动员打下坚实的运动基础，同时，为未来的职业发展及个人发展做好准备。

随着我国运动训练水平的逐渐提高与人才培养理念的逐步完善，我们更加关注运动员的终身培养，注重对人才培养过程中教练和运动员双方终身学习理念的塑造。

开阔视野　服务边疆

石河子大学　杨冠强

2019 年 11 月 2 日，国家体育总局 2019 年“优秀中青年专业技术人才百人计划”培养对象赴美国培训班顺利结束，现将自己的收获和心得做以下总结。

本次的培训地点主要在美国罗得岛大学、默西学院、纽约大学 3 所高校，培训内容主要围绕运动损伤、运动康复、运动训练、可穿戴体育设备等方面展开，本人的收获主要有以下几个方面。

一、运动损伤与运动康复方面

哈佛大学医学院的滕福德助理教授和富特雷尔教授以常见运动项目——跑步为例，讲解了跑步中经常出现的运动损伤及对应的康复训练，并且对女运动员三联征进行分析，认为女性运动骨骼损伤方面的变化与能量、月经、饮食有联系，能量不足就会导致月经不调，月经不调、营养不足则会导致骨质的缺乏。在某种程度上，男性运动员也会有与女性运动员相似的情况，这可能是营养供给不及时所导致的。所以说，能量不足、营养不良及激素紊乱，都是导致骨骼损伤的原因。

对于高风险的损伤要有预防措施，一般不用开药，因为这样会让运动员感觉不到疼痛，或者妨碍运动恢复。治疗和预防，哪一个方法更有效？这些损伤是如何分类的？分别处于什么样的位置？有什么样的生物力学和生理学因素？需要做什么样的培训？培训中如何能系统地管理和完成测试？如何预防？这些都是需要研究的要点。如果只研究一个领域，不考虑科学的链条，不足以确保运动员受伤的跟腱能很好地愈合。

步态训练对恢复、治疗损伤是有帮助的。良好的睡眠和营养、正常的生理周期和适当的运动，都有助于提高运动员整体肌肉骨骼的健康水平。富特雷尔教授提出了 7 种康复训练的方法：

（1）45° 的平板支撑（腰背在一条线，核心要稳定）。

（2）45° 的平板支撑，双腿做跑步动作。

（3）三重反射，三重延伸。

（4）横向运动练习（螃蟹走）。

（5）单腿下蹲练习。

（6）弓步前行练习。

（7）组合练习（弓步前行练习 + 提踵 + 弓步前行练习 + 提踵，或弓步前行练习 + 提踵 + 双手左右平衡转体）。

二、有关运动训练方面

NEST 中心的高级教练迈克以美国流行的冰球为研究对象，对冰球运动在美国开展的现状和特点、冰球运动传统训练方法与新的训练方法进行了讲解。赛季结束后阶段一（Early Off Season，EOS1）的核心目标是恢复，重点介绍了若干积极恢复训练的途径，如压缩服装恢复系统，即使用脉动压缩空气来按摩四肢，调动体液并加快恢复速度的一种顺序间歇性气动压缩设备。当前，职业团队运动项目，如橄榄球、篮球和冰球都有采用压缩服装恢复系统对运动员进行恢复训练。多年来，教练和培训师一直依靠压缩服装恢复系统在整个长赛季中保持运动员的最佳状态，并可以使运动员从受伤中快速恢复，还可以确保运动员在下一个赛季运动表现达到 100%。该系统包括一个控制单元和连接在腿、手臂或臀部的附件，使用压缩空气来按摩运动员的四肢，加快恢复速度。使用该系统时，连接的附件将模制成准确的运动员身体形状，附件的每个部分以脉冲方式压缩，然后释放，按摩过程中会体验到肌肉被揉捏的感觉。

三、有关可穿戴体育设备方面

加里 · 利古里博士，罗得岛大学健康科学学院院长，对于可穿戴设备及技术的发展趋势进行了讲解，提起可穿戴设备，人们往往想起太空时代的各种高科技装备,其实很多可穿戴设备已经广泛地应用在我们的生活中很长时间了，比如人工耳蜗。尽管现在的可穿戴设备外观看起来各不相同，但是，它们可能都有一个相同的内置传感器，并且可穿戴设备的传感器都很小，且越来越小，性能越来越高。可穿戴设备正在被广泛应用于珠宝、衣服、手表、项链等日常用品中。更加明显的一个发展趋势是现在驱动可穿戴设备市场的因素是把健身数据应用在健康服务中，很多设备不仅仅可以监测心率，还可以监测心率变异性（HRV）。手机可以知道你是不是早上 6 点起床但却无法知道你的睡眠质量。可穿戴设备传感器若嵌入衣服，或者植入皮下，则可以详细知道你的睡眠质量。

此外，在运动训练中，装在手指上的小装置可以很容易地测量血氧量。可穿戴设备变得更加普遍，更加易用，为健身和运动训练提供了更多便利。它增强了连通性和数据监控，这意味着不再受地域限制，比如私人教练突破了地方工作限制，可以在健身房以外的地方工作。培训师可以实时监测客户进度，在任何地方接受反馈，并可以创建社交健身网络，增强互动，这些都可以帮助个人成功达到健身目标。

可穿戴设备逐步在运动训练中得到推广应用。与健身类似，可穿戴设备可使教练监测更多运动员的运动情况，包括跟踪步伐或节奏、呼吸率和心率，并可定量评估锻炼情况。在跳高运动中，关节间的运动非常重要。在实验室可以模拟运动动作，但是不能获得现场的实际情况，可穿戴设备则可以很好地实现实时连续动态的监测，并可以通过远程通信实现数据传输和训练指挥。我们在未来可以看到更多的可穿戴设备应用在体育训练中，包括医疗中，会有越来越多的惊喜。比如，在治疗受伤的腿时，传感器可以让医生知道提供 20% 的力是什么含义，并且，在康复中可以量化具体康复训练内容。

除了以上有关运动康复、运动训练和可穿戴设备方面的培训内容外，默西学院戴维教授对美国英式足球发展及管理，纽约大学戴维 · 艾布拉姆斯教授对全球体育基础建设和资金投入情况进行了讲解。

经过培训，我在有关体育康复、运动训练等方面知识体系上有了很大的收获，增加了自己的知识储备；对美国专家教授的讲课和研究中所展现出来科学严谨的工作态度也有了新的认识，使自己的科学素养得到了进一步提升。

回顾3周来的学习和生活，我既收获了知识，也收获了同学的友谊。回国后我要将自己在国外收获的知识，进一步消化吸收，把先进的管理经验、训练理念和康复手段运用到自己的专业当中去，为边疆体育事业做出应有的贡献。

增强服务意识　促进冰球发展

辽宁省体育事业发展中心　张蓝予

2019 年 10 月 11 日至 11 月 2 日，我有幸参加了国家体育总局 2019 年“优秀中青年专业技术人才百人计划”培养对象赴美国培训班。此次培训的目的是学习美国现代科学训练新理念、新方法，拓宽国际视野，促进我国体育可持续性发展。通过学习美国体育管理与运营、竞技体育管理体制创新与可持续发展、高水平竞赛和大学竞技体育的商业化运作模式、体育场馆的开发与利用、运动营养和科研监控、力量与体能的哲学等相关课程，实地考察冰球、篮球、曲棍球、足球等运动中心和场馆，参观美国职业学院、体育研究机构、体育科学实验室和运动员俱乐部，比较全面地了解了美国体育的现状。此次赴美国学习，冬季项目主要学习了冰球运动项目。在此谈谈个人对北美冰球运动的学习心得。

2017 年 10 月，习近平总书记在中国共产党第十九次全国代表大会报告中提出，要加快推进体育强国建设，筹办好北京冬奥会、冬残奥会。2022 年冬奥会落户北京，我国政府相继出台一系列政策文件，如《冰雪运动发展规划（2016—2025 年）》《全国冰雪场地设施建设规划（2016—2022 年）》《群众冬季运动推广普及计划（2016—2020 年）》等，标志着冰雪运动的发展已经进入“新的历史时期”。

北美冰球的高水平发展主要归因于其规范化的冰球联盟，即北美职业冰球联盟（National Hockey League，以下简称“NHL ”），该联盟是一个由北美冰球队伍所组成的职业运动联盟。NHL 是全世界最高层级的职业冰球比赛，为北美四大职业运动之一。联盟成立于 1917 年，经过近一个世纪的发展，中间几经起落，在管理、营销、制度等方面已经发展得相当成熟，在 NHL 的领导下，北美冰球运动蓬勃发展。

此次学习活动是在NEST中心进行，该中心的管理由迈克负责，他本人于1999年在罗得岛州成立了该州第一家专门为运动员设计的体能训练培训机构NEST中心。NEST中心是由教练、体能训练师、治疗师和营养师组成的团队，专门为运动员、伤病患者和一般健身爱好者提供锻炼、康复和营养计划的指导。迈克毕业于梅里马克学院（Merrimack College），在那里他学习过冰球和曲棍球，并在大学毕业后为著名的体能训练先驱迈克·博伊尔（北美最早的体能训练培训机构负责人）工作。除了在NEST担任管理职务外，迈克还担任2011年史丹利杯冠军波士顿棕熊队的力量和体能训练教练。他与美国北美冰球职业联赛（NHL）、美国职业橄榄球大联盟（NFL）和美国职业棒球大联盟（MLB）的运动员合作过，还曾是普罗维登斯学院的力量与健身教练，美国罗得岛州力量和健身协会以及美国举重运动协会的主席，并且曾在多个地区和全国性行业专业会议上担任演讲嘉宾。

有了这些经验，迈克回到了家乡，向当地运动员展示了这种先进的训练理念，并为运动员提供了帮助，其中包括一名NHL选秀球员，两名NHL年度最佳新秀奖得主，以及三位奥运金牌得主。在迈克的指导下，NEST中心发展成一家辅助专业及大学、高中运动员训练为主的顶级冰球训练基地。而且，正如运动员人数的增长一样，参加培训的人员也是逐渐递增。NEST的宗旨是通过功能性训练和专业的教练，培养条件良好的运动员，使他们不易受伤，并帮助他们成为最好的冰球运动员。

一、NEST中心的培训服务

NEST中心的服务主要体现在特定体育锻炼计划，健身、健康和保健处方，物理治疗、运动训练和康复，工作场所健康倡议和企业健身，饮食计划和营养服务，在线培训系统等方面。

NEST中心旨在减少相关运动伤害的发生。训练有素的力量和体能教练在与各个年龄段和不同能力的运动员合作方面已有多年的成功经验。无论是职业运动员、高中运动员，还是发展中的运动员，都会有指导计划帮助运动员提高运动能力并增强信心。

NEST 的 24 小时健身中心，现在已经搬到了更大、更新的场所。对于那些寻求终极健身体验的人，可以使用虚拟健身选项直接在家中通过电话或移动设备等定制功能进行训练和团体健身。

持证的康复专家具有以最快的方式获得最佳的比赛回报所需的专业知识和实践经验。现场诊所可按医生要求为康复患者提供物理治疗，治疗费用已经被大多数保险公司所涵盖。该机构还为学校和团队提供独一无二的运动训练服务，不仅可以减少运动损伤，而且可以提供预防伤害的解决方案。

NEST 中心还为冰球运动员提供专业的营养顾问和注册营养师，以提高其运动能力。无论冰球运动员需要放松的恢复型按摩，还是需要治疗性的治疗方法，还是想要增强运动的恢复能力，NEST 中心都可以帮助他实现。该中心提供运动、骨科和传统按摩等。

有时候，许多专业和大学冰球运动员全年都居住在罗得岛州以外的地区，无法使用该中心的设施或教练。但是，这并不意味着培训会停止。就像许多本地运动员在一年中忙于功课、练习、游戏和其他工作一样，许多人找不到时间去 NEST 中心。解决办法是什么？在线培训系统。具体来说，是针对冰球运动员无法与 NEST 中心的教练面对面在一起训练而特别开发设计的训练系统。除了冰球项目以外，该系统已帮助罗得岛州运动员在其他各项活动中取得了更好的成绩。

二、我国冰球运动发展的问题与展望

在成功申办 2022 年北京冬奥会和国家大力扶持体育事业的双重契机下，我国冰球运动的发展要进一步营造冰球文化氛围，共同加强基础设施建设与青少年培养，同时提高竞技水平，加快职业化进程，打造品牌赛事，提升冰球项目影响力，加强专业队伍建设，有效提升冰球运动的吸引力和影响力，推动冰球相关产业发展，整合社会资源，吸纳更多力量共同推进我国冰球运动的普及和发展。

加强国际交流　提升体育科技实力

新疆体育职业技术学院　赵刚

本人于10月11日至11月2日参加了由国家体育总局人事司主办、国家体育总局干部培训中心承办的2019年“优秀中青年专业技术人才百人计划”培养对象赴美国培训班，通过21天的培训学习，本人感触很深，收获很大，现将具体情况总结如下。

一、培训班基本情况

（一）培训目的

学习美国现代科学训练新理念、新方法，拓宽国际视野，了解美国相关专业的设置和课程学习内容，了解美国科研工作的思路和方法，提升自己的科研能力。加快我国体育科学技术发展，夯实体育产业发展的科技支撑能力。

（二）培训人员

参加此次培训的22名团员，主要由来自国家体育总局人事司、国家体育总局干部培训中心、国家体育总局体育科学研究所、国家体育总局健身气功管理中心、国家体育总局运动医学研究所、北京体育大学、首都体育学院、吉林省体育科学研究所、山东省体育科学研究中心、辽宁省体育事业发展中心、武汉体育学院、成都体育学院、哈尔滨体育学院、郑州大学体育学院、深圳大学、石河子大学、山西体育职业学院、西藏自治区体育运动学校、新疆体育职业技术学院的教学和科研工作者共同组成。

（三）培训内容

本次培训分国内、国外两个阶段。

1. 国内培训情况

10 月 11 日—12 日，我们在国家体育总局干部培训中心进行了国内培训，北京体育大学副校长夏伦好做开班讲话并进行了出国前教育，对本次培训班提出了要求和期望。之后每个学员对近年来的研究成果进行了总结发言，并进行了研讨。

2. 国外培训情况

国外培训共计 21 天，其中在美国罗得岛州培训 14 天，其间进行了 16 个专题的讲座，并参观了罗得岛大学的运动实验室和运动场馆，观看了罗得岛大学的冰球比赛。在纽约培训 7 天，其间进行了 8 个专题的讲座，并观看了默西学院的足球、篮球、棒球、曲棍球的训练。

二、本次研修活动的感受

（一）培训组织细致周到

此次学习培训从交通、住宿、饮食、培训等各个方面都安排得细致周到，学员们虽然在异国他乡，却感受到了家一般的温暖。在美国学习期间，学员们遵守培训纪律，严格按照培训安排有序地进行，在培训期间安排的丰富的教学活动，使每一个参加培训的学员收获颇丰，受益匪浅，不但提高了专业技能，而且开阔了人生视野。

（二）培训内容丰富全面有深度

培训期间进行了 24 个专题的讲座，其中包括了美国高水平运动队的力量和体能训练、运动损伤的预防和康复、运动营养补充和疲劳的监控、运动的温度控制、高水平竞赛和大学竞技体育的商业化运动模式、美国冰雪运动的训练、精英运动队的训练计划和美国体育产业发展现状等内容，培训内容丰富、全面、有深度。

（三）培训的生活丰富多彩

培训期间，利用课堂间歇时间由国家体育总局丁丽玲老师带领大家进行八段锦的练习，通过练习既缓解了学员们的疲劳，还向外方人员展示了中国传统文化的魅力，推动了中国传统文化的传播，引起了外方的极大兴趣。

另外，团队还选定《明天会更好》为班歌，利用乘车时间反复练习，并制作了视频，给此次培训带来了很多欢乐，也增进了学员之间的感情。

（四）培训交流坦诚广泛

由于培训班中也有不少在国内体能训练、运动生化、运动康复等领域享有盛誉的体育科研专家，在培训过程中经常会遇到一些因不同观点而引发的讨论，通过这些讨论，可以更加深入地理解问题。总体来说，美方授课人员对学员提出疑问持欢迎态度，他们喜欢学员提出问题甚至对不同观点进行讨论，在课后也会留下联系方式，欢迎大家以后继续保持联系和讨论问题。

（五）培训观摩丰富多彩

培训期间，学员们在罗得岛大学现场观摩各个实验室及运动训练设施的配置，观摩生物医学工程实验室。在默西学院观摩了男、女篮球、女子足球、女子垒球、女子曲棍球的训练和比赛，并和教练进行了交流，有的学员还亲自上场指导球队的战术训练。

三、主要收获

美国体育科研工作者的严谨态度和细致的工作作风值得我们学习。通过和本次培训的十几位美方教授的接触，我们深刻地感受到他们的敬业精神，时间观念强、工作热情高、授课富有激情和感染力。另外，每个人都有很强的专业背景和很深的学术造诣，喜欢我们提问题，并和我们讨论问题。

美国大学的体育场馆的硬件设施完备，体育科研的实验设备完善，校园体育文化氛围浓厚，尤其是美国大学体育赛事组织、运营的体系制度完善，商业化运作成熟，值得我们研究和借鉴。

美国体育科研在体能训练、运动损伤的预防和恢复等方面有着先进的经验，体能训练以运动促进人类身体发展为目标，以力量为核心系统整合安排训练计划。教练管理系统完善，教练认证制度严格规范，各项目联盟对比赛和教练的管理规范严格，教练和运动员均具有契约精神。这些方面值得我们借鉴和学习。

总之，通过本次培训学习，使我开阔了眼界，增长了知识，在体育科研方面既看到了我们的不足，也看到了我国在某些方面并不落后于美国，甚至已经领先于美国。但美国在体育赛事的商业化运营、体育产业的发展、大学体育赛事的运营管理、大学体育文化、大学体育设施等方面的做法值得我们学习和借鉴。在今后的工作中，我们要运用所学的知识，将国际上前沿的体育科研成果运用到自己的体育科学研究中，运用到运动训练实际中，早出成果，回报祖国！

科学管理　注重特色

山西体育职业学院　赵俊杰

本次培训由国家体育总局人事司主办，国家体育总局干部培训中心承办。培训计划、课程设置及学员的学籍管理，均由国家体育总局干部培训中心负责。

本着学习美国现代科学训练的新理念、新方法，拓宽国际视野，促进我国体育可持续发展的目的开始学习。

体育是美国文化中一个重要的组成部分。一些体育项目在美国特别流行，如美式橄榄球、棒球、篮球和冰球等，而随着越来越多的少年从事足球这项世界上最受欢迎的运动，足球被认为是在美国最有发展潜力的运动。体育比赛中所体现出来的美德，如团体精神、公平公正、纪律和耐久性，在美国社会中很受推崇。

此次美国之行，培训学习的地点主要在三所大学，即罗得岛大学、默西学院、纽约大学。城际我们坐汽车，美国的环境给人留下深刻的印象：植被覆盖率很高，到处是森林和绿地，环境污染少，空气清新。教堂建筑富丽堂皇，教徒们十分虔诚。但是，电梯容量小，街道也只有双向四车道，交通拥堵，在发达国家行列中，美国的暴力犯罪尤其是使用枪支实施暴力和凶杀的犯罪率一直都高于其他发达国家，一般不建议晚上外出。

一、培训安排

2019 年 10 月 11 日至 10 月 12 日在国内进行培训。

2019 年 10 月 13 日至 11 月 2 日在美国进行培训。

二、培训总结

本次培训目标设定针对性强，课程设置科学、合理，教学内容与培训目标一致，学习内容具有前沿性，有较大的信息量。教学方法形式多样，学员学习氛围浓厚，对提高个人能力水平和理论素养起到了很强的推动作用。基于此，本人做出以下总结。

（一）学习内容

整体学习内容大致包括 10 个方面：运动损伤、训练干预、现场观摩、力量与体能、可穿戴技术、运动营养、标记物监测、比赛环境、运动员选拔训练发展、体育管理融资。个人学习过程中着重学习的方面为力量与体能、体育管理、融资。

（二）主要思考

（1）环境直接影响工作者的心情，也直接影响外来者的第一印象，我们参观的几所学校，优美的绿化、干净的道路、整洁的教室，一切都让人身心舒展。我们应该从身边小事做起，提高自身素质，增强卫生意识，营造良好的工作生活环境。

（2）走特色发展的道路。这次培训学习的几所大学，在管理上都有各自的特色和经营理念，这些学校以良好的“经营业绩”和校方形象受到社会的广泛关注，坚持服务到位、管理创新、技术创新，得到了同行的普遍认可。在工作中管理者和普通职工都要有持之以恒、坚持不懈的进取精神，不畏困难，励精图治，最终实现“有思路、有出路、有作为、有地位”的理想。

（3）精细化、注重实效。这次培训的几所大学，将学校文化、管理、发展、定位都进行科学规划，使学校或专业、项目在一开始就站在一个较高的起点上，从设计、品牌、制度、流程，全部有章可循、按章做事。

（4）管理有特色。这次培训的几所大学，从环境、人文信息、学院特色、领导意识、核心人才培养等多个方面都体现管理方面的科学性。

（5）做好培训，考虑员工自身特点，做到注重资质、潜质。培训过程中有反馈与交流，培训内容能体现可实践性。推行培训互动，每次培训完成后由大家共同参与，并开展集体讨论，总结长处，改进不足，不断完善，确保大家共同理解，真正获得信息。

（三）培训效果

这次培训虽然时间很短，但取得了突出的效果，使我开阔了眼界，增长了见识，得到了很好的锻炼和提升。最主要的是为自己下一步的发展明确了方向。我们可以学习外国较成熟的技术、管理经验。

（四）意见和建议

（1）安排外出学习前，与外方就授课人员、内容及时间进行沟通，就学习内容征求学员的意见，以便学员能更好地学习自己领域的前沿动态。

（2）安排一定时间的零距离接触国外文化的活动。

（3）增加出国考察的频率，多安排一些训练、科研方面的专家，学习国外优秀的训练方法和前沿的科研成果。

专家讲课记录

运动员过度损伤的预防与筛选训练项目

授课时间：2019年10月14日上午

授课地点：罗得岛大学

授课专家：亚当 · 滕福德

学员与亚当 · 滕福德交流

一、一般性过度损伤（以跑步者为例）

跑步对于每一位运动员来说是常态，如何对运动员进行损伤筛查？

跑步者的损伤是非常普遍的，一些研究表明，跑步者中有 79% 会有损伤，这些损伤很难治愈，而且可能复发。

二、如何进行研究

女运动员三联征（以膳食紊乱、闭经、骨质疏松 3 种疾病为主的症候群），涉及营养缺乏的问题，会有动力学、生理、肌肉力量等方面的数据变化。

从女性骨骼运动损伤方面的变化，可以看出与能量、月经、饮食是有联系的，能量不足就会导致月经不调，月经不调、营养不足则会导致骨骼骨质的缺乏。在某种程度上，男性运动员也会有与女性运动员相似的情况，这有可能是因为营养供给不及时所导致的。所以说，能量不足、营养不良，以及男女运动员荷尔蒙的失调，都是导致骨骼损伤的原因。

出现损伤的情况有两种，一种是按点分部，一种是大面积出现。对于高风险的损伤要有保护措施，一般不用开药，因为药物会让运动员感觉不到疼痛，或者妨碍运动恢复。

三、如何治疗

治疗和预防，哪一个方法更有效？有哪些生物力学和生理学的影响因素？需要做什么样的培训？培训中如何能系统地管理和完成测试？如何预防？这些都是需要研究的要点。如果只研究一个领域，不考虑科学的链条，是不足以确保运动损伤痊愈的。

步态训练对运动损伤的预防和恢复是有帮助的。良好的睡眠、营养、正常的生理周期和适当的运动，都有助于提高运动员肌肉骨骼的健康水平。

授课专家与记录人合影

记录人：杨冠强　赵俊杰

步态，再训练干预以减少跑步过程中的影响

授课时间：2019年10月14日下午

授课地点：罗得岛大学

授课专家：富特雷尔

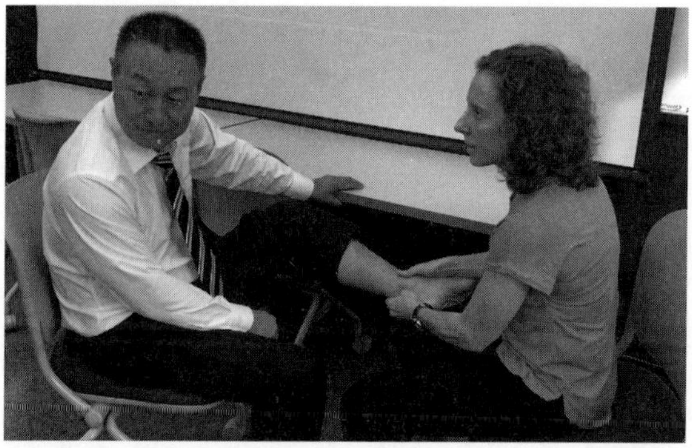

富特雷尔授课中

一、跑步人群的干预

运动就是良医，跑步是很有益的运动项目，但是79%的人在一定时间内会受伤，而且损伤还会复发。

跑步人群出现损伤的原因：①动作不正确。身体形态的错误会导致关节损伤。②使用的装备不正确。③强度过大。

二、足部瑜伽

足部瑜伽是指以脚趾的不同开合动作实现对脚趾的上下分层控制。动作如下：

（1）脚掌放在地面，脚心呈弓形。脚趾不能弯曲。

（2）脚趾五指分开。

（3）大脚趾上跷，其他脚趾着地

（4）大脚趾、第四趾着地，其他脚趾上跷。

三、足部训练组合

站立：双脚与肩同宽，脚弓拱起，臀部提拉夹紧，收腹，身体在同一平面上。不同方向的前脚掌跳：前后左右，米字形。

足部操——站立实操

提踵极限训练：①运动员提踵后设定一个最高点，完成30次，1组10个，分成3组完成。②提踵坚持45s。

记录人与授课专家合影

记录人：杨冠强　赵俊杰

参观运动生理学实验室及体育设施

授课时间：2019年10月15日上午

授课地点：罗得岛大学

授课专家：厄普

运动机能实验室，其设备主要供学校800名左右的本科生、75名博士研究生使用。设备平时均妥善保管，使用时才拿出来。为方便研究，设备大多数是可以移动的。

演示相关设备

运动捕捉实验室，其设备是一个由8个摄像头构成的3D系统，属意大利品牌，可以测量运动员的步幅、步频、冲击力以及平衡性，精度是5mm，且设备可以延长并放到实际场地上使用。设备价格大概在15万美元左右。

身体成分分析仪，可以用来测量体成分、骨密度和体液等指标，像太空舱一样，可以模拟运动员水下闭气的环境。

近红外线测试仪，可以测量运动员体内血液及含氧量情况。

超声波测试仪，代替以前活检的方式来测量运动员体内氧气、血液等指标。

学员还先后参观了室内田径场、篮球场、棒球场等场馆。在参观过程中，学校负责人表示，学校多数体育设施除了用于学校教学和科研外，大都对社会开放。

记录人：杨成波　刘亮

发展与肌肉质量无关的力量、能力和速度

授课时间： 2019年10月15日下午

授课地点： 罗得岛大学

授课专家： 厄普

本研究的起点：认为超重会失去很多重力，进而影响运动表现。英国人才库选材标准是跟腱长度，所以早期研究主要关注小腿肚和跟腱与运动表现的关系。

研究选择25名田径运动员进行测试，研究结果表明：肌束长度、小腿肌肉角度与运动表现相关。其中20%的受试者运动表现与羽状角角度相关。

垂直跳跃练习表明：随着强度不断提高，肌肉结构也发生了变化。长跟腱者运动表现较好，但承受强度不够。

部分科学家做了肌肉结构和运动表现的关系，认为肌束长度与运动表现呈正相关。肌肉横截面积与运动表现相关性逐渐增强。

肌束长度虽然与表现相关，但考虑肌肉横截面积时，就失去了相关性。因而，就需要关注如何保持肌肉体积不变的情况下，提高运动表现。

如何训练肌肉？普遍认为，肌束长度与力量相关，肌束训练会提高速度，但仅仅做肌束训练也会影响运动表现。所以，肌束的改变速度快于肌肉的改变速度。因而，需要在可操控的训练室观察影响肌束长度和角度的因素。通过可视化肌束结果可发现肌束变化速度减慢。

速度越快需要动员的肌肉越多。速度越快，转移的力量越多。当关注动作幅度时，肌束长度越短，变化越小。肌束长度对短跑有正向影响关系。

比较不同条件和角度，不同人分别进行快速训练和深蹲训练，快速训练会改变肌肉长度，比较运动幅度发现，不同速度训练与肌肉训练关系不大。所以需要进行高速和高负荷同时进行训练。肌束长度与动作幅度关联较小。

解剖学、神经学对肌肉运动表现可以预测到 72% 左右，权威杂志 ESPA 提供的运动员图片可以看出不同项目腿部肌肉形状差异，不同肌肉结构对不同运动项目有特定的效果。

那么，是否可以改变肌肉结构？虽然无法改变肌腱长度，但可以改变部分对抗肌群，因而可以改变肌肉整体长度。不同肌肉部位在不同运动中作用独特。肌肉形状、构成和长度等并不一致。有学者对 40 名运动员进行研究，结果显示：刺激肌肉时，其增大可能同质，也可能是异质的。产生同质结果的影响因素与产生异质结果的影响因素研究可以使运动员清楚各种运动造成的改变。

西点军校相关研究证实：特定训练是可以改变肌束结构的。如果肌肉质心上移，可以给髋部减少 7%、膝部减少 25% 的惯性阻力。

可选择性的激活肌肉，不同的肌纤维类型存在局部差异，有些肌纤维类型对高力量和高速度运动有利。

刺激细胞核可以激活周边细胞核，肌肉在本地化方式可以得到适应。刺激整个肌肉会促使肌肉产生同质性适应。后续研究表明，可能存在异质性适应，因而可进行针对部分肌肉的训练，而不必针对整体进行训练。

用肌电图（EMG）可进行运动中电信号标准化测量，但是它的作用更多地体现为激活作用，而不是作为一个便捷好用的测量工具。且生物电信号是由肌肉产生的，而不是来源于皮肤表面，运动员运动时肌肉相对位置的改变会造成一定的测量误差。膈肌肌电图（DEMG）是一项更新的技术，不能适用于高强度训练的测量。磁共振成像（MRI）测量效果虽好，但费用太高。近红外线仪器可以用无损的办法测量机体内液体、血红蛋白等指标。

介绍腘绳肌的训练方法：深蹲练习效果优于跳跃练习；训练中可控因素越多就可以提供更多的训练组合。

授课专家与记录人合影

记录人：杨成波　刘亮

冰球运动员的训练基础与细节

授课时间：2019 年 10 月 16 日

授课地点：NEST中心

授课专家：迈克

“冰球运动员的训练基础与细节”专题的讲座主要分为冰球训练基础理论、运动员发展金字塔、体能训练与评估金字塔模型三部分。

一、冰球运动的训练基础

（一）冰球运动的基础知识介绍

冰球是一项在冰场上进行的接触式团体运动，两队运动员在冰面使用球杆将冰球射入对手的网中得分。这项运动节奏快且要求运动员身体强健，每队通常由六名运动员组成，其中有一名是守门员。冰球在北美、中欧、东欧和北欧等地最受欢迎。北美职业冰球联盟是男子冰球最高等级联赛，也是世界上最强的职业冰球联盟。国际冰球联合会（International Ice Hockey Federation，以下简称“IIHF”）是国际冰球的管理机构，IIHF 负责管理国际比赛并进行 IIHF 世界排名。

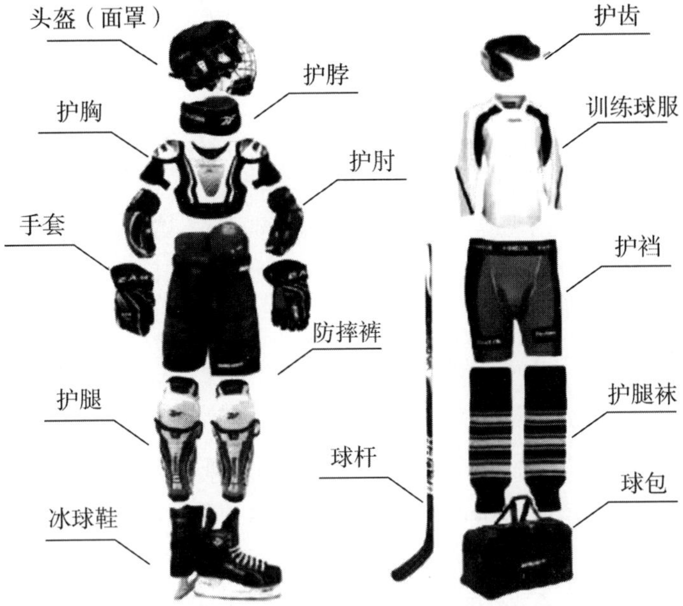

冰球相关的部分器材设备

（二）冰球运动的主体对象——运动员和教练

1. 教练的特点

冰球教练可分为“新派”和“老派”两大类别。老派教练的作风与新派教练不同，老派教练强调自己是老板，要求较多，要运动员服从于权威，解决问题总是喜欢通过警告的方式，喜欢强调“我”的价值，独断专行；相比老派教练，新派教练则与上述相反。

如今的教练很少以自我为中心、滥用权力、自私自利了，他们受教育程度越来越高，扮演的角色也越来越多，成为体育科学与运动员之间的桥梁。他们越来越专业化，并且具有多种头衔，越来越强调通过团队来传递运动科学知识。

2. 运动员的特点

过去的运动员仿佛是“机器人”，循规蹈矩，他们完全执行教练所告知的事情，不提任何问题，已经成为“意愿”行动的执行者。而现在的运动员更多以自我为中心，有自己的权利，并随信息技术的发展，知识日益丰富。

（三）传统训练与现代训练的冲突凸显的问题

1. 新旧训练理念会有冲突

科学和医学进入体育为运动员服务，这是好事情，运动员拥有了最新的、基于研究的、有效的运动训练信息，然而在很多时候，这些训练信息与数十年来形成的传统训练理念发生冲突。但是，大家开始逐渐认同这种训练新理念，期望减少运动损伤。

2. 新赛制下的运动员与传统相比有变化

冰球的“新”文化（科学训练知识）与运动员的“启蒙”文化（传统训练知识）相结合，创造了一种新的运动训练运行机制。根据当前冰球运动的特点和规则，冰球运动员对身材的依赖性降低了，原来身材高大、强壮的运动员，身材开始变得更苗条，速度变得更快，反应和动作更敏捷。另外，大学生运动员在当前的日程安排下，都期望自己的职业生涯更加长久。因此，球队需要更多保护性投资，以延长运动员的职业生涯。

（四）冰球运动训练计划的内容分析

1. 冰球训练计划特点

比赛时间表精简；训练时间表简洁；全年时间的 75% 安排比赛和训练；力量训练减少，体能训练增多；注重淡季准备活动；结合季节特点制定周期性训练计划。

2. 冰球赛季后训练计划特点

冰球赛季后训练主要包括五个部分：

（1）休息：在赛季结束后（2~3 周，4 月）安排一段休息时间。

（2）EOS1（Early Off Season 1，赛季结束后阶段一）：使身体逐渐恢复，以积极恢复和被动训练为特点，发展运动的基础能力（4—5 月）。

（3）EOS2（Early Off Season 2，赛季结束后阶段二）：持续的基于基础能力的积极恢复和主动训练（4 周，6 月）。

（4）淡季：准备工作从身体和心理完全恢复开始，结合传统的力量和体能训练，逐渐恢复到冰上运动（2~4 周，7—8 月）。

（5）季前赛：频繁的冰上训练，较少的力量训练，强化体能储备（4 周，9 月）。

3. EOS1 的积极恢复训练介绍

EOS1 的核心目标是恢复，积极恢复训练的途径有以下几种：

（1）压缩服装恢复系统：这是一种使用脉动压缩空气按摩四肢，调动体液并加快恢复速度的一种顺序间歇性气动压缩设备。目前，职业团队运动项目，如橄榄球、篮球和冰球等，都会采用压缩服装恢复系统对运动员进行恢复训练。多年来，教练和培训师一直依靠压缩服装恢复系统使运动员在整个长赛季中保持最佳状态，不仅可以使运动员从受伤中恢复，还可以确保运动员在下一个赛季的运动表现达到 100%。该系统包括一个控制器和连接在腿、手臂或臀部的附件，使用压缩空气来按摩运动员的四肢，加快恢复速度。使用该系统时，连接的附件将模制成运动员的准确身体形状，附件的每个部分以脉冲方式压缩，然后释放，按摩过程中使用者会有肌肉被揉捏的感觉。

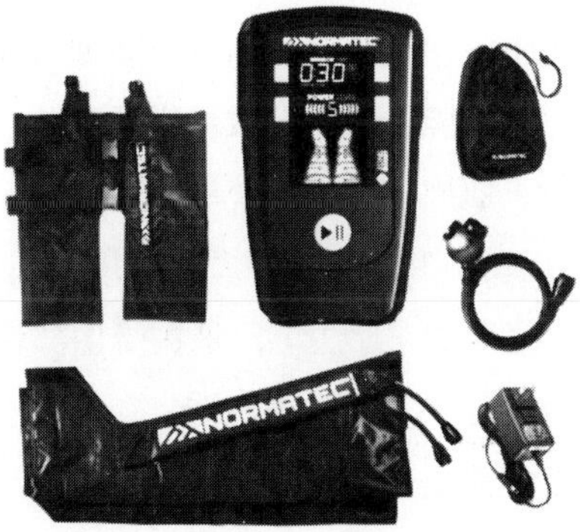

压缩服装恢复系统

（2）Compex 无线肌肉电刺激器（EMS）：也称为神经肌肉电刺激（NMES），它将电子脉冲传送到运动神经以产生肌肉收缩。它可以促使更大比例的肌肉纤维参与，帮助运动员最大限度地发挥肌肉力量。无线肌肉电刺激器既可以针对影响耐力的 1 型慢肌肌肉纤维，也可以针对影响爆发力的 2 型快肌肌肉纤维，可以帮助运动员提高训练效率，从而增强训练效果。这些设备可用于多种训练解决方案，包括热身、恢复、训练和疼痛管理，即在进行抗阻训练时，关节不会有额外的负担。

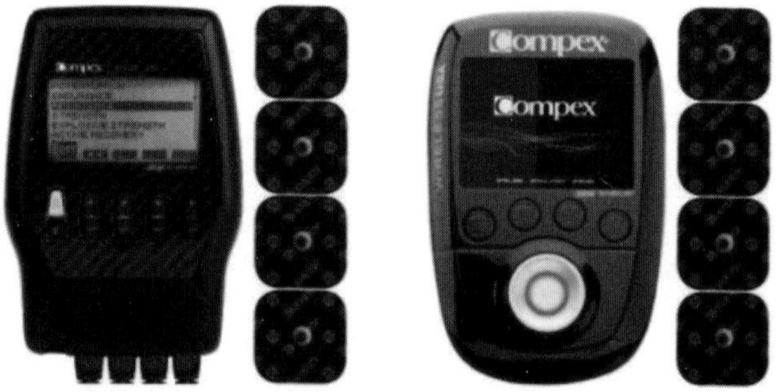

Compex 无线肌肉电刺激器

肌肉刺激提供的恢复程序可以在 6 min 内消除乳酸，从而防止延迟性肌肉酸痛（DOMS）。它还可以促使肌体向肌肉传输新鲜的氧气，预防疼痛。体能训练后或肌肉群感到紧绷或疲劳时，将刺激器放在想要恢复的肌肉群上，可以使肌肉加快恢复并保持到下一次训练时。这种设备通常应用在训练后、激烈的比赛后或休息日使用，旨在消除乳酸，释放内啡肽并放松肌肉，从而帮助肌肉恢复。从性能的角度来看，肌肉刺激以传统锻炼无法达到的方式训练运动员的肌肉。这或许是许多精英运动员和健身爱好者用来增强训练效果的“秘密武器”。

（3）局部冷敷（也称为冷冻疗法），是在受伤部位进行冷敷，有助于减轻疼痛并恢复。它通过减少肿胀来促进损伤恢复。建议在受伤或手术后使用冷敷疗法，以帮助患者康复。无论是锻炼后还是受伤后，均可用长达 30min 的冷敷，以帮助缓解肿胀和肌肉酸痛。可重复使用的冰袋填充有无毒凝胶，冷冻后仍保持柔韧性，这意味着可提供尽量大的覆盖范围和一定的冷却能力，根据需要缓解疼痛。

局部冷压缩设备

（4）深层肌肉刺激器（以下简称“DMS”）：通过机械振动刺激肌肉组织深处的本体感受器。许多肌肉疼痛是由训练导致的乳酸积累及肌肉疤痕组织引起的，DMS 能通过促进肌肉新陈代谢、增加乳酸循环来缓解疼痛。深层、快速、短时间的振动是消除疼痛的途径之一。DMS 也可用于肌腱炎、滑囊炎、水肿等急性和慢性疼痛的治疗当中；DMS 可以促进血液循环和淋巴流动；DMS 对神经受体的刺激可以使血管扩张，促进血液循环；DMS 可以帮助放松收缩的肌肉，也可以刺激松弛的肌肉；DMS 也被用于综合手法治疗肌肉骨骼功能障碍。DMS 对肌肉和结缔组织都有轻微的拉伸作用，有助于保持这些组织的弹性。DMS 还通过加速受伤区域的有效循环和对愈合组织的适当刺激，帮助软组织从损伤和（或）过度使用（如扭伤）中恢复。

深层肌肉刺激器

4. EOS1 阶段的被动训练介绍

（1）速度与认知训练系统：旨在改变体能训练与评估的方式。这种新的训练系统适用于体能训练、医疗康复和战术训练，可帮助运动员加强身心之间的联系，改善他们的反应时间等。速度与认知训练系统通过无线 LED 灯作为目标，LED 灯由平板电脑控制，有 6 种不同的颜色，可以放置在墙壁、地板等常规训练设备设施上。根据运动类型和训练方法对这些互动式 LED 灯进行调整和修改，以满足每个运动员的不同需求，特别是在速度和灵敏性训练中，可以通过手、脚的挥动、越过、滑动等完全接触或近距离方式来关闭灯，进而提升速度、灵敏性、适应性和协调性等。

速度与认知训练系统

（2）视觉训练：视觉是取得最佳运动成绩需要的基本感觉，完美的视觉可以使优秀的运动员变得更加出色。视觉训练可以改善眼睛和大脑之间的神经回路功能。视觉训练系统可以提高运动员眼球运动的速度、协调性、运动效率、平衡性、手眼协调性、反应时间和决策能力等。该系统根据每位运动员的最新评估得出综合得分，可以识别弱点并制订适当的视觉训练计划。

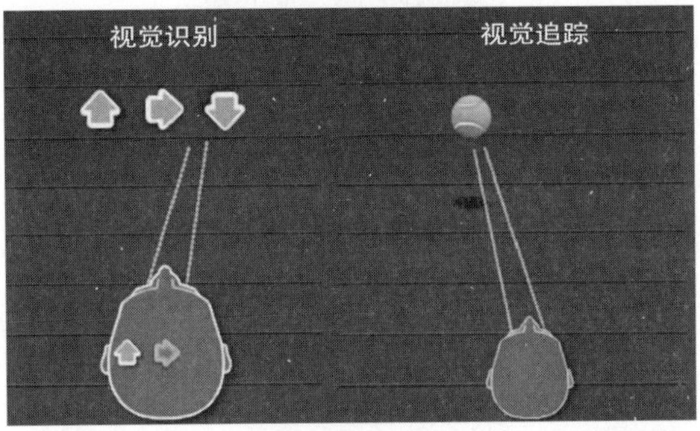

视觉训练系统

（3）呼吸肌训练：使用专门的设备锻炼深层的呼吸肌，从而增加肺活量，进而提升最大摄氧量。典型的训练是坐着进行的，要有一定的间隔时间和休息时间。训练通常持续约20min。使用这项技术，运动员可以在每周的常规训练中增加3~4次有氧训练，且不会影响其他训练，同时还能提高恢复能力。实际上，最近的一项研究显示，每周进行3次呼吸肌训练，共6周，可使恢复时间缩短38%。

5. 赛季的训练

从 9 月到次年的 4 月，每周进行 2~3 次力量训练，开始比赛后几乎全部在冰上进行体能训练。

二、运动员发展金字塔

运动员发展金字塔的构成。运动员发展金字塔主要由力量（strength）、爆发力（power）、SAQ（速度、灵敏性和反应性）、技术等因素构成。

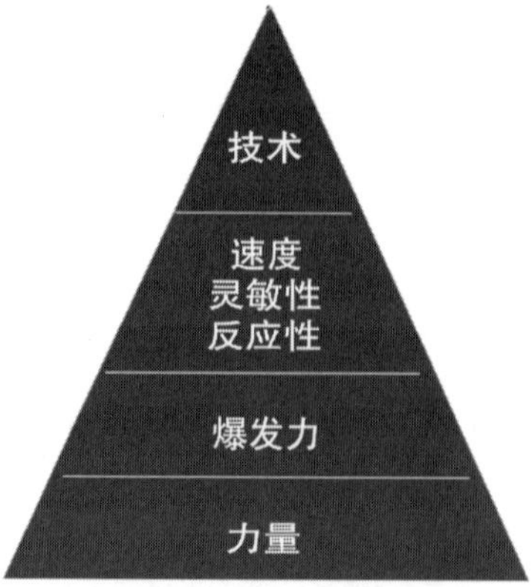

运动员发展金字塔

（1）力量在冰球运动中可以起到加速、减速及稳定等功能。

力量的主要功能

（2）爆发力（功率）是单位时间做功的快慢。

$$\text{爆发力}=\frac{\text{力}\times\text{距离}}{\text{时间}}$$

（3）SAQ 的构成：

SAQ 训练的实例

速度（speed）是使身体尽可能快地沿一个预期方向移动的能力。它是步频与步幅的乘积。

步频是在一定的时间（或距离）内的步数。核心力量训练、反应训练和技术训练等均可以改善步频。

步幅是跑步过程中一步所覆盖的距离。研究发现，最大速度时的最佳步幅与腿长的相关性很高。适当地改善跑步的力学性能，可以最大限度地利用肌肉产生的力量，从而在最短的时间内获得最大的速度。

缓冲阶段重点注意以下动作：踝背屈、膝盖屈曲、髋屈曲、保持腰椎中立。

蹬伸阶段重点注意以下动作：脚踝趾屈、膝盖伸展、髋部伸展、保持腰椎中立。

摆动腿髋、膝、踝的屈曲实例

灵敏性（agility）是指在保持适当身体姿势的同时快速起动（或加速）、制动（或减速并稳定）并改变方向的能力，这需要高水平的神经肌肉效率。灵敏性训练可以增强神经肌肉控制、动态柔韧性、动态姿势控制、功能核心力量和本体感受等。适当的灵敏性训练还可以增强人体有效控制所有运动平面中的离心力的能力，改善神经肌肉功能。

反应性（quickness）是指在身体功能活动期间，在所有运动平面中以及在所有身体位置通过最大力量产生快速反应的能力，进而可以快速改变身体位置。反应性涉及身体功能性活动期间对视觉、听觉和动觉反馈做出快速反应的能力。

（4）技术：技术的比例占 10%~15%。

三、Pro Day 体能综合评估指标

Pro Day 体能综合评估指标由 NEST 中心提出并应用，主要由 9 个方面构成。

（1）测量身高、体重、体成分和臂长，评估身体形态；

（2）最大摄氧量测试，评估有氧能力；

（3）垂直纵跳测试，分为手臂摆动、手臂不摆动、半蹲位开始起跳 3 种，评估上肢爆发力；

（4）立定跳远，评估下肢爆发力；

（5）Pro 灵敏性测试，评估灵敏性；

（6）卧推测试（重量为体重的 50%），使用蓝牙设备，测出垂直方向的速度，求出功率，评估上肢爆发力；

（7）引体向上，评估上肢肌肉力量和肌肉耐力；

（8）30 s 无氧功率测试，评估无氧能力；

（9）300 码（274 m）折返跑，评估无氧能力。

在实际的应用过程中，需结合运动员的运动医学报告来理解体能综合评估获得的信息，从而得到每名运动员当前的体能状态，该报告产生的结果可能与 NHL 所进行的冰球运动员体能评估数据不完全相关。正如该综合评估指标体系的提出者迈克所说，如果一个人使用 10 个不同的标度，他通常会得到 10 个不同的数字。因此，在 Pro Day 综合评估测试上使用的某些数据收集方法和评估工具与实际的综合测试可能会有所不同，但是，在许多情况下，测试结果可能会更好地与某些直接测试数据和工具相关联（如 Cybex Bike 等）。

授课专家与记录人合影

记录人：任占兵　李厚林

强化负荷的离心训练发展

授课时间： 2019年10月17日下午

授课地点： 罗得岛大学

授课专家： 克里斯托弗·塔伯

克里斯托弗·塔伯授课中

肌肉收缩有3种类型，包括使肌肉变短的向心收缩（CON）、肌肉长度未发生变化的等长收缩（ISO）和肌肉拉长负荷超载的离心收缩（ECC）。不同的肌肉收缩方式，力量和速度的变化也有所不同。

目前的力量训练多以向心训练为主，从监测数据来看，采用向心训练测一个动作重复，向心值一般为80%，最大为100%，但在个别案例中发现，采用离心训练测试，离心值最大可达150%。虽然未经大量案例验证，但确实存在这种现象，这种结果主要是机体的潜在适应性所导致的。

从生理学上讲，肌肉收缩的分子原理能很好地解释等长收缩和向心收缩的工作机制，肌球蛋白和机动蛋白的相对运动速度取决于等长收缩和向心收缩，但这解释不了离心动作过程中产生的更大的力量。一次离心收缩可加大力量产生，但离心活动中能量消耗减少与向心活动相似，这可能与运动单元的选择性募集有关。力量产生的增加在等动收缩和向心收缩也有发生，主要由于大的 Titin（结构性蛋白肌连蛋白）所致，在离心运动中，Titin 被激活，继而减少了能量消耗，增大了运动单位的募集阈值。

离心运动方法包括短时离心训练、惯性离心训练、增大负荷的离心训练及改进的离心训练。关于强化离心训练的关键机制有很多，包括降低募集率和卸载率、增加神经驱动和运动大脑皮层激活等，但这些机制都尚未完全阐明。有些关键机制提到了由于反射抑制和肌球蛋白轻链（MLC）磷酸化导致了收缩效果增强，然而需要平衡疲劳和收缩效果间的关系。多恩等提出强化离心训练增强效果为最大值的 105%，但 Ojasto（奥贾斯特）和 Hakkinen（哈基宁）提出，离心负荷为 105%~120% 时会降低表现。

从神经学上讲，离心动作训练存在明显差异，募集的运动单元更少且对远端激活程度更低，快速离心训练可募集高阈值运动单元，肌肉处在最优长度，在平行弹性组件中储存弹性能量，刺激后肌反射增加等。代谢 / 内分泌相关机制上，可参考资料有限，现有研究表明：睾酮激素和中枢没变化，强化离心训练后乳酸更高，且负荷与血乳酸呈线性关系；抗组训练后肌肉细胞膜通透性增高，向心训练后紧接着进行离心运动，肌酸激酶（CK）会升高，训练后 24 h 达到峰值，不同运动员的 CK 值差异较大。总体而言，高糖酵解刺激，会有更大的破坏力，导致肌肉酸痛，应该加强恢复。

强化离心训练的长期机制有很多，如导致合成代谢相关因子增加，雄激素受体含量增加，胰岛素样生长因子 1 增加，肌球蛋白基因调控因子增加，激活卫星细胞；肌纤维类型发生转变，包括 Ⅰ 型肌纤维百分比降低、Ⅱ x 和Ⅱ a 型肌纤维增加、Ⅱ x 型肌纤维的潜在选择性肥大；肌球蛋白重链改变，包括更快的表型改变，与传统载荷相比，肌球蛋白重链更易与爆发型肌肉异构体结合。

负荷选择上，首先要考虑负荷方式，弹力带、哑铃加减、计算机驱动机器训练、维持机械力学的重量释放器等方式，根据需要灵活选择以上方式。负荷选择既要方便快速地执行，又要能反映刺激程度的多样性。

通过负荷方式选择，执行训练后，要实现最大力量、肌肉增大、功率或爆发力等方面的突破。

最大力量方面，AEL 训练可增强力量，包括速度、力量、运动表现和伤病预防等方面。文献表明，该方法存在着一些差异，主要包括增加 1 RM、增加向心输出和增加向心力量增长率。戈达尔（Godard）等研究发现，120/80（离心运动 / 向心运动）方式训练，组间无显著差异，两者的大腿质量明显增加，神经刺激影响更大。

在肌肉增大方面，离心运动和向心运动之间的大小变化相似，存在一些地区差异，另外，结构上会出现一定差异。与传统负荷训练相比，AEL 训练有可能更有效地改变Ⅱ型纤维，有证据表明它可能增加或维持Ⅱ x 型肌纤维的强度大于传统载荷，这可能会改变Ⅱ型肌纤维与Ⅰ型肌纤维比例。

爆发力表现方面，改善了跳的能力，包括反向纵跳（以下简称“CMJ”）、人体半蹲跳（以下简称“SJ”）、冲撞跳跃（以下简称“DJ 3”）种不同跳跃和投掷；另外，垂直重量反作用力、功率输出、每搏输出量、纵跳高度、力量增长率均会增加。Abodardaet（阿伯达代特）等研究发现，用弹力带训练提高了 CMJ 高度，30% 体重条件下，输出功率增大 23%，纵跳高度增加 9.5%。Bridgman（布里奇曼）等研究发现，哑铃训练提高了 CMJ 高度，20% 体重条件下，纵跳高度和峰值功率均有提高。Sheppard（谢泼德）等研究发现，离心加重训练对训练有素的排球运动员，AEL 反冲跃升与反向运动相比，位移增加 10%，速度提高 16%，功率提高 20%。研究表明，最大强度、训练年龄、训练经验等对 AEL 都有一定影响。教练应注意 AEL 训练中，训练负荷的选择及离心与向心训练的比例搭配。

在进行 AEL 训练实际操作过程中，运动员也应当注意离心负荷和向心负荷的选择及合理搭配，把运动员划分为初学者、中级运动员、高级运动员、需要增大肌肉的高级运动员、大功率区运动员等，不同的运动员选择不同的向心负荷和离心负荷，还要注重训练方式及两者的比例。

小结

（1）与传统负荷训练相比，AEL 训练提供了更大或相同的刺激。

（2）离心训练能提供特殊刺激，应加强训练。

（3）对运动员有短期和长期的影响。

（4）可能会影响运动员的内稳态，为了得到更好的效果，建议在运动员运动生涯后期使用 AEL 训练法。

（5）使用 AEL 训练时，应考虑时间 / 负荷量和运动员训练状态等因素。

授课专家与记录人合影

记录人：蔡成法　李祥晨

可穿戴技术的发展趋势

授课时间： 2019年10月17日上午

授课地点： 罗得岛大学

授课专家： 加里 · 利古里

一、可穿戴设备概述

（一）什么是可穿戴设备

提起可穿戴设备，人们往往想起太空时代的各种高科技装备，然而，其实可穿戴设备已经广泛地应用在我们的生活中很长时间了。如人工耳蜗，以及Apple Watch。

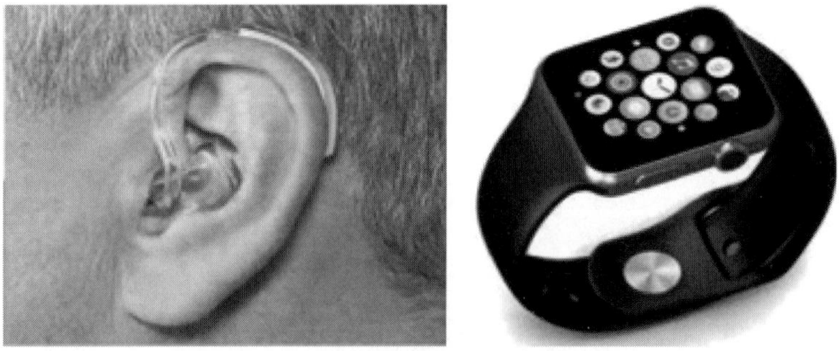

人工耳蜗和 Apple Watch

（二）现在可穿戴设备的特点

尽管现在的可穿戴设备外观看起来各不相同，但是，它们有一个相同点——内置的传感器。并且，可穿戴设备的传感器都很小，且越来越小，功能越来越多。可穿戴设备正在被广泛应用在珠宝、衣服、手表等日常用品中。更加明显的一个发展趋势是，现在驱动可穿戴设备市场的因素是把健身数据应用在健康服务中，很多设备不仅可以监测心率，还可以监测 HRV（心率变异性）。不同于手机可以监测你是不是早上 6 点起床但无法监测睡眠质量，可穿戴设备传感器可嵌入衣服，或者植入皮下，因此可以详细知道你的睡眠情况。

此外，在运动训练中，戴在手指上的小装置可以很容易地测量血氧量。可穿戴设备变得更加普遍，更加易用。

这些设备，有些很便宜，也有些刚上市的时候价格可能很贵，可能要花几千元钱。但是，随着技术的进步，几千元钱的设备可能很快就可以在沃尔玛花几十元钱买到。当前，人们的健身运动正在推动可穿戴设备市场的发展，未来对它感兴趣的可能还有医疗领域，比如利用可穿戴设备监测糖尿病患者的血糖水平、检查婴儿的心率、监测患者的皮肤温度、跟踪家庭睡眠模式。当然，现在人们还是更愿意支付医疗费用，而不愿意采购可穿戴设备。不过，随着技术的进步，这种情况将很快得到改变。

（三）可穿戴设备发展情况

当前，可穿戴健身设备具有追踪心率、步数、能量消耗、呼吸频率、肌肉活动、行进距离等功能。每年可穿戴设备向全球发货超过 1 亿件。这使可穿戴设备成为美国健身行业中增长最快的设备之一。早在 2014 年，全球出货就超过 2 800 万台，预计到 2020 年将超过 1.7 亿台，等于运动鞋的全球市场量。2019 年，亚马逊平台的“健身可穿戴”搜索结果多达 10 000 个选项。价格也高低不同，有的低于 10 美元，也有的高于 1 000 美元。

（四）可穿戴设备带来新的机会

当前，可穿戴设备主要应用在大众健身、运动训练和医疗领域。可穿戴设备和网络的紧密结合，使得训练服务已经突破了地域限制，带来了新的机会。实时的训练监控带来新的服务机会。即使教练不在运动员身边，也可远程指导训练，从而扩大服务人群。同时，社交网络可以提供新的服务形式，增加团队凝聚力。

可穿戴设备为健身和运动训练提供很多新机会，它增强了连通性和数据监控，这意味着突破了地域限制。从职业或收入的角度来看，可穿戴设备实现了“公平竞争”，使人们有多种服务可选择，私人教练突破了地点的限制，可以远程工作，在同一城镇或全球不限指导人数随时进行指导；培训师可以实时监测客户进度，在任何地方都可以接收反馈，扩大了与客户之间的联系，并且，创建了社交健身网络，实行问责制，增强了客户的健身动机，这些都可以帮助个人更好地达到健身目标。

可穿戴设备逐步在运动训练中得到推广与应用。与健身类似，可穿戴设备使教练可以监控更多的运动员，包括跟踪步伐或节奏、呼吸频率和心率，并可以定量评估锻炼情况，消除“猜测式”的辅导，尤其解决了恢复期的数据监测问题。在跳高运动中，可穿戴设备则可以很好地实现实时连续动态动作的监测，并可以通过远程通信实现数据传输和训练指导。比如，在滑雪的时候，可以把这个功能应用到滑雪的头盔上，实现实时交互。在未来可以看到更多的可穿戴设备应用在体育训练和医疗领域中，会有越来越多的惊喜。比如，治疗受伤的腿时，如果有传感器就可以知道医生提供 20% 的力是什么含义，并且，在康复中可以量化具体康复训练的内容。这种应用可以从一般健身领域延伸到医疗领域，当然，这也需要更高的测量精度。

二、典型应用举例

（一）STRAVA 应用

STRAVA 是跑步者和骑行者使用的监测应用程序，它可以实现：

（1）实时的跟踪和分析。

（2）数据的共享和连接，构建了一个真实的社交网络。

（二）MapMyRun 应用

MapMyRun 如同 STRAVA 一样，无论使用者从哪里开始，都可以创建适合需求的计划，同时又具有一些新的特点：

（1）个性化。该计划反映了使用者随时间的增加有多少进步，有助于使用者保持进步。

（2）引导式。教练将通过音频提示引导使用者，使其不会错过任何节拍。

（3）可靠。每个计划都旨在帮助使用者逐渐增加强度，并将受伤风险降到最低。

三、可穿戴设备未来发展趋势

（1）虚拟助手隐形眼镜和可显示心情的衣服。可穿戴设备通过纳米技术植入衣物，Levi's 推出的智能衣服已经具备了自然交互功能。

（2）电子文身可以测试血氧饱和度、心率、呼吸率、肌肉收缩情况。

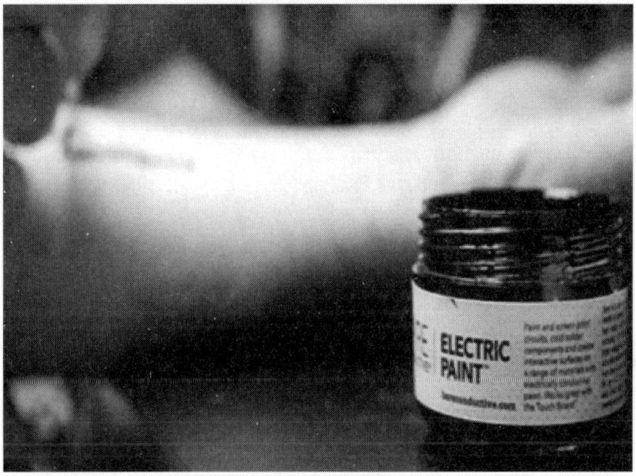

智能文身电子墨水

（3）可穿戴设备将需要自供电，可使用太阳能、动能或热能来提供能量。

（4）个性化可穿戴设备的整个系统与智能家居融为一体，在家可以监控使用者当前的生理状况并报告给医生等。

（5）未来可穿戴设备收集的数据将非常庞大，会带来无尽的新应用。

四、总结

（1）可穿戴设备的市场会继续加速发展。目前，没有任何迹象表明可穿戴设备的市场流行度在下降。

（2）基于可穿戴设备的应用也会有很多发展。和市场流行度一样，当前，也没有任何迹象表现出可穿戴设备的潜在应用在减少。

（3）应用将会层出不穷。在不久的将来，可穿戴设备将应用在健康、银行业务、个人安全等领域。

授课专家与记录人合影

记录人：李祥晨 蔡成法

运动表现训练过程中健康与成长的最佳实践

授课时间： 2019年10月18日

授课地点： 罗得岛大学

授课专家： 蒂姆

一、运动表现训练前的最佳绩效策略

运动员并不总需要大量的练习，他们需要的是更好的练习。在早期阶段的成功并不能预示他在以后也一直成功。

自由游戏可培养创造力。

与大众的看法相反，高水平的运动员会尝试许多运动，而不是早年专门从事一项运动。

尽管早期的专业化训练可以让运动员快速进步，但长期目标可以帮助运动员在以后的比赛中取得最佳成绩，而运动事业达到体力和情感成熟期，通常在 18 岁或以上。

给运动员建立好的、广泛的基础运动技能。

此基础将改善他们的适应能力以增强培训和比赛期间专业化。

有助于避免倦怠。

减少因重复训练而没有足够的休息时间的情况。

二、在运动表现训练中的最佳绩效策略

要考虑的事情：

您会去倾听运动员的想法吗？

如果您告诉运动员“冷静”下来，您教过他们如何冷静吗？还是您需要冷静一下？

您的肢体语言在向运动员传递什么信息？（消极或积极）

您能否与运动员、其他教练进行有效沟通？

您有备用计划吗？

三、运动表现训练后的最佳绩效策略

要考虑的事情：

您在下一场比赛之前有多少时间？（如休息、营养、策略。）

您何时分析之前的运动表现？（赛后不宜即刻进行，此时大家都比较情绪化，建议 24 h 后进行。）

目标设定。（这是最有效的激励运动员方式之一。）

四、做研究

利用科学研究来支持您的计划。但请记住：并非所有研究都是100%准确，许多研究文章的样本量非常小，一些研究可能被资本操纵（如公司资助，特别是营养补充剂领域），并且还要查看文章发表的杂志水平（在真正的科研杂志发表的文章参考意义较大）。

全体学员与授课专家合影

授课专家与记录人合影

记录人员：李春雷　高颀

高水平运动员的营养
——如何延缓疲劳和优化成绩

授课时间：2019年10月22日上午

授课地点：罗得岛大学

授课专家：南希·克拉克

南希·克拉克与学员进行交流讨论

美国运动员的膳食与中国不同，美国运动员需要自己准备食品。虽然越来越多的美国运动员重视膳食，但还是需要和运动员强化合理膳食的益处。当获得的益处高于付出的时候，运动员才会愿意改变膳食。

一、合理膳食的障碍

（一）运动员的饥饿感

这是膳食的最大问题，运动员经常感觉太饿了。这样运动员就会：①特别想吃甜食或者高热量的食物；②经常选择不健康的食物；③容易过度摄入。

要让运动员了解饥饿的作用和如何减少运动员的饥饿感（例如，可以把就餐时间提前）。

饥饿感是一种生理现象，就如憋气时间太长，就必须要呼吸。控制体重的运动员由于长时间限制饮食，对食物有更大的渴望，这并不是运动员的自制力不够。

（二）睡眠不足

睡眠不足和体重增加经常会同时发生。接近 30% 的成年运动员睡眠时间少于 6 h。睡眠不足会导致激素分泌改变，尤其是饥饿素（增加饥饿），还会影响大脑的功能（食物摄入会增加快感）。睡眠不足也会影响身体健康（如血压升高、心脏病等）。

对疲劳、超重的成年人进行为期 3 周的研究表明，每天多睡 1.5 h，连续 3 个晚上后，疲劳并且超重的人群对甜食、高盐的垃圾食品的欲望会降低 62%，过度饮食的欲望会降低 14%。

（三）不吃早餐

早餐非常重要。早餐吃得好，可以提高总体膳食质量，减少对糖的欲望，并且能够提高运动表现。

如果早晨训练，膳食可分为两部分，即在训练前、后分别食用。

不吃早餐是非常不合理的，尤其是控制体重的运动员。有一项研究探讨运动员在低糖原储存的情况下，高强度骑车 45 min 后，再进行 15 min 的冲刺，如何提高冲刺功率。实验分为 4 组：

一组：训练前 5 min 只补充水，功率没有提高。

二组：补充 180 cal（1 cal =4.19 J）葡萄糖水，功率提高 10%。

三组：补充 270 cal 的糖棒和水，功率提高 10%。

四组：训练前 4 h 吃早餐、糖棒和水（共 800 cal），功率提高 20%。

二、谜团：碳水化合物会让人长胖吗？

（一）解密

事实：摄入过多的能量才会长胖，特别是富含脂肪的食物。

碳水化合物是肌肉的重要原料，但美国人多认为碳水化合物是不好的，所以，一直在强调谷物、水果、蔬菜等的碳水化合物的组成。

软饮料：如可口可乐，主要就是糖，可以供给能量，但是不能让运动员更健康。

水果类饮料：除了糖，还可以补充维生素，如橙汁富含维生素 C。所以，我建议运动员补充果汁。如果要增加体重，通常建议饮用果汁和巧克力奶。巧克力奶富含钙和 B 族维生素。

谷物食物：白面包和米，是能量供给最基础的食物，是肌肉的原料。所以，中国的饮食比美国好。

巧克力奶和纯牛奶的区别：巧克力奶比纯牛奶多的主要是糖，巧克力奶是训练后恢复的好选择。巧克力奶之所以流行是因为富含糖和蛋白质。但是有的人牛奶不耐受，就可以换成豆奶。赛后需要补水，这也是巧克力奶被选择的原因之一。巧克力奶碳水化合物和蛋白质的比例为 3 ∶ 1。

（二）碳水化合物的推荐值

碳水化合物可提高运动表现，不同训练强度碳水化合物摄入推荐值见表 1。

表 1 不同训练强度碳水化合物推荐值

	碳水化合物（180 lb 体重）	碳水化合物（180 lb 体重）	来自碳水化合物的热量
中等强度训练（每天约 1 h）	2.3~3.5	400~600	1 600~2 400
耐力训练（每天 1~3 h）	2.5~4.5	450~800	1 800~3 200
极限训练（每天 4~5 h）	3.5~55	650~1 000	2 600~4 000

注：①对于 150 lb 的运动员，每天摄入碳水化合物的推荐值为 375~975 g（1 400~3 800 cal）。② 1 lb=453.6 g。③碳水化合物的重量单位为 g。④热量的单位为 cal，1 cal=4.19 J。

（三）碳水化合物如何补充

抗拒补充碳水化合物的运动员，饮食主要是蛋白质和脂肪，如鸡蛋或者沙拉酱，沙拉酱里有很多脂肪。吃完后，虽然饱腹了，但是不利于糖原耗竭后的肌糖原恢复，甚至两天后肌糖原都不能恢复。很多运动员自述“我不饿，我不吃”，但训练还在消耗，就可能会出现肌糖原缺乏。而注意补充谷物、水果、蔬菜的运动员，糖原可以快速恢复。

训练后 24 h 内，是恢复的最佳时机。

在美国，很多运动员认为促进恢复的最好成分是蛋白质，所以，他们喜欢喝蛋白质饮料（蛋白粉），而不是碳水化合物饮料。要经常对这种运动员强调吃香蕉、水果和白面包。这里的蛋白粉是指乳清蛋白，素食运动员也可以补充植物蛋白粉。

（四）高强度训练加上低碳水化合物饮食会导致疲劳

如果运动员每天高强度跑步 1 h，肌糖原会明显下降，膳食参考美国的健康饮食标准，该标准含较高的蛋白质。长期下去，就会因为缺乏肌糖原，导致运动员的运动表现降低。所以，花样滑冰、拳击、摔跤等项目的运动员要正常膳食，并且保持足够的睡眠。

举例：低碳水化合物的摄入影响冰球运动员的成绩。动作分析表明，高碳水化合物饮食（60% 碳水化合物）的运动员比普通饮食（40% 碳水化合物）的运动员，单个动作的滑行距离多 30%，时间减少 30%。在比赛后期，高碳水化合物饮食的运动员的滑行距离比前期增加 11%，而低碳水化合物饮食的运动员的滑行距离比前期减少 14%。

（五）低碳水化合物应用的时机

低碳水化合物饮食偶尔也会应用于比赛，它有利于刺激代谢的变化。有研究表明，在高强度训练前，补充碳水化合物可以提高运动成绩；在低强度训练前，限制碳水化合物的摄入有利于促进脂肪燃烧。

三、蛋白质的补充

（一）蛋白质的推荐值

不同人群的推荐值见表 2。

表 2 不同人群的蛋白质推荐值

	体重 150 lb 的人每天补充的蛋白质 / g	蛋白质与体重的比值 /（g / kg）	蛋白质与体重的比值 /（g / lb）
人体每日摄取推荐量（ROA）	60	0.8	0.4
成年运动员	75~110	1.2~1.5	0.5~0.8
青少年运动员	105~150	1.5~2.0	0.7~1.0
增肌的成年人	105~150	1.5~2.0	0.8~1.0
限制卡路里的成年人	120~150	1.7~2.0	0.8~1.0

（二）高蛋白质膳食的危害

①会替代碳水化合物；②会增加饱和脂肪酸的摄入；③对环境不利；④成本较高。

四、氨基酸的补充：补充必需氨基酸

通常膳食会提供足够的氨基酸，但是对于控制体重的运动员或者严格的素食运动员来说，可能需要额外补充氨基酸。

五、进食的合理时间、量和分布

任何时候补充食物都有价值，关键是补充多少，见表 3。

表 3 进食的合理时间、量和分布

体重	运动前 1 h（每磅体重 0.5 克碳水化合物或每千克体重 1 克碳水化合物）	运动前 4 h（每磅体重 2 克碳水化合物或每千克体重 4 克碳水化合物）
100 lb	200 cal (50 g 碳水化合物)	800 cal (100 g 碳水化合物)
150 lb	300 cal (75 g 碳水化合物)	1 200 cal (300 g 碳水化合物)
200 lb	400 cal (100 g 碳水化合物)	1 600 cal (400 g 碳水化合物)

摘自 AND, ACSM, DC Position Stand Nutr for Athletic Perfromance, 2016.

六、运动前食物摄入引起的肠道问题

建议日常进行肠道训练，以适应在运动前的食物摄入。

赛前的高碳水化合物膳食标准：小于 2 h 的运动，每小时摄入 60 g 碳水化合物；大于 2 h 的运动，每小时摄入 90 g 碳水化合物。这些碳水化合物来自哪里？可以是自然食物，也可以是商业产品。具体摄入哪些食物取决于运动员的个人喜好。所以，运动员要反复尝试获得自己的赛前补充方案，主要包括：

（1）运动前的食物：吃什么，吃多少，什么时候吃？

（2）液体：喜欢喝什么，喝多少，如何携带？

（3）固体食物：是超市的食物，还是商业的体育产品？

七、运动过程中最好的能量补充

这取决于运动项目。如自行车和铁人三项，在运动过程中就可以进食。长时间运动的能量补充参考表 4。

表 4 长时间运动的能量补充

	持续时间	每小时摄入的碳水化合物
高强度的持续运动	45~75 min	少量的碳水化合物，包括漱口方式
耐力训练	1~2.5 h	30 ~ 60 g
超耐力运动	>2.5 h	最高不超过 90 g

运动前和运动过程中补充能量能够延长耐力运动时间。

举例：10 名男性运动员在跑步运动至力竭。实验分为 3 min。

第一部分：训练前不补充能量，在训练过程中补水，跑步时间为 102 min。

第二部分：训练前 3 h 补充碳水化合物，在训练过程中补水，跑步时间为 112 min。

第三部分：训练前 3 h 补充碳水化合物，在训练过程中补充运动饮料，跑步时间为 125 min。

八、长时间运动的饮食推荐

长时间运动的饮食推荐见表 5。

表 5 长时间运动的饮食推荐

运动持续时间	训练过程中每小时补充的碳水化合物 / g	建议
<1 h	—	训练前补充 100~300 cal，如燕麦粥、香蕉、燕麦棒、玛芬蛋糕等
1~2.5 h	30~60 g	补充 120~240 cal 的运动饮料、啫喱、香蕉、枫糖、糖果等
>2.5 h	60~90 g（混合碳水化合物）	补充 240~360 cal，可以食用各种各样的食物防止口味疲劳

九、不能大口吃饭的时候，如何补充能量？

有些情况下，运动员不能正常膳食时候，多次小口啜饮或者用含碳饮料漱口都可能提高运动成绩。

有研究报道，自行车运动员在骑车 2 h（达到最大摄氧量的 60%）之后进行时间轨迹（time trail，以下简称 TT）测试约 30 min。在 TT 测试过程中，每 6 min 小口用 1 oz（1 oz=28.35 g）的运动饮料漱口，运动员成绩平均提高 1.7%（35 s），虽然提高幅度小，但是足够让运动员获胜。小口啜饮也会刺激大脑，抑制疲劳的产生。

十、如何防止脱水？

（一）如何判断是否脱水

水合状态可通过尿液颜色（在 Google 上可以查到尿液颜色对比表），判断是否脱水。

要注意观察运动员的出汗率，运动过程中要补水、补钠。

（二）如何补钠

在热环境下，训练前要注意补钠。食物可以补充丢失的钠。

十一、咖啡因和运动成绩

很多研究表明，咖啡因可减少疲劳，提高运动成绩，但是个体差异性较大，也会增加紧张情绪和胃部的不适，所以很难做统一的推荐。

咖啡因在身体内 45 min 后起作用。

十二、能量饮料与运动

现在已被确认有效果的能量饮料成分就是碳水化合物和咖啡因。适当喝没有问题，如果食用过多会影响心脏。因此，建议运动员主要通过膳食来补充能量，而不是各种补充剂。

十三、维生素的补充

建议从食物中获取维生素。蔬菜和水果还能减少炎症。运动得越多，吃得越多，就会获得更多的维生素。

十四、维生素 D 的补充

对于室内项目，尤其是滑冰和体操等，补充维生素 D 更为重要。

十五、学员问题

问：鸡蛋的蛋清和蛋黄的营养区别是什么？

答：单吃蛋清和吃全蛋，提供的蛋白质是一样的，但是吃全蛋可以使蛋白质吸收提升 40%，更有利于增肌。

授课专家与记录人合影

记录人：何子红　邵晶

应用生理、心理、生物标志物监控运动员训练与状态

授课时间： 2019年10月22日下午

授课地点： 罗得岛大学

授课专家： 罗伯特·哈金斯

罗伯特·哈金斯授课中

科里·斯特林格（Korey Stringer）研究所以著名美式足球运动员Korey Stringer命名，它是一个非营利性机构，为合作方提供资金支持共同研究运动健康和安全问题。

当前大数据改变了人们对于体育和训练的观念。用很小的设备就可以监测运动员的训练和比赛（如Catapult S5、Polar team pro system）。问题的关键是要监控什么？监测的目的是什么？费用是多少？了解这些监控设备，有助于设备输出数据的分析。

现在的设备很多，但是要确认我们需要哪些设备来监控。首先做需求分析，如运动员是否存在过度训练，体能是否存在问题等，在此基础上才能确定我们

的监测方案。一个好的监测团队有不同的组成，并且各部分工作有交叉，此处主要是指体育科学专家、运动员和运动队，主要包括数据收集、数据处理和应用。

数据的分析是非常重要的，其目的是预防损伤、改变战术、调整结果。当然，并不是所有结果都能量化，因为运动员不是机器。

一、运动应激

（一）多维度的运动应激监控模型

运动应激（exercise stress）包括感知（恢复、情感、疼痛、疲劳等）、生物指标、训练表现（测试指标包括爆发力、速度、灵活性、血乳酸、最大摄氧量、反应时、GPS、心率等）。目的是能够监测成绩、伤病、时间损失（如运动员因伤病不能训练或者不能上场的时间）等。

（二）运动应激的分类

监测运动应激，通常包括监测训练量和训练强度。训练量的指标包括时间、距离和重复次数；训练强度的指标包括心率、速度和加速度。

不同类型的训练应激，采用不同的监测指标，分为内部负荷和外部负荷。

（三）运动表现管理的循环过程

做计划、监测、出具报告、评价，这是运动表现管理的循环过程。数据必须好好解读，否则没有任何意义。

（四）运动应激的监测

运动应激的监测主要是监测训练课负荷，包括心率负荷、速度负荷、身体（加速度）负荷、训练负荷。

1. 运动应激的定义

运动员对训练的反应和适应过程是训练计划制订的基础。

2. 举例

全年的监测：可采用冲量（TRIMP）监测的 40 周的训练监测模式，监测数据也可用训练距离表示。

周监测分析：如果第 29 周时运动员在休息，没有训练，就不能适应第 30 周的训练。如果第 9 周休息，第 10 周训练负荷急剧增加，也是不合理的，可能会导致伤病。可以从软件中下载原始数据，进行进一步分析。

可根据心率（HR）、速率（VL）、身体负荷（BL）、周期训练负荷（session-load）变化，设置预警值和运动员最佳训练负荷，预防过度训练和疲劳。

（五）血液指标监测

有研究监测了大学足球联赛期间，即 PS（赛季前）、W1（第 1 周）、W4（第 4 周）、W8（第 8 周）和 W12（第 12 周），20 名运动员的 92 项血液指标。

主要发现：

（1）总睾酮和游离睾酮，W1 低于 PS，而皮质醇在 PS、W1 和 W4 保持不变。

（2）除红细胞比容（W1 与 PS 相比）和总铁结合力（W8、W12 与 W1 相比）外，氧转运和铁代谢标志物保持不变。与 W1 相比，W12 的白蛋白、球蛋白、白蛋白 / 球蛋白和总蛋白水平升高（$P<0.05$），而谷草转氨酶和谷丙转氨酶水平为在 W1~W12 和 W8~W12 相对于 PS 分别升高。

（3）W12 与 W1 相比，维生素 E、锌、硒和钙的水平升高（$P<0.05$），而维生素 D 的水平降低（$P<0.05$）。

（4）脂肪酸和心血管标志物，如 ω-3 指数，HDL（高密度脂蛋白胆固醇）、二十二碳六烯酸、LDL（低密度脂蛋白胆固醇）、直接 LDL、非 HDL、载脂蛋白 B（Apo B），W1 与 PS 相比，有所降低 ($P<0.05$)。免疫、脂质和肌肉损伤生物标志物经常不在临床参考范围内。

（5）常规生物标志物监测显示亚临床和临床变化，提示足球运动员有专用的参考范围。生物标志物监测可增加积极适应，以减少足球比赛中因压力而产生的损伤。

二、NCAA 足球运动员周期性训练研究

在对 2015 年 NCAA（美国大学体育协会）足球运动员的回顾性分析中发现，如果比赛间歇小于两天，女子足球运动员的损伤会增加 40%。因此，在

2016—2018 年赛季，开展了前瞻性研究，分析比赛间歇天数对男子和女子足球运动员的伤病发生、心理感知等的影响。

（一）实验设计

受试者为 12 个 NCAA 足球队，包括 2016 年的两个男子队（N=55），2017 年的 4 个男子队（N=80）和两个女子队（N=41），2018 年的 4 个女子队（N=80）。

日常监测包括训练负荷、损伤、睡眠、主观感知（压力、疲劳、疼痛）。

阶段性监测包括：心理调查表（匹兹堡睡眠指数、运动焦虑量表、POMS 量表、身体活动障碍）；人体测量学（体重、体脂百分数）。

（二）研究结果

（1）将近一半（45%）的运动员会因受伤而损失训练时间。

（2）男子和女子运动员在赛季的损伤率均在优秀青年和职业足球运动员报道的范围内。

（3）在赛季的第 1 周，训练（练习）中的受伤率与平均水平相比大幅度上升。

（4）男子和女子足球队员在赛季前练习中的受伤率大大高于赛季平均水平（通常增加 2~3 倍）。

（5）女子和男子足球队员在赛季晚些时候都出现了受伤率高峰，女子大约出现在第 9 周，男子大约出现在第 12 周。这可能与赛季累积的疲劳或这段时间内的训练压力和学业压力都有潜在关系。

（6）与男子足球运动员相比，女子足球运动员因过度训练导致的伤病率较高（约 2 倍），非接触式时间损失较低（约 38%），但出现更多的睡眠功能障碍和焦虑等。

（三）小结

（1）在赛季开始前过度训练产生的损伤最多。因此，赛前的恢复训练时间长短非常重要。

（2）在赛季开始前的伤病发生率是赛季的 4 倍。

（3）ACWL（急性与长期训练负荷比），如果 ACWL ≥ 1.5，疲劳感、疼痛感比 ACWL<0.8 时要大。ACWL 是之前 7 天的平均值与之前 28 天的比值。作者认为 1.2 是阈值。

（4）睡眠质量的变化：PSQI（匹斯堡睡眠质量），赛季开始的时候，运动员睡眠质量变差，之后变好，然后又变差。如果 PSQI ≥ 5，睡眠质量降低，PSQI 增加 1 个单位，注意力也会降低 25%。

（5）休息天数对比赛和训练期间总的伤病发生率的影响：对于男子运动员来说，比赛间隔两天，伤病发生率非常高，女子也一样。间歇至少 5 天，会减少伤病发生率。

（6）休息天数与比赛成绩没有关系。

授课专家与记录人合影

记录人：何子红　邵晶

力量和体能训练的哲学

授课时间：2019年10月22日

授课地点：罗得岛大学

授课专家：布赖恩·汤普森

一、培养教练的哲学

教练承担着向运动员传道授业解惑的职责，只有培养好教练才能更好地帮助运动员提高运动表现。作为教练必须了解运动专项，美国春田学院有大概26个运动项目，体能教练只有准确了解运动项目，才能帮助运动员做好准备，根据项目特点设计训练计划。教练也必须了解功能性训练方法、线性和非线性速度发展方法以及运动训练周期理论才能更好地开展训练。

（一）教练（coach）的概念

“coach”的第一种解释通常为封闭的大型四轮拉货车，其侧面有门，驾驶员前面有一个高架座椅；第二种解释是主要用于一日游的铁路客车；“coach”还有一种解释是公共汽车、拖车、封闭门式汽车或客运飞机上价格低于头等舱的一类舱位。

“coach”在此主要是指通过考试传达给学生概念知识的导师；或者是私人导师、指导训练的人，特别是教授球员某一项竞技运动的基础知识并制订球队战略的人，例如足球教练。

（二）教练有多重要

教练是指引方向的人，如果没有教练，走错了方向，就不可能取得理想的结果。好的教练需要具备多方面的知识储备以及各学科的综合背景。

（三）如何成为一名优秀的体能教练

体能教练好比一个主厨，如何成为一个主厨？厨师在刚开始学习做菜时，会严格按照配料表进行食材搭配，以便做出美味佳肴。随着对各种配料功能的逐步了解，水平也逐步提高，真正的主厨可以不按照配料表将各种食材、配料综合搭配，做出美食。真正好的体能教练也可以综合运用各种训练方法，达到提高运动表现的目的。

1. 成为好教练的 5 条规则

（1）用渊博的知识打动大家，给所有人留下深刻印象。

（2）对一切说“是”，抓住任何自己眼前的机会。

（3）2 min 规则：如果有好的事情，用 2 min 庆祝；如果有坏的事情，用 2 min 消除担心。这对于长期从事教练工作的人很重要。

（4）保持终身学习的习惯，授课专家每年都要读 50 多本书，涉及商业、管理、体育等领域。

（5）教练是在培养人，要尊重运动员。

2. 成为一个好教练的 3 个关键因素

科学、应用、指导是成为一名优秀体能教练的 3 个关键因素，教练要充当科学研究与实践应用之间的桥梁。

（1）从科学知识层面来看，教练的科学知识基础主要涉及运动解剖及运动损伤知识、能量代谢系统知识、生物力学知识、运动的周期性理论、内分泌反应知识等；关于科学，既要了解最基础的知识体系，又要了解最新的研究成果，以增加知识储备量，而不能从一个新事物跳到另一个新事物，要在前期的研究基础上再发展。很多人为了赚钱，发表所谓的新成果，这是不可取的。

① 教练要掌握运动解剖及运动损伤的知识，要了解肌肉的生理与结构、肌筋膜经络、神经系统、专业名词、功能解剖、伤害产生原因。如果教练了解运动员受伤原因，医务人员也会对教练产生敬意。

② 教练要掌握能量代谢系统知识，要了解运动专项特征、做功与休息比率、乳酸代谢、摄氧量及底物补充等专业基础知识。

③ 教练要掌握生物力学的知识，要了解身体如何运动、影响力产生的若干因素、做功与功率及个体差异等。

④ 教练要清楚运动周期训练理论的知识体系，比如，根据训练目标制订年度训练计划。要知道运动训练周期理论还没有过时，一切都在正常执行，要理解所有内容并采纳适用于队伍的方法手段。比如，依据周期理论，我们可以预测大概在 6 周左右会产生一些训练效果；如果是好的训练手段的话，你会看到运动员在不断进步。

⑤ 教练要知道内分泌反应相关知识，知道如何自然释放睾酮、生长激素、IGF-1 和胰岛素等，把握好运动、休息时间和营养之间的关系。

（2）从实践应用层面看，体能训练始于筛查评估，通过评估发现问题，进行纠正、恢复、再生，做好动作准备，再开始运动训练，之后再进行测试评估。教练不要要求运动员做自己没有做过的事情，可以向运动员做示范。

① 筛查评估是为运动员找到一个基准线，我们可以通过 FMS，定量评估运动员的身体功能，并且给出具体的评估数字；以找到需要解决的问题作为训练出发点；为运动员训练指明方向；并可量化评估的结果。

② 纠正、恢复、再生：虽然大部分的训练理念的名称有变化，但大多数运动训练还是一样的；康复和矫正可以采用基于相邻关节理论的训练方法；在提高运动表现前必须先确保关节具备稳定性。

相邻关节理论（joint-by-joint approach）的主要观点是，当某一关节失去动作功能，相邻的关节就可能会代偿而产生问题。人体由许多不同的骨骼和肌肉组成，如果从下到上（或从上到下）观察，会发现人体其实是一层又一层互相堆叠的关节，从下到上呈现各自功能独立的活动单位。人体的关节通常具有稳定性（stability）和灵活性（mobility）两种功能。稳定性指的是一个关节可以抵抗移动的能力；而灵活性指的是一个关节可以在关节幅度的全程自由移动的能力。由下而上，各关节在做动作时的功能为踝关节——灵活性；膝关节——稳定性；髋关节——前后（矢状面）灵活性，左右（额状面）稳定性；腰椎——稳定性；胸椎——灵活性；肩胛胸廓——稳定性；肩——灵活性；肘——稳定性；腕——灵活性。总之，要打好的基础，再发展运动表现。

③ 运动准备需要掌握软组织工作原理、核心力量、肌肉激活、纠正训练、

动态灵活性、针对性训练等。

④ 动作：举重运动主要由提拉、抓握、挺举三个阶段构成。核心力量（基础力量）提升的动作包括深蹲、硬拉、卧推、引体向上。侧向运动的敏捷性训练，强调改变方向的能力（change of direction,COD）和反应性等。线性运动的构成包括第一步速度、加速、减速及末端释放。三维运动可以是单、双腿或手臂，通过哑铃、药球等多种训练方法手段进行。

⑤ 体能测试包括能量系统及运动专项测试、线性速度评估（18 米或 36 米跑）、侧向及改变方向的能力测试（包括 Pro Agility、T–Test、Cone Test）、无氧能力评估和有氧能力测试（YOYO 测试）。

⑥ 功能性训练：要充分考虑机体的平衡，即训练要讲究对称性、均衡性；可以设计爆发力训练、水平推与水平拉的力量训练组合、垂直推与垂直拉的组合、膝关节主导与髋关节主导的组合、双腿与单腿的组合、双臂与单臂的组合、旋转与对抗旋转的组合及纠正训练等。

⑦ 整合：一天的训练，要进行泡沫滚轴的牵拉，激活、纠正、侧向移动，动态热身，奥林匹克举重，核心力量，协助、纠正训练，体能训练等。

一周的训练内容包括周一、周三、周五开展各种举重训练，周二开展线性速度训练和体能训练，周四实施横向速度训练和体能训练。

（3）指导：要从以下几方面培养运动员，包括要发展教练哲学，要关怀运动员，营造积极的气氛，经常指导要点，使运动员不断学习新的知识，并不断实习。通常实习教练要在力量房进行 15 周的力量训练教学，阅读体育教练、力量训练、领导力、营养相关图书，观看体能训练相关的视频，查阅教练相关的文章评论，并经常进行内部交流培训。

① 基于科学知识的指导：要有科学证据、研究证据、教练经历证据及运动员反馈。

② 关怀运动员：这是成为一名好教练至关重要的一点，虽然是陈词滥调，但确实如此，要知道，教练训练的是人而不是机器人，除了知道运动员的名字之外，尽可能多地了解运动员信息，例如，专业、故乡等，有助于拉近与运动员之间的关系。

③ 创造积极的气氛：要及时为运动员庆祝成功；要以开放的姿势面对运

动员，不要交叉双臂，保持良好的与运动员沟通的态度。

④ 指导要点：要一直在辅导；注重教学与沟通，要知道个体存在差异，并非每个人都适用同样的教授方式；控制信息传输，但不要过度指导或提示，每次纠正一个动作或给一个提示即可；寻找训练驱动力，教练要及时了解运动员的训练动力来源；承担责任，始终井井有条地控制和组织计划；要主动承担责任，承认失败；做更好的教练。

⑤ 不断学习新知识：如果一位教练认为自己具备全部知识，那么他离改变职业不再从事教练工作也就不远了。要经常通过看视频汲取知识，并与成功的教练和同事交谈，不要掉进力量教练的陷阱。要不断阅读，阅读，阅读！

总结：教练应给每个人留下深刻的印象；使自己不可或缺；知道事情背后的原因；能够从逻辑上解释自己所做的一切；对自己的评价要现实一点；精打细算；友善并微笑；不要自负，要谦虚。

二、培养运动员的哲学

一支队伍要取得优异的运动成绩需要具备一支由体育教练、运动训练师、体育防护咨询师、运动营养师、体能教练组成的团队。春田学院队伍去年取得了 243 胜、99 负、5 平的成绩，这些成绩的取得不只是教练自己的功劳，更是团队合作的成果。

教练要知道任何一种训练手段都不是唯一的，都可以找到代替的方法。培养运动员要从筛查、动作准备、设计、纠正四方面重点考量设计训练。

（一）筛查

常用的筛查包括 FMS、踝关节灵活性筛查、营养筛查。

FMS 由深蹲、跨栏步、直线弓步蹲、肩部灵活性、直腿主动上抬、躯干稳定俯卧撑、旋转稳定性 7 个动作组成，可以反映运动员功能性运动模式的严重局限以及左右不对称导致运动模式改变和继发性问题。

进行踝关节灵活性筛查时，双脚前后站立，膝关节在前屈过程中不超过踝关节中位线，得 1 分；如果达到踝关节的中位线，得 2 分；如果超过，得 3 分。

营养筛查可以采用由哈佛大学学者研究出的“Schryer 运动营养问卷”，

调查运动员摄入特定类型食物的频率、营养素储备、饮食行为、补水情况等。

（二）动作准备

动作准备要综合考虑泡沫轴滚动（小腿、腘绳肌、梨状肌、髂胫束、胸椎、股四头肌、体侧肌肉）；呼吸（主要是膈肌激活，如呼气 4 s，屏气 2 s，吸气 4 s，呼吸时长、节奏要结合训练目的制订）；灵活性（相邻关节理论）；动态灵活性和核心激活。并介绍了一些灵活性训练动作、动态灵活性动作和核心激活动作。

（三）设计

进行训练设计的时候要从功能性训练、平衡运动需求、满足运动训练周期需求、适当发展运动员需求几方面考虑。

功能性训练是有目的的训练，是优于非功能性训练的。功能性训练考虑的是整个动作而非肌肉。身体是一个连接的整体，动作连接整个关节和组织，如果在某一部分训练过度，会造成另一部分的功能失调。平衡（功能）训练要综合考虑这种训练的哲学，不能造成不对称性。随后授课专家介绍了爆发力、功能训练（水平、垂直推，水平、垂直拉，单、双腿练习，旋转、抗旋）的动作。此外，还介绍了交替单手卧推对核心稳定性的意义。

（四）纠正

纠正训练要建立在筛查评估的基础上，首先解决灵活性和稳定性的问题，再解决不对称性的问题。

三、训练实际应用

接下来介绍了周期训练如何安排。

传统的训练以 4 周为一个阶段，1~4 周基本准备，5~8 周练力量，9~12 周练爆发力，13~16 周保持爆发力。非赛季采用这种形式及波动模型，训练量逐渐降下来。赛季前采用非传统周期训练（非波动模型），以 2 周为一个阶段，训练量是每 2 周呈现一个折线，但整体量向下降。赛季中用这种波浪式非传统训练，运动员可以承受更大负荷。

根据比赛安排制订年度力量发展计划，将全年分为非赛季 1（11—12 月，适应性训练）、非赛季 2（1—2 月，训练肌肉耐力和增肌）、赛季前（3—4 月，训练最大力量）、赛季初（4—5 月，爆发力训练）、赛季中（6—8 月，保持爆发力）、赛季后（9—10 月，普通力量训练）六个阶段。赛季中的训练量由比赛中对手的强弱决定，对手弱，则训练量大。

16 周的训练计划，采用波动模式，这期间每 8 周进行一次测试，以明确下一步目标。

在采用不同抗阻训练计划时，动作逐步从双手过渡到单手，单手训练比重逐渐增加。

总结：在发展与进步过程中永远不要担心步伐太慢或运动员退步，相较于运动员举起的重量，运动员的健康更为重要。教练的目标是让所有运动员深蹲，但实际上有些人可能永远学不会，要尊重个体差异，运动员较之前有所提高即为好现象。切勿对有功能障碍的运动员进行力量训练。在训练过程中要灵活采用进阶或退阶训练手段，逐步提高运动员运动表现。同时注意恢复的 4R 原则，即补水、修复肌肉、补充营养、充足睡眠。还要注意压力管理。有文献表明，纵跳可以作为中枢疲劳程度的良好指标，当一周前后运动员的纵跳成绩百分比介于 95%~100% 为绿灯，90%~94% 为黄灯，低于 90% 为红灯。要注意，运动员的感情、学业都会对运动员的身心产生压力。

春田学院的运动员恢复量表中，量表总得分 20 分，12~20 分良好，12 分以下就需要采取干预措施。营养评估方面，完善的早餐得 2 分，不完善的早餐得 1 分；饮水评估方面，分为 3 个评估层次，即饮水量，运动前、睡前尿液颜色；睡眠评估方面，有 7 小时以上睡眠得 3 分，小憩得 1 分；关于糖的评估，喝任何含糖饮料减去 3 分；关于拉伸和恢复，训练前和训练后进行泡沫滚轴训练或拉伸得 1 分；冷水浴得 1 分。

就学员提问的关于补充含糖饮料减分的问题，汤普森博士介绍了不同体型与糖的摄入问题，进一步介绍了内胚型、中胚型和外胚型体质的不同能量需求。

四、需求评估与动作准备

（一）需求评估

1. 运动项目的评估

首先要确定在此项运动中想要取得成功的重要条件，对速度（线性或非线性）、力量、爆发力、耐力、加速及制动能力、手（脚）反应时间、平衡与本体感受等都需要综合考虑。还要确定项目所需的能量来源，究竟是 ATP、糖酵解，还是糖的有氧氧化。了解动作在哪个方向，是向前、向后，还是向侧面；是在额状面、矢状面，还是横断面上发生。还要进一步了解此项目中最常见的运动伤害究竟为何发生？是因过度使用，还是冲撞导致的。

2. 运动员的评估

要明确运动员的训练状态，是没有训练经历，还是中等训练经历、高度训练经历。训练经历虽判断标准不同，但需注意：具备高专项技巧的大学运动员，不等同于具有高度训练经历，要看他是否经历了科学、系统、均衡的训练，综合考虑个人训练背景和运动史。要了解运动员处于赛季中的何种阶段，并对赛前、赛中、赛后的训练做出不同安排。

（二）动作准备过程

1. 热身

首先要做好身体移动准备，确保机体可以承受抗阻训练、速度训练、侧向移动训练、敏捷性训练、反应训练。确保机体具备灵活性和柔韧性，掌握相邻关节理论，进行动作筛查，根据筛查结果开展功能性训练，做好动作准备。灵活性是指关节在参与运动所需的一系列动作中移动的能力。这涉及主动肌、拮抗肌和协同肌的协同配合。灵活性是指关节在特定范围内移动的能力。在热身时需要解决移动性和灵活性。任何一个关节出现问题都可能导致相邻关节疼痛或受限。在热身过程中要考虑每个关节。

2. 动作准备过程

根据筛查结果要先解决灵活性问题，再解决稳定性问题，之后做好动作控制。动作准备过程如下：泡沫轴滚动、静态拉伸、踝关节灵活度、胸椎灵活度、肩关节灵活度及激活、髋关节灵活度及激活、动态运动，最后进入复杂动作。

附件：教练的综合评估条目

（1）锻炼技巧__________

0– 无法向运动员解释或演示基本的锻炼技巧

1– 可以向运动员解释和演示基本的锻炼技巧

2– 可以识别运动员的技术缺陷

3– 可以通过纠正策略解决运动员的技术差异

（2）运动员互动__________

0– 在培训期间不与运动员互动或不适当地互动

1– 在训练期间偶尔与运动员互动

2– 大部分时间与运动员互动

3– 利用所有机会指导运动员

（3）能动性__________

0– 除非被询问，否则不会提出问题或帮助解决问题

1– 偶尔提出问题，并帮助解决问题

2– 通常会提出问题，并帮助解决问题

3– 总是提出问题，并帮助解决问题

（4）运动员关系__________

0– 尚未与运动员建立积极的融洽关系，并且不知道运动员的名字

1– 与一些运动员建立了融洽的关系，并且知道一些运动员的名字

2– 与大多数运动员建立了融洽的关系，并且知道大多数运动员的名字

3– 与所有运动员建立了融洽的关系，并且知道所有运动员的名字

（5）可靠性__________

0– 缺席训练课或会议而没有通知运动员

1– 缺席 2 次或更多次的训练课或会议，但通知了运动员

2– 缺席 1 次训练课或会议，但通知了运动员

3– 没有缺席任何训练课或会议

（6）动机__________

0– 总是觉得无聊

1– 有些时候会让人兴奋

2– 大部分时间都很激动

3– 总是表现激动

（7）判决能力__________

0– 有 3 次或多次判决不佳

1– 有 2 次判决不佳

2– 有 1 次判决不佳

3– 从未表现出判决不佳

（8）对批评的反应__________

0– 愤怒地对待批评

1– 通过借口回应批评

2– 反应主要是正面的，但肢体语言是负面的

3– 总是做出积极的反应

（9）管理团队的能力__________

0– 没有领导团队的能力

1– 能够领导监督训练课程的特定组成部分

2– 能够领导监督训练的所有组成部分

3– 能够领导整个训练课程而无须监督

（10）专业准备的程度__________

0– 根本没有准备成为体能训练专业人士

1– 有点准备成为体能训练专业人士

2– 通常准备成为体能训练专业人士

3– 准备成为体能训练专业人士

记录人：马玉丹　张蓝予

环境因素与运动表现

授课时间： 2019年10月22日上午

授课地点： 罗得岛大学

授课专家： 斯特恩斯

斯特恩斯博士首先介绍了与热环境密切相关的领域，如运动员、运动教练、州高中协会、青年体育；职业相关领域，如建筑工人；军事领域，如热安全指南；气象小组，如美国国家海洋和大气管理局等；研究领域，如实验室和现场；医学界，如公路竞赛医学、运动队医。

一、高温下的运动

温度调节的生理学分析：高温环境下身体会出现一些症状，比如，皮肤血流增加，出汗率增加；液体需求增加，比如肌肉、皮肤和器官对液体的需求增加；肌肉方面，身体面临代谢挑战，血液流向肌肉的量增加；心血管系统方面，心输出量增大，不能满足所有系统的最大需求。

热平衡方程：$S=M-(\pm \text{work})-E \pm R \pm C \pm K$

其中，S为热存储；M为代谢产生的热量；E为蒸发（出汗）所散发的热量；R为通过辐射失去或得到的热量；C为通过对流散失或得到的热量；K为通过传导失去或得到的热量。

在提高运动表现的同时，要最大限度地确保运动员的安全。不然会出现如在法尔茅斯公路赛中的中暑现象。

面临热挑战的赛事，如2020年东京夏季奥运会、2019年法国女足世界杯、2022年卡塔尔男子世界杯、澳大利亚网球公开赛和美国网球公开赛等。

为了战胜卡塔尔多哈的高温，世界田径锦标赛女子马拉松比赛于当地时间晚上 11 点 59 分开始。此时气温已经降到了 90 ℉（32.2℃），但还是有 40% 的选手退出了比赛。

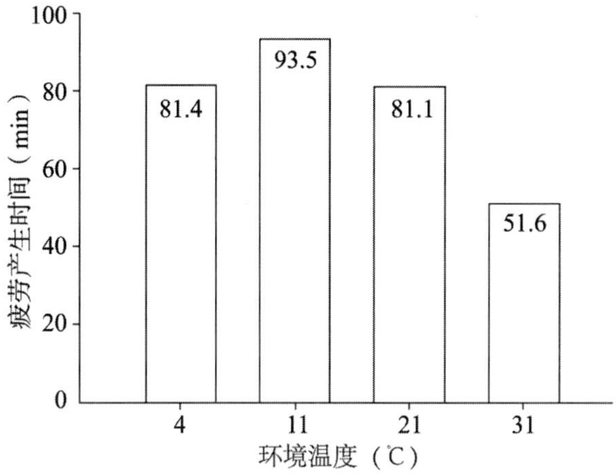

温度与疲劳的关系

上图说明了温度与疲劳的关系，11℃的运动表现最好，自我运动感受较好。体温的变化可能被认为是体内稳态的失调，或者被视为调节发生点的重新设置。很小的波动是正常的，在一天中，核心温度的变化幅度大约为 1℃。在运动过程中，一定程度的核心体温升高也是正常的，其增加与绝对和相对最大的最大摄氧量（VO_2max）功率输出成正比。体内温度的升高也受环境的影响。当功率输出保持恒定速率时，在炎热的环境中核心温度会上升更快，并且在疲劳点会观察到更高的核心温度。

天气对运动表现的影响：随着温度的上升，运动表现呈现下降趋势。应对温度变化，跑步能力似乎很重要，因为较慢的跑步者在较暖的天气中的成绩下降幅度要大于优秀的跑步者。将第 25 位、第 50 位、第 100 位和第 300 位完成者与当前男子的比赛记录进行比较，结果显示，随着天气从 5℃ ~10℃、10.1℃ ~15℃、15.1℃ ~15℃上升，他们的跑步时间分别下降了 2.6%、3.5%、4.9% 和 7.9%。湿球黑球温度（WBGT）分别为 20℃和 20.1℃ ~25℃。对速度减慢幅度较大的一种解释可能是，速度较慢的跑步者在环境条件下花费的时间更多。

据估计，与单独跑步相比，集体跑步所产生的长波热辐射和对流热损失的净减少量可以使跑步的生理热应力增加 3 倍。另外，相对于生理潜能，体能的差异也可能会导致运动时间的差异以及精英选手之间应付天气变化的能力的差异。

据前 10 名男子在纽约马拉松比赛中的平均完成时间以及比赛期间的温度情况，研究发现，只有当天气变暖时，才会出现相对可靠的减慢时间的模式。但是，这些数据和其他数据无法深入了解运动表现下降的幅度。

2019 年 10 月 12 日，在奥地利首都维也纳进行的“INEOS 1:59”挑战赛中，基普乔格以 1 小时 59 分 40 秒的成绩完赛，成为世界上首位马拉松跑进 2 小时的运动员。当时的天气情况是 5℃ ~ 9 ℃，湿度低于 80%，干燥，没有太多风。

总体上讲，在高温下锻炼意味着运动员的运动表现会下降，耐力下降，力量会降低，运动强度降低，受伤风险增加。

二、身体冷却策略

冷却的生理基础：在高温下进行剧烈运动时，体温升高很快，温度调节系统可能无法跟上，必须降低运动强度，改变节奏策略，实施冷却策略，预冷可以让运动员在较低的体温下开始运动，延迟达到危险体温的时间，蓄热量增加。

身体冷却策略可以改善最初的心血管功能。

2004 年希腊奥林匹克马拉松赛上，英国运动员拉德克里夫因热环境退赛，当时气温 35℃，湿度 31%。

迪娜・卡斯托在比赛前进行了身体降温，并且获得了马拉松项目的奥运奖牌，成为美国历史上在奥运会马拉松项目获奖的第二位女性。

运动前降温的实际应用：对所有运动员来说，运动前降温是非常有效的，器械运动（曲棍球等）可考虑利用设备进行前臂或手部冷却等；非器械运动（足球、篮球等）可以利用冷水浸泡、冰衣和寒冷环境等。

运动间降温实际应用：运动间的降温取决于时间、设备；将体温降低 1.5℃（至少 0.5℃），最有利于 60 min 的耐力运动；考虑可用时间和模态冷却速率；必须考虑特定运动的特点；考虑运动员是否会重返赛场；需要换衣服。

总之，热环境下运动，降低体温比不降低好！

授课专家与记录人合影

记录人：赵刚　范国平

环境对运动表现的影响

授课时间： 2019年10月22日下午

授课地点： 罗得岛大学

授课专家： 斯特恩斯

一、热适应

人类具有出色的适应热应激的能力，一个健康的个体可以忍受长时间暴露于几乎所有与自然天气有关的热应激之下。热应激是由环境条件（即温度、湿度、太阳辐射），代谢产生的热，以及穿着阻碍热量散失的沉重衣服的相互作用共同造成的。环境热应激和运动相互作用会增加生理压力，表现为核心部位、皮肤和脑部温度升高，心血管压力增加，对糖代谢的依赖性增大，并导致有氧运动能力下降。热适应减少了热应激的有害影响。通常情况下，适应是通过形态、化学、功能和基因调节来减轻生理压力。在热适应过程中，人反复暴露在人工或实验室环境中会产生适应性，这些环境足以引起大量出汗以及皮肤和核心温度升高的现象。同样，热适应指的是暴露于自然环境中并引起类似的反应。

（一）热适应的重要作用

（1）一系列的生理适应使身体能更好地耐受，持续时间为10~14天。

（2）一种减少热运动危害的生理学方法。

（3）对多种生理系统有积极的影响。

（4）对提高运动成绩有重要的作用。

（5）最重要的是可以减少热应激的风险。

（二）术语的定义

热适应：在炎热的环境条件下进行训练并导致生理适应的过程，包括在温暖环境中进行户外训练并适应热度。

间歇性热暴露：热适应后，在非连续日进行系统的重复运动，以防止热适应衰减。

（三）感应热适应

当可测量的生理表现和心理变量随高温中的训练而发生有利的变化就可以称之发生了热适应。大多数因素会在6~9天达到平稳状态，并在14天之内有效完成（且将会继续持续），其中可能存在个体差异。

热适应是一个相对较快的过程，始于暴露的第一天。实际上，适应的75%~80%发生在最初的4~7天内。热适应的发展可分为3个时期，即生理适应、短期适应和长期适应。时间线可进一步分为短期适应（<7天）、中期适应（8~14天）和长期适应（<15天）。运动热适应表现通常通过3种诱导途径之一就能实现，即恒定工作量运动；自定进度的锻炼；控制体温过高或等温热适应。

在运动热量适应的第一周内，在给定的工作量下，运动期间血浆容量增加，心率降低。在感觉上，热舒适性的等级提高。从体温调节的角度来看，在给定的工作量下运动时，核心和皮肤温度会降低，而汗液排出速率会增加。因此，增加了有氧运动能力。值得注意的是，这些适应的程度取决于适应的初始水平、环境条件（即干燥或潮湿）、运动强度和适应方案。

热适应是通过频繁暴露于炎热的环境条件而发生的，该环境条件引起的反应减弱了热应激的负面影响。热适应改善了热舒适度和最大运动表现，并增加了热环境中的最大有氧运动能力。通过增强出汗和皮肤血流反应，血浆容量增加，得到更好的流体平衡和心血管稳定性，进而降低代谢率，获得热耐受性并实现适应性。

（四）针对高中生的热适应指南

在对高中生进行热适应训练时应注意热身，并且注意练习的频率、穿戴的设备、练习的最长时间等，应该了解热适应训练的节点，第1~5天为一个阶段，第6~14天为下一个阶段，每个阶段的训练方式存在差异。例如，前5天每天练习1次，后9天每隔一天练习2次。

（五）热适应可以减少疲劳性中暑死亡

研究发现高中生经过热适应训练后，患疲劳性中暑死亡的概率明显降低。

（六）热适应会延迟核心温度的上升，但会因脱水而抵消

在温带和炎热气候条件下，低水合作用会增加核心温度。在锻炼过程中，体重降低1%会显著提高核心温度。随着水分亏缺程度的增加，在运动热应激过程中，核心温度相应地呈梯度升高。核心温度升高的幅度从0.10 ℃~0.23 ℃。核心温度升高不受运动强度的影响。低水合化(5% BWL)对同一个人的核心温度有相应的影响。热适应降低了核心温度响应；然而，当低水合温度时，观察到相似的核心温度响应，而不考虑适应状态。因此，在热适应条件下，由低水合作用引起的核心温度变化明显大于未适应条件下的核心温度变化。这些数据表明：与不适应环境的人相比，在炎热的气候条件下(出汗率增加)，不充分饮水的人可能更快地经历脱水的副作用。水分不足会导致干燥和蒸发热损失(或者，如果空气比皮肤热，脱水会加剧干燥热的增加)。水分不足还能延迟出汗，降低出汗敏感性。在一定的热量代谢率下，低水合可能与出汗率减少或不变有关。脱水引起的干燥和蒸散性热损失的物理机制包括血浆高渗和血容量减少的分离和联合作用。

热应激已被证明会显著降低耐力表现，但这种下降可以随着高温反复训练所诱导的适应而逐渐减弱。重要的是，热适应也可以减少患热疾病的可能性。因此，在环境可能是炎热或潮湿的情况下，即使热应力的程度可能是轻微或不确定的，热适应也应该是优先考虑的。事实上，热适应并不会影响在较冷环境中的运动表现，甚至可能在某些情况下会提高运动表现。简而言之，身体对高温反复训练最明显的适应包括出汗率增加，在一定强度下心率下降，电解质更

好地保留，以及身体核心温度下降。在热房间中训练、桑拿浴、热中性训练后的热浴，可能是有用的替代训练方法。有效的热适应要求反复升高和增加核心温度、皮肤温度以及出汗率。此外，热适应程序的相对成功取决于特异性(主动与被动)和暴露的频率。最理想的是在高温下进行至少60~90min的运动以快速适应，并分配2周的总时间来促进最大适应。此外，一段时间的训练可能在较冷的环境中进行，但建议将睡眠和恢复置于较冷的环境中进行。在高温下训练时，在整个适应过程中，相对强度可由心率控制。在刚开始的热适应阶段，绝对训练强度的下降是很明显的。达到最佳适应环境所需的时间可能有所不同，但大多数适应都在7~10天内发生，其中14天为佳。因此，一般建议在炎热或潮湿的环境条件下在比赛前进行2周的热适应。在热适应之后，所获得的适应性会逐渐衰减，但是速度可能更慢。事实上，大多数适应能力在1~2周后会下降，但一些益处可以维持1个月。因此，在比赛前数周进行初步的热适应训练，可加快其后的赛前训练的适应速度。例如，主要的适应阶段可以在出发前2周内完成，到达比赛场地后需要4~5天的再适应。更可行的方法是在适应环境之前的几周进行适应性训练，然后在整个过程中进行暴露，以保持适应环境。也可以在训练前或训练后加入被动热适应技术，如桑拿和热水浸泡，并持续30~40 min。这种方法利用的是通过训练而提高核心温度，同时还可以进一步提高外界温度。

二、总结

热适应对热和冷的性能都有很大影响。5天或更长时间的热适应会促使运动结束时的心率和核心温度保持稳定的适应性，但是对于训练后没有受热的每一天（即衰变日），这些适应性的损失会降低约2.5%。延长每日受热时间会改善核心温度的适应性。对于出汗率，较长的热适应周期与更可持续的适应性相关。由于可以通过延长每日接触量来增强核心温度的适应性，因此，建议将湿球黑球温度（WBGT）维持在足够高的水平（如30 ℃）以便在出汗方面产生稳定的适应性。

三、建议

在进行热适应训练时应监测最重要的生理变量直至达到稳定状态，可以帮助确定最佳的热适应持续时间。考虑到热适应的个体差异很大，某些运动员在不到10天的时间内即可达到热适应，而其他运动员则可能需要更长的时间。应该保证有足够的休息和冷却，以使生理适应发生。重新适应过程中的适应发生率要比最初的热适应阶段快得多。建议在高温事件发生前的4~5天进行热适应，以达到与完整热适应相似的适应状态。每5天定期暴露1天，可能有助于维持热适应。

记录人：郭子龙　刘晖

谈青少年运动员训练

授课时间： 2019年10月23日

授课地点： 罗得岛大学

授课专家： 谢尔比·唐宁

一、授课专家背景

谢尔比·唐宁是唯一一位执教奥运会男子举重项目的女性。2013 年再回去执教的时候，她发现运动员的动作变化很大。她通过各个途径关注青少年运动，认为通过力量训练可以和青少年更好地合作。她认为很多青少年教练的理念是错误的，应该更新训练理念。

二、训练哲学理念

辅导课程。主要针对青少年教授如何更好地训练。她通过自己做私人教练的经历，让运动员更好地进行力量训练。有家长问，如果让孩子跟随她训练，能提高到什么水平？她回复说："亲爱的史密斯先生，要回复这个问题，我认为要考虑几个因素，总体来说，孩子的动作还可以，这在青少年中很少见，在力量方面也不错，这并不是一个常见的个案。在我给孩子建议后，孩子的动作改进很快，根据我和孩子合作的情况，孩子未来前途会很好。"

她的孩子在越野滑雪表现也不错，但考虑到要成为一个世界级的运动员，她明白前途光明和达到真正的世界水平还有距离。教练和家长会对孩子有很大的影响，在支持她的女儿成为高水平运动员的过程中，他们做了很大牺牲，但是，他们认为应该尊重孩子的选择。

作为指导青少年的教练，最大的阻力是和家长沟通，并得到支持。

在美国，大众更多关注身体健康而忽视心理健康，健康更应该包括心理健康、生理健康和社会适应。体能的构成主要分为两个层次，第一个层次是健康相关体能，主要包括心血管系统耐力、肌肉耐力、肌肉力量、身体成分及柔韧性 5 个方面；第二个层次是技术相关的体能，主要包括灵敏性、平衡性、协调性、爆发力、速度和反应时间 6 个方面。

作为一个力量教练，很重要的一点要理解体能发展金字塔模型。对功成名就的高水平运动员来说，金字塔模型依然是非常重要的。

体能发展金字塔的塔基是一般身体健康及基本运动技能，接着要发展专项体能，进行专项训练，最后开始参与竞赛。

作为一个好的体能教练，必须要将实践经验与科研成果密切结合，要坚定自己的理想信念，不要轻易改变自己坚信的理念。作为一个教练，如果不了解自己的训练理念，就容易见异思迁，很难有所作为。

三、对科学技术的观点

在信息时代成长的运动员，过早进行专项化训练，过早接触手机。当前的孩子在他们很小的时候就开始运动。这是一件好事，对吧？但孩子们比以往任何时候都能成为更好的运动员吗？

青少年专项化训练过早，会对动作完善产生一定的消极影响。因此，青少年运动员不应该过早地进行专项技术动作的训练。

孩子们需要时间运动并在自然的条件下学会基本运动动作。举个例子，在爬树的过程中，多摔跤会长经验，正如“吃一堑，长一智”一样。

现代的儿童面临的问题是：活动的空间越来越小了，现在的孩子除了被动地接受各种各样的训练，剩下的时间，他们更多地选择去玩各种电子产品，比如手机。7 个人中的 6 个人都有手机，因此，科技在一定程度上对青少年有负面的影响。

在训练之外，大部分的青少年运动员都会弯腰驼背看手机，这会影响脊柱的发育。20 世纪 90 年代的青少年运动员不会这样做。

手机会使人上瘾，研究发现，手机上瘾与可卡因上瘾的本质是一样的。孩子们最早接触这些是从学校开始的，为什么家长对此视而不见？在美国大家普遍相信的是，学校老师的态度是正确的。一旦孩子开始用手机，想让他们不用是很困难的。

传统上来说，体能教练的背景都是体育教育专业，但是现在体能教练的背景可能是运动生理学、运动机能学等，所以，对于大众来说，你要找到合适的专家很难，因为大家的背景都不一样。对运动员而言，则需要与某领域非常专精的教练合作。

年轻运动员的目标：过去，运动员都认为制订目标是一个非常有趣的问题；现在，运动员对制订一个目标都怨气十足。现在的研究认为，目标设置得再高，也要落实到过程中。

授课专家与记录人合影

记录人：赵刚　范国平

美国冰球运动的发展模式

授课时间：2019年10月24日

授课地点：超速冰球俱乐部

授课专家：托比

2000年初，美国冰球协会开始进行长时间的研究，探讨发展青少年冰球运动员的最佳方法。美国最佳青少年发展方案，简称ADM。该方案根据年龄分段，建立统一的教学、教练和最佳的发展模式。全美冰球项目需在此模式下开展。

美国冰球协会研究制订了2~21岁的男性和女性在各个年龄阶段敏感期的发展方案，涉及成长、身体和认知3个方面。

授课专家介绍了3种心理学效应。

一是社会心理学的马太效应(Matthew effect)，指强者愈强、弱者愈弱的现象，广泛应用于社会心理学、教育、金融以及科学领域。马太效应，是社会学家和经济学家常用的术语，反映的社会现象是两极分化，富的更富，穷的更穷。

举例：冰球运动中的相对年龄效应，即在上半年出生的孩子，相比后半年出生的孩子，运动表现更好，应该参加更高一级的比赛。

美国冰球协会作为一个组织，希望给更多的人机会，培养目的不是探究哪个年龄段的运动员表现最好，而是去培养更优秀的21岁运动员。

二是皮格马利翁效应(Pygmalion effect)，也译为“毕马龙效应”“比马龙效应”“罗森塔尔效应”“期待效应”，由美国著名心理学家罗森塔尔和雅各布森在小学教学上提出并予以验证。暗示在本质上人的情感和观念，会不同程度地受到他人下意识的影响。人们会不自觉地接受自己喜欢、钦佩、信任和崇拜的人的影响和暗示。而这种暗示，正是让人梦想成真的基石之一。

举例：在冰球运动中，运动员相信教练，教练对运动员的期望在某种程度上会影响运动员。要给运动员信念，激励运动员。

三是加勒提亚效应（Galatea effect），即运动员自信和自我的肯定，要让运动员认识自己、肯定自己，激发出自信。

一、美国冰球协会在不同年龄阶段训练的侧重内容

（一）美国冰球协会的训练

2~4 岁，注重基本运动技能；4~6 岁，选择多个运动项目培养兴趣；6~10 岁，保留 1~2 个喜欢的运动项目；10~13 岁，青少年时期注重敏捷性、灵活性的训练和基本技能，不希望孩子过早地进行专项化训练；14~18 岁，进行专项化训练，再进行增肌、力量、爆发力的练习。

（二）根据不同年龄阶段有不同的训练内容

美国冰球协会根据年龄将青少年训练分为 6 个阶段，即 8 岁以下（U–8）、10 岁以下（U–10）、12 岁以下（U–12）、14 岁以下（U–14）、16 岁以下（U–16）、男子 18 岁以下（U–18）和女子 19 岁以下 [U–19 (Females)]。

二、美国冰球协会教练培训体系

教练的培训等级，从 Level 1 到 Level 5，分为 5 级。

教练的认证考试每年只能升一级，即使是奥运冠军，也需要通过教练等级的考试。

三、美国冰球协会长时间培养产生的结果

（一）美国出生的冰球运动员在北美职业冰球联盟的人数

从 1980 年的 76 人，到 2018 年的 286 人。在 2018 年北美职业冰球联盟（以下简称 NHL）有 1/3 的运动员都是在美国出生的，截止到 2019 年，有 9 个美国运动员在 NHL 选秀中以第一名的身份被选中。

（二）美国冰球运动员的培养模式

（1）渐进式培训。

（2）将运动训练与运动专项训练相结合。

（3）不建议过早分专业。

（4）建立长期的运动员培养模式。

（5）在训练中使用视频技术作为训练辅助工具。

四、教练积极引导的作用

（1）目标提升。

（2）高效。

（3）奉献。

（4）快乐。

五、总结

（1）明白什么是你想要做的。

（2）当有人信任你的时候，你的能量就会被激发。

（3）改变是必需的，当你沿着正确的方向前进，该来的都会来，水到渠成。

授课专家与全体学员合影

授课专家与记录人合影

记录人：郭子龙　刘晖

体育科学的整合、经验和应用

授课时间：2019年10月25日

授课地点：罗得岛大学

授课专家：厄普

美国的各类体育组织为体育科研活动的开展提供了坚实的基础。由于这些体育组织分布广泛，所以美国的体育科学研究有其内在的组织网络，在体育活动中产生深远影响。

比较有代表性的如美国奥林匹克委员会，它的训练中心有3个，分别位于科罗拉多州的斯普林斯、纽约州的普莱西德湖和加利福尼亚州的丘拉维斯塔。又如，美国全国大学生体育协会（National Collegiate Athletic Association）、美国全国橄榄球联盟（National Football League）等，在美国各地均有自己的科研团队，为项目发展提供科技支撑。再如，军队中也会对体能训练进行科研探索。

一、体育科学研究模式

研究机构、大学科研院所和协会等都在进行体育科学的研究，是当今美国体育科研的主体。美国奥林匹克委员会所属的奥林匹克训练中心、美国全国大学生体育协会、美国全国橄榄球联盟，以及美国游泳单项体育联盟等均在体育科学研究中发挥积极的作用。如耐克、阿迪达斯等大公司也有独立的研究机构，这些组织得到各类基金的支持，科研工作有一定的保障。

二、科研优势

纵观美国的体育科学研究，它所表现出来的优势包括：

（1）有利于健康与安全。

（2）稳定持续扩张。

（3）倡导模式。

（4）适应运动队与运动员的柔性。

三、存在的劣势

美国的体育科学研究也存在一些问题：

（1）很多决定取决于球队的政治需求，而非运动员本身。

（2）科研工作改变相对缓慢。

（3）需要大量的基础设施。

（4）需要融合外在知识。

四、科研者如何发挥影响

（1）要有奉献精神（往往是最难的一步）。

（2）找到球队中的关键人物（区分球队中的灵魂人物和普通球员）。

（3）教育（教与学互动）。

（4）有远见（了解运动员的远景预期）。

（5）向前看（不要只关注从前的失败，要明确科研带来的益处）。

五、运动队的科研模式

美国的运动队会配备科研服务人员。一些俱乐部聘请科研人员后比赛成绩显著提高，其他队伍也随之效仿。如费城老鹰队聘请科研教练获得成功后，芝加哥大学也聘请了运动科学家，之后各大学纷纷效仿。这些队伍中的科研人员主要有以下几类。

（1）全职特聘科研人员（专注于最新的运动医学前沿进展、有体育科学背景的科学家，为运动队现状改变做出贡献）。

（2）一般全职科研人员。

（3）双重责任（专项训练）。

（4）合约雇员（特殊服务付费专家，用于短期专项咨询与特殊训练，尤其是当运动队缺乏某领域专家时会短期聘用）。

六、美国英式足球现状介绍

与欧洲国家相比，美国英式足球尚显落后。专家在研究期间发现，曼彻斯特联足球俱乐部（以下简称“曼联”）与当地的大学联系紧密，曼联会为所有的教练提供硕士学历教育。

美国的 24 个运动队中有 9 个运动队有专门的体育科学人才，平均每队只有 1~2 名专家。1/5 的队伍中，专业人士没有本专业领域的教育经历与学位，如一些人拥有的是商业专业背景而非体育专业学历。

球员引进花费了大量资金，球队不再愿意为聘请科研人员出资，如体能教练（球队给体能专家的年薪为 6 万 ~15 万美元）。

一个球队成功运用某种模式，其他团队会争相效仿，如布拉斯球队聘请了体能教练并取得巨大成功后，其他队也纷纷聘请体能教练，老鹰队还专门建立了科研中心。

大多数时候，球队训练的管理责任在于组织者、教练和经理，而他们并非体育科学专家，往往用经验来决定一切，对创新不利。球队上至教练下至球员并非完全依据科学训练，有时甚至会很迷信，一整个赛季都不换下幸运内衣。

有时运动队盲目买入技术设备，但并未了解其用途。事实上，只要球队肯购入设备，这些设备的生产企业，就许诺这些仪器可以做任何事。而事实上并非如此，购买的设备并不能满足运动队的全部需求。

精英运动员的数据往往是离心值，已有数据并不总能对运动员进行预测。精英运动员属个案，表现出的数据处于正态意外状态。因而应该区别对待，不能用一个公式来计算，所以球队应有专家来分析，现有数据中哪些可以借鉴，不可盲相信数据。

美国林林总总的研究机构，研究水平不一，结果也无法令人完全信服。有时候，这些研究机构鱼龙混杂，提供伪科学研究成果。如棒球队被怂恿买下用于高原训练的头盔，训练结果却背道而驰。有时明知道一些球星的训练方法并非科学，但球星的影响力使其得到错误宣传。有时研究机构还会重金请来伪科学家。

七、科研跟队的经验及展望

（1）科研人员要有开放的学习精神。

（2）创造跟队服务的机会，融入运动员中。

（3）对运动员讲明科学原理。

（4）科研人员的个人吸引力很重要：要吸引运动员参与，为不同运动员提供分级的话题；根据运动员的水平差异，给予不同的指导。

授课专家与记录人合影

记录人：魏琦　刘石

参观默西学院　观摩运动队训练

授课时间：2019 年 10 月 28 日上午

授课地点：默西学院

授课专家：戴维

位于纽约州的默西学院是一所国家级私立学院，学院成立于 1950 年，是一所拥有本科及硕士学位点的大学。默西学院有商学院、教育学院、健康与自然科学学院、文学院以及社会与行为科学学院 5 个分院，开设有 90 多种本科生和研究生课程，共有学生近 1 万名。

美国默西学院

默西学院致力于通过营造个性化和高质量的学习环境，为学生提供高等教育，从而使学生为踏上职业生涯做好准备。

默西学院的创新精神在 20 世纪 70 年代广泛传播，当时它通过在整个威彻斯特县和纽约市的社区建立扩展中心和分支校园来扩大其传播范围。这种扩展行为扩大了默西学院对传统学院市场的影响力。

默西学院于 1981 年被授权开设首个研究生课程（护理学），此后，引入了 30 个多样化的研究生课程，默西学院已成为医疗保健专业培训领域的领导者之一，并为纽约市学校及周边社区的教师教育培训提供了领先服务。默西学院在 20 世纪 90 年代将其服务范围进行扩展，其中包括在线课程，并很快获得了在线提供整个学位课程的能力。

默西学院的体育管理是跨学科的，内容涉及体育组织、体育营销、体育交流、体育经济、体育赛事、体育治理、社会体育等。

默西学院致力于为学生提供优质的教学，在教学计划结束之前，学生应该具有能够利用专业概念、方法和管理信息系统，来促进战略规划和决策的能力，并能运用专业知识评估体育管理决策的法律、经济和社会方面的问题。

默西学院对体育人才的培养。学院有足球队、曲棍球队、棒球队、垒球队、排球队、篮球队等。学院招收具有体育特长的学生，并为其提供奖学金，致力于让学生更易获得高品质的综合教育。

观摩默西学院运动队训练

全体学员与默西学院女子垒球队合影

全体学员与默西学院男子篮球队合影

记录人：丁丽玲

从青年体育到职业体育的美国体育趋势

授课时间： 2019 年 10 月 28 日下午

授课地点： 默西学院

授课专家： 戴维

2017 年，美国整个体育产业的估计规模为 5 199 亿美元，美国体育广告公司年度支出为 377 亿美元；全球体育产业的估计规模达到 1.3 万亿美元。

在 2018—2019 年度 10 个联盟球队市值统计中，8 支球队市值呈增长趋势，增长最快的队是 New York Yankees，有两支呈现下降趋势，但总体保持增长。

在 1990—2015 年赛事收视率统计中，2005—2015 年的 10 年间，收视率呈现快速增长趋势，而后出现快速下降趋势，最终接近 1995 年水平。

2012—2018 年，统计显示，美国 6~12 岁儿童体育活动参与率逐年下降，这是一个很让人担忧的现象。

2012 年与 2018 年核心体育活动的人口参与比例均呈下降趋势。据国家高中体育基金会 2017—2018 年度报告显示：2017—2018 年度高中运动的参加人数达到了历史最高，为 7 980 886 人，其中女子为 3 415 306 人，男子为 4 565 580 人。

在男子运动中，足球参与人数获得了最大的增长，增加了 6 128 名参与者。其他增长较快的是越野（3 824 人）、排球（3 767 人）和高尔夫球（2 558 人）。

总体来看，足球（1 036 842 人）在很大程度上仍是高中男孩参与运动的首选项目，户外田径运动是第二名，有 600 097 名参与者，然后是篮球（551 373 人）、棒球（487 097 人）、越野（270 095 人）、摔跤（245 564 人）、网球（158 151

人）、高尔夫球（144 024 人）及游泳和潜水（138 935 人）。

2017—2018 年，连续两年，女子运动参与人数增幅最大，田径增加了 18 426 名参与者，其次是游泳和潜水（4 797 人）、曲棍网兜球（3 431 人）和高尔夫球（3 176 人）。

从参与总人数来看，室外田径仍排女子运动第一位（488 592 人），其次是排球（446 583 人）、篮球（412 407 人）、足球（390 482 人）、垒球（367 861 人）、越野（223 518 人）、网球（190 768 人）、游泳和潜水（175 594 人）和长曲棍球（96 904 人）。

美国青年体育的机遇与挑战并存。

记录人（右一）与授课专家合影

记录人：丁丽玲

从大球场到小球场：危机中的美国英式足球

授课时间： 2019年10月29日上午

授课地点： 默西学院

授课专家： 戴维

一、发展现状

美国英式足球的黄金时期是20世纪20年代，20世纪30年代英式足球在美国公众面前消失，1968年北美足球联盟成立，又一次刺激了英式足球的发展；1977—1981年，宇宙队表现脱俗，贝利等优秀队员都曾在宇宙队效力。1977年，宇宙队到中国进行交流比赛，这次访问对宇宙队非常重要。

但是，20世纪中期，足球在美国消失了。在1994年美国获得世界杯主办权的时候，美国被要求补办足球联盟。这个组织是一个独立的实体组织。当时大家认为宇宙队的消费太高，如球员的工资比较高等，新成立的联盟在工资方面做了调整，降低了费用。原来球员是和队伍签约，现在是和联盟签约。

美国人对自己的足球联盟一度很失望，直到联盟提出了新的想法，即从中分出来一个公司负责营销，这个公司拥有美国男、女足球的销售权，主要是媒体方面的营销权利，正是营销权利拯救了联盟。

二、造成的影响

（1）美国是否遵守国际足球联合会（FIFA）法规。

（2）成本上升，足球参与者减少。美国阿斯彭研究所体育与社会项目执行主任汤姆·法瑞说，与其他任何一项运动相比，足球失去的儿童参与者数量最多，大约有60万人。

付费才能参与体育，这阻碍了美国体育的发展。而在美国的甲级联赛中，不仅要付费，而且还要得到允许。所以，一家俱乐部要参加甲级联赛就要付费。这就造成了排名第15的乙级队可以加入甲级联赛，而排名第一的却进不了。不能加入甲级联赛，俱乐部就要解散，球员由联盟（MLS）分配，因为MLS是作为一个单一实体来运作的。实际上，这个做法违反了国际足联的升级和降级规定。

美国的青少年体育参与率降低，可能归因于付费参与体育。2018年的报告显示，青少年体育参与率降低了10%。青少年认为不好玩，父母的理由是太贵了；价格上涨，球员水平降低，2026年美国世界杯备受质疑。美国高中生体育参与率在增加，2018年，高中生参与足球运动的人数增加，而高中足球不受美国足球联盟管理，美国足球联盟也不允许成员参加高中比赛，所以，美国有将近50万左右的男生踢足球。踢足球的中学生，有5%的学生有机会继续在大学踢足球，只有2.7%的大学生有机会进入美国全国大学体育协会第一等级。

三、体育实体存在的原因

体育实体存在的原因有3点：一是利润；二是促进利润流动；三是赢得比赛。大多数体育实体仅存在其中的一种或两种原因。

授课专家（左二）与记录人合影

记录人：杨冠强 赵俊杰

参观默西学院运动实验室及观摩学校运动队训练

授课时间： 2019年10月29日下午

授课地点： 默西学院

授课专家： 戴维

参观体能训练室

参观运动实验室

观摩默西学院女子篮球队训练

体育分析

授课时间： 2019年10月30日上午

授课地点： 组约大学

授课专家： 文斯·根纳罗

一、体育决策的高财务风险

随着体育商业的发展，数据的价值十分重要，很多重大决定都需要数据分析作为基础。

二、运动分析和球迷参与

（一）运动分析

运动分析有两个作用，分别是运动员的运动表现分析及培养和制定比赛策略。

1. 足球运动分析

足球运动分析主要包括定位球分析、比赛中的策略和球员评价、美国联业足球大联盟（MLS）球队的分析。下图为定位球分析、比赛中的策略和球员评价。

点球和角球分析

比赛中的策略和球员评价

2. 篮球运动分析

下图为篮球运动分析中的三分球分析。

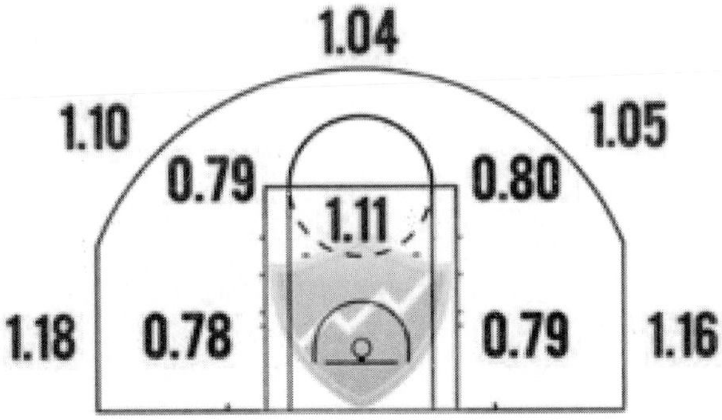

三分球分析

美国职业篮球联赛通过数据分析调整建队策略及比赛策略。

3. 冰球数据分析

在冰球比赛中可以根据数据分析寻求最佳射门位置。通过数据分析发现，冰球射门并不是距离球门越近越好。

4. 一级方程式赛车数据分析

一级方程式赛车的3天比赛中，前两天都需要依赖感应器数据做出调整，如梅赛德斯双子星赛车就具有300多个感应器，包括机油温度、重量等都需要测试。在比赛时，现场分布着30名分析师，在总部还有100名后台数据分析师。

（二）球迷参与：吸引球迷的广泛参与和投入

通过数据分析调整票价定价策略、赛场区域食品售价策略等，以吸引球迷参与。数据分析还涉及比赛日停车、安全保卫、电子标志、商品销售等方面。

总之，数据的分析和收集对任何一家体育公司都起到了十分重要的作用。

记录人：刘亮　杨成波

科研成果交流

山东省场地自行车长距离组专项运动能力测试评估报告

山东省体育科学研究中心　蔡成法

一、目的意义

自 2000 年悉尼奥运会以来，自行车项目的世界格局发生了巨大变化，英国在备战奥运会的过程中，实施奥运精英计划，加大了对自行车项目的训练规律研究，深入研究了骑行技术、器材、运动能力评估、减阻等方面的影响因素，经过多年的发展，英国自行车项目在奥运赛场上一直处于霸主地位。以场地男子长距离组为例，英国把成绩提高到了 3 min53 s 左右，并一直统治了近 5 年时间。随着训练科学化水平的提高，澳大利亚队把场地男子长距离组成绩提高到了 3 min48 s 左右。反观中国，男子自行车运动成绩离世界水平还有较大差距。在影响成绩的众多因素中，个体运动能力是根本因素，所以，对运动能力的评估显得尤为重要。通过科学的测试评估，既可以发现运动潜力，又能评价阶段性训练效果，还能找出专项运动中的能力短板，为自行车运动训练提供科学支撑。

根据国家体育总局“世界眼光、国际标准、中国特色、高点定位”的奥运备战工作要求，结合山东省体育局“以奥运促全运”的战略布局，山东省自行车项目瞄准世界水平，开展奥运会和全运会的备战工作。在 2019 年冬训之前，山东省体育科学研究中心对场地自行车长距离组的 24 名运动员实施了专项运动能力评估，旨在摸清运动员目前的能力状况、评估夏训训练效果、寻找能力不足之处，为冬训训练计划的制订与总体训练安排提供数据支持。测试过程中，聘请了乌克兰体育大学国家重点实验室的教授为指导专家。在冬训前的测试评估过程中，既发现了一批具有较大运动潜力的年轻运动员，又对重点运动员专项能力上存在的不足进行了量化评估，为下一步的专项训练指明了方向。

二、测试时间、地点与团队

测试地点：山东省体育科学研究中心能力评估实验室。

测试时间：2019 年 9 月 27 日—28 日。

测试团队：山东省体育科学研究中心工作团队 6 人、乌克兰体育部国家重点实验室工作团队 2 人。

三、测试评估设备

（1）德国“JAEGER”便携心肺功能仪。

（2）德国“CYCLUS”自行车训练台。

（3）德国“EKF”台式乳酸仪。

四、 测试方案

Test–1 有氧热身测试 初始功率：130 W（男） 100 W（女） 持续骑行 6 min 额定转速：100 r/min
休息 1 min
Test–2 负荷递增阶梯测试 每 2 min 功率递增 30 W，直至运动员不能维持额定转速 初始阶梯功率：130 W（男） 110 W(女) 额定转速：100 r/min
休息 7 min，第 3、5 测定血乳酸
Tet–3 极限测试 手动设定骑行功率，维持额定转速 100 r/min，直至运动员不能维持额定转速
第 3、5 min 测定血乳酸

测试分为三部分。

第一部分为有氧热身测试。通过 6 min 低强度有氧骑行，评估运动员从静息到有氧状态的能力，男运动员要求功率为 130 W，女运动员要求功率为 100 W。通过此阶段的持续骑行可以让运动员调整自身状态，克服生理惰性，更好地进入耐力、无氧测试。

第二部分为负荷递增阶梯测试。针对男、女运动员设置不同的初始功率，男运动员初始阶梯功率为 130 W，女运动员初始阶梯功率为 110 W，之后每 2 min 以 30 W 的功率递增，直至运动员不能保持在阶梯对应的功率为止。此部分测试的主要目的是，通过递增负荷对运动员的无氧阈和最大摄氧量进行评估，并记录无氧阈和最大摄氧量对应的功率、心率及骑行速度。

第三部分为极限测试。通过之前的阶梯测试，监测到运动员最大摄氧量所对应的功率，经过休息让运动员的心率恢复到有氧状态，再进行一次最大摄氧量对应功率持续骑行，从生理状态上模拟了自行车运动后半程的强度和疲劳状态。通过极限骑行来对运动员后半程的抗疲劳能力和无氧维持能力进行评测。

在该测试模式中，针对场地自行车长距离组的比赛特点，对运动员的专项能力和潜力进行全面评估，并对自行车运动至关重要的最大摄氧量和有氧、无氧能力进行评估。针对部分运动员的气体检测数据进行深入分析，评估夏训阶段的训练效果和运动潜力，寻找运动员专项运动能力的短板，制定冬训科学化训练方案。

五、测试结果

通过测试获得了山东省场地自行车长距离组男子和女子运动员的有氧阈及其对应功率和心率、无氧阈及其对应功率和心率、最大摄氧量绝对值、相对最大摄氧量、最大摄氧量乳酸值、最大摄氧量对应的功率和心率、最大摄氧量功率的维持时间和最大乳酸值。通过这些测试数据，可以对参加测试的运动员的有氧能力、无氧能力及疲劳状态下的保持能力进行客观、精准的评价，并针对运动员存在的运动能力短板出具相应的改善训练建议。具体测试数据如下所示。

（一）场地男子长距离组测试数据结果

场地男子长距离组测试数据结果见表 1 和表 2。

表 1 场地男子长距离组最大摄氧量测试结果

序号	姓名	体重 / kg	身高 / cm	有氧阈功率 /W	无氧阈功率 /W	最大摄氧量绝对值 /（L/min）	相对最大摄氧量 /（mL·kg^{-1}·min^{-1}）	最后一级功率 / W	乳酸 A /（mmol/L）
1	陈诚实	72	184	200	250	4.0	55.6	350	10.54
2	崔龙	73	176	0	0	4.2	57.5	390	7.61
3	刘城志	70	183	210	270	4.4	62.9	360	8.56
4	李佳成	80	192	180	240	3.9	48.8	360	5.63
5	刘浩	75	180	210	300	3.7	49.3	390	5.76
6	郭凯	77	184	180	240	3.9	50.6	360	5.18
7	伊耀祖	70	180	180	270	3.8	54.3	360	8.78
8	孙海蛟	80	190	210	300	4.4	55.0	420	9.24
9	程廷壮	74	182	180	210	0	0	330	5.09
10	魏锡钢	78	180	0	240	3.7	47.4	360	12.28
11	王绪坤	72	189	180	240	3.9	54.2	360	6.53
12	邱振涛	80	188	270	300	5.0	62.5	420	12.97
13	赵鹏程	71	178	160	270	3.3	46.5	330	5.61
14	岳泽帅	74	183	180	240	3.8	51.4	330	8.87

表 2 场地男子长距离组最大摄氧量功率维持阶段测试结果

序号	姓名	最大摄氧量功率 /W	维持阶段最大摄氧量 /（L/min）	维持阶段相对最大摄氧量 /（mL · kg^{-1} · min^{-1}）	维持时间	最大乳酸 / (mmol/L)
1	陈诚实	350	4.1	56.9	3 min38 s	15.44
2	崔龙	360	4.3	58.9	3 min48 s	10.01
3	刘城志	330	4.2	60	5 min	10.92
4	李佳成	360	3.9	48.8	2 min50 s	6.47
5	刘浩	330	3.7	49.3	5 min20 s	8.09
6	郭凯	330	4.0	51.9	5 min5 s	5.03
7	伊耀祖	330	3.8	54.3	5 min20 s	10.75
8	孙海蛟	360	4.3	53.8	4 min50 s	10.47
9	程廷壮	300	3.6	48.6	6 min30 s	7.10
10	魏锡钢	330	3.7	47.4	2 min	13.83
11	王绪坤	330	4.0	55.6	5 min	10.11
12	邱振涛	390	4.9	61.3	2 min25 s	15.28
13	赵鹏程	300	3.9	54.9	3 min6 s	6.71
14	岳泽帅	330	4.0	54.1	2 min55 s	8.91

（二）场地女子长距离组测试数据结果

场地女子长距离组测试数据结果见表 3 和表 4。

表 3 场地女子长距离组最大摄氧量测试结果

序号	姓名	体重 / kg	身高 / cm	有氧阈功率 /W	无氧阈功率 /W	最大摄氧量绝对值 / (L/min)	相对最大摄氧量 /（mL · kg^{-1} · min^{-1}）	最后一级功率 / W	乳酸 A/ (mmol/L)
1	张虹洁	67	175	130	220	2.9	43.3	280	6.15
2	于晓晓	70	175	190	230	3.7	52.9	310	8.07

续表

序号	姓名	体重 / kg	身高 / cm	有氧阈功率 /W	无氧阈功率 /W	最大摄氧量绝对值 / (L/min)	相对最大摄氧量 / （mL·kg^{-1}·min^{-1}）	最后一级功率 / W	乳酸 A/ (mmol/L)
3	王素素	54	167	130	160	2.6	48.1	280	10.37
4	王晓月	63	170	130	190	3.0	47.6	280	6.90
5	巩现冰	60	165	130	190	3.0	50.0	250	10.42
6	胡晓晶	54	168	130	160	2.7	50.0	250	5.06
7	李慎莲	60	167	130	190	3.1	51.7	250	6.16
8	王文琳	70	177	130	190	3.2	45.7	280	11.34
9	赵晓悦	68	163	130	190	3.4	50.0	280	8.87
10	王雅茹	55	163	130	160	2.7	52.7	220	3.49

表 4 场地女子长距离组最大摄氧量功率维持阶段测试结果

序号	姓名	最大摄氧量功率 /W	维持阶段最大摄氧量 /(L/min)	维持阶段相对最大摄氧量 /（mL·kg^{-1}·min^{-1}）	维持时间	最大乳酸 / (mmol/L)
1	张虹洁	250	2.9	43.3	1 min54 s	6.24
2	于晓晓	310	3.4	48.6	3 min17 s	8.44
3	王素素	280	2.6	48.1	3 min20 s	12.09
4	王晓月	250	3.0	47.6	4 min56 s	9.14
5	巩现冰	250	2.9	48.3	3 min22 s	14.03
6	胡晓晶	220	2.7	50.0	3 min20 s	6.50
7	李慎莲	250	3.2	53.3	6 min30 s	12.3
8	王文琳	250	3.1	44.3	5 min	14.24
9	赵晓悦	250	3.8	55.9	4 min43 s	10.86
10	王雅茹	220	2.9	52.7	6 min23 s	7.22

六、有氧及无氧能力评价

（一）场地男子长距离组评价

山东省场地自行车长距离组总共 14 名男子运动员参加了测试，专项能力相对较好的是邱振涛，各项指标都比较优秀，接近国家级高水平运动员的标准。场地自行车国家级高水平运动员的特征为：在负荷递增和极限测试中，运动员的最大摄氧量都很高。在极限测试中达到的最大摄氧量不应该低于负荷递增过程中达到的最大摄氧量。达到最大摄氧量后运动员应该继续完成下一个负荷阶梯，并且极限测试后运动员的血乳酸值会提高 3~4 mmol/L 或更多。邱振涛的相对最大摄氧量为 62.5 $mL \cdot kg^{-1} \cdot min^{-1}$，最大摄氧量对应的乳酸和高功率维持后的血乳酸分别为 12.97 mmol/L 和 15.28 mmol/L，其有氧能力和无氧能力均达到了国家级一流水平。但邱振涛的高功率维持时间只有 2 min25 s，未达到国家级一流水平。刘城志的有氧供能水平接近国家一流运动员水平，但无氧供能水平较差。排除测试过程中未达到力竭状态等因素，其他队员的无氧能力、有氧能力及高功率维持能力均与国家一流运动员水平有一定差距，需要进行针对性专项能力改善训练。

针对以上测试评价结果，给出以下训练建议。

（1）最大摄氧量功率维持时间较短者：在最大摄氧量区间进行专项耐力训练，可以分为 12 min、8 min、6 min 3 组，分别对应进行 4 次、6 次、8 次训练，心率在 3~5 min 内恢复到 120 次 /min 后进行下一组训练。

（2）无氧能力较差者：在无氧阈区间进行 12 min、16 min、20 min 的训练，对应次数分别为 8 次、6 次、4 次，心率在 3~5min 内恢复到 120 次 /min 后进行下一组训练，每组结束后还需进行 30~40 s 的冲刺训练，以提高无氧功率，进行 60~90 s 的冲刺训练以提高无氧容量；在进行一段时间的无氧阈能力训练后，开始进行阶段性的最大摄氧量强度训练，可以分为 12 min、8 min、6 min 3 组，分别对应进行 4 次、6 次、8 次训练，注意心率在 3~5 min 内恢复到 120 次 /min 后开始下一组训练。

（二）场地女子长距离组评价

山东省场地自行车长距离组总共 10 名女子运动员参加了测试。综合分析 10 名运动员的最大摄氧量、最大摄氧量功率、血乳酸值、最大摄氧量功率维持时间等指标，发现巩现冰和王文琳综合能力在队内相对较好，其无氧能力属于国家级高水平，但其有氧能力和高功率维持能力均与国家级高水平运动员有较大差距。于晓晓、李慎莲、赵晓悦，她们有氧供能水平接近高水平运动员，无氧供能水平较差。王雅茹、王晓月、胡晓晶、张虹洁综合能力较差，各项能力均需进一步提高。

针对以上测试评估结果，具体训练建议如下。

（1）对李慎莲、于晓晓、赵晓悦的训练建议：分别采用无氧阈对应功率、心率及速度监控训练强度，训练可分为：12 min、16 min、20 min 3 组，分别对应进行 8 次、6 次、4 次训练，心率在 3~5 min 内恢复到 120 次 /min 时进行提高无氧功率的冲刺 30~40 s 训练。

在最大摄氧量区间进行专项耐力训练，可以分为 12 min、8 min、6 min 3 组，分别对应进行 4 次、6 次、8 次训练，心率在 3~5 min 内恢复到 120 次 /min 后再进行下一组训练。

（2）对巩现冰、王文琳的训练建议：结合无氧阈区间进行训练，可分为 12 min、16 min、20 min 3 组，分别对应进行 8 次、6 次、4 次训练，注意结束后让心率在 3~5 min 内恢复到 120 次 /min 后再进行下一组训练。训练中用无氧阈对应的心率、功率和速度来监控训练强度。

在最大摄氧量区间进行专项耐力训练，可以分为 12 min、8 min、6 min 3 组，分别对应进行 4 次、6 次、8 次训练，注意每组训练结束后让心率在 3~5 min 内恢复到 120 次 /min，在结束阶段增加一个 60 s 冲刺（重复最大次数），结束后再次让心率恢复到 120 次 /min。训练过程中用最大摄氧量对应的功率、速度及心率监控训练强度。

（3）对整体能力较差运动员的训练建议：对于整体能力较差的队员，要全面提高有氧、无氧及耐力水平。训练分阶段进行，第一阶段在有氧阈区间训练两周，以有氧阈对应的功率、速度和心率监控训练强度；第二阶段训练中，有氧阈训练占比 20%~30%，无氧阈训练占比 70%~80%，共 4 周，期间分别用有氧阈和无氧阈对应的功率、速度和心率监控训练强度；第三阶段为无氧阈配合力量和速度训练，共 4 周；第四阶段为最大摄氧量训练，共 8 周，分为 12 min、8 min、6 min3 组，对应进行 4 次、6 次、8 次训练，每组训练后让心率在 3~5 min 内恢复至 120 次 /min 后再开始下一组训练，采用最大摄氧量对应功率、速度及心率实施训练强度监控。

健身气功科研与思考

国家体育总局健身气功管理中心　丁丽玲

一、项目发展背景

健身气功是以自身形体活动、呼吸吐纳、心理调节相结合为主要运动形式的民族传统体育项目，是中华民族的传统文化瑰宝，是我国正式开展的第62个体育项目，承载着中国人的思维方式和生活态度，健身气功以其丰厚的传统文化底蕴、深邃的健身养生智慧，在全民健身和健康中国建设中描绘出浓墨重彩的一笔。

2001年国家体育总局健身气功管理中心（以下简称“健身气功管理中心”）成立后，以“讲科学，倡主流，抓管理”为总体思路，把科学研究作为健身气功事业砥砺前行的基石。健身气功的前身是中国古代导引术，传承延绵数千年，这里面有精华也有糟粕，如何去伪存真，让安全、有效的健身气功功法服务大众就成了当务之急。

自2001年开始，健身气功管理中心组织体育、医学等相关领域的众多专家学者，在挖掘整理优秀传统气功功法的基础上，严格按照科研课题方式，编创了大家喜闻乐见的易筋经、五禽戏、六字诀、八段锦等11套健身气功功法，与之相适应的各类培训、赛事、交流活动等在国内外蓬勃开展。与此同时，健身气功科研基础性工作也积极展开。

二、科研整体情况

（一）以科学研究带动项目发展

多年来，健身气功管理中心始终把“讲科学”贯穿项目发展和管理工作的始终，积极承担多项国家体育总局科研课题，如《健身气功习练者现状的调查研究》《健身气功活动站点现状的研究》《关于健身气功科学理论基本框架的研究》《编创健身气功新功法》《编创健身气功明目功及其效果研究》等。同时，每年还面向社会公开招标科技攻关项目，积极调动社会各界力量为健身气功事业发展提供科技支撑，并陆续推出了一批有价值的研究成果。据不完全统计，健身气功管理中心已陆续编撰出版《健身气功·易筋经》《健身气功·五禽戏》《健身气功·六字诀》《健身气功·八段锦》《健身气功·太极养生杖》《健身气功·导引养生功十二法》《健身气功·十二段锦》《健身气功·马王堆导引术》《健身气功·大舞》《健身气功·明目功》《校园五禽戏》《健身气功社会体育指导员培训教材》《走进健身气功》《健身气功二百问》《四种健身气功健身效果的研究》《健身气功导论》《健身气功发展史》《健身气功七日练》《健身气功论文集锦（2004—2013 年）》等数十本健身气功专著，对弘扬中国优秀传统文化、倡导科学文明健身、推动健身气功项目发展具有重要价值。

举办形式多样的学术活动，通过学术交流和思想碰撞，可以激励更多领域的专家学者关注和参与健身气功科学研究，推动健身气功科研工作再上新台阶、再出更多新成果。近年来，健身气功管理中心累计举办 7 届中国健身气功科学论坛和 4 届世界健身气功科学论坛，有效地提升了健身气功的学术地位，团结了一大批各领域的科研骨干力量。

（二）国外健身气功研究现状

在《气功在国外近 30 年的研究热点与内容分析》一文中，上海体育学院史海洋以 1986—2017 年 Web of Science™ 核心合集中所收录的 190 篇气功文献为研究对象，使用 CiteSpace V 可视化分析工具，绘制相关科学知识图谱，运用定性与定量的方法进行分析，解读国外学者对中国气功研究的发展进程与结构关系，提出国外学者近 30 年的气功研究进程及重点、热点问题。

总体而言，1986—2017 年国外气功研究稳步发展，年发文量呈现递增趋势，如 2012 年发文量达到 18 篇；1986—2017 年间美国发文量最多，为 107 篇；*Journal of Alternative and Complementary Medicine* 期刊载文量最多，达到 27 篇；气功与预防老年人跌倒、改善生活质量等领域的研究是美国太极拳研究的热点，对抑郁症、长期疼痛、压力等的干预是国外健身气功研究的前沿。形成了气功与生活质量、姿势控制、精神健康三个知识群，研究层次分明，且逐步加深。可以看出，国外气功研究正逐步被医学领域所接受。

（三）国内健身气功研究现状

西安体育学院郭雪飞在《近 10 年我国体育期刊健身气功科研现状的分析》中指出，2004—2013 年的 10 年间发表在体育核心期刊的健身气功论文数量为 70 篇，仅占 359 篇论文总数的 19.5%；基金资助论文占比为 4.18%，研究主要集中在身体机能、推广普及，以及高校课程设置上。北京体育大学韩晓明在《健身气功科研论文中文期刊发表现状的研究》中，以中文期刊发表的健身气功科研论文为研究对象，梳理总结出中文体育核心期刊共刊发 36 篇健身气功科研论文，其中，生物学研究 14 篇，占总核心论文的 38.9%，居首位；最少的是体育人文社科研究，只有 1 篇；历史学、生物力学、心理学等其他研究方向的研究均有不同数量。目前，健身气功体育人文社科研究的研究层次浅显，观点不够新颖，多是现状性研究，不利于健身气功学术水平提升。

可以看出，国内健身气功核心期刊以生物学、医学康复领域居多。例如，刘晓蕾等人在《健身气功锻炼对帕金森患病者的疗效观察》一文中，通过两年的跟踪研究，得出健身气功锻炼可改善轻、中度帕森病患者运动功能，尤其是患者的平衡能力、手眼协调能力，值得临床推广。杨柏龙等人研究得出结论：女性在习练八段锦 3 个月后雌性激素雌二醇有明显增加，男性习练八段锦 6 个月后主要雄性激素睾酮含量显著提升；与此同时，男女习练者的外周血中超氧化物歧化酶（SOD）活性明显得到改善，过氧化脂质的主要降解产物血清丙二醇（MDA）的含量得到明显控制，对于缓解中老年人机体衰老具有明显积极作用。虞定海等研究得出：练习五禽戏 6 个月可提高受试者自然杀伤细胞（NK

细胞）活性、影响中老年人外周血 T- 淋巴细胞亚群的分布、对外周血 T- 淋巴细胞产生了积极影响，从而调节机体免疫平衡。健身气功是通过功法练习，达到身心健康状态，通过生物学和心理学可视化指标研究，使习练者客观认识习练功效，对于健身气功科学化推广普及具有推动作用。

三、相关思考

健身气功与中医一起被视为中国传统科学的典型代表，它是以一定功法实践为基础的知识体系。健身气功的实践基础主要是古人大量功法锻炼的身心体验，基础理论涉及中国传统医学、哲学及儒释道等多家学说。健身气功作为一种建立在自我实践基础上的应用科学，学者们对它的研究一直以来没有停止过。当今形势下，出现了两种研究趋势：一种是质疑现代科学分析方法的有效性，转而强调在古代哲学语境下继续进行经验性的总结探索；另一种是习惯于运用西方科学的观点进行思考，无视中国传统科学中整体观思维的研究优势。目前，健身气功科学研究面对的最大挑战是，如何运用现代科学中适应项目特点的研究思路、方法和手段，解析自身的科学内涵，以实现与现代科学的深度对话以及传统文化最广泛的传播。对此，有以下几点思考。

第一，借鉴现代科学思维方式。健身气功项目有中国传统文化典型的思维特点，有系统整体特点，也有经验传承特点。优秀的健身气功科研成果是建立在分析、再分析的基础上的。为此，亟须借鉴现代科学思维方式，并进入整体科学体系中，才能深入挖掘其科学内涵，真正实现科学可持续发展。

第二，甄选研究方法与指标。健身气功源于中国古代导引术，有其独特的健身养生效果，科学研究就是要证实这些效果。在这个不断证实的过程中，甄选符合健身气功项目特点和规律的研究方法指标，是解决问题的核心，这就像找对开锁的钥匙，打开传统通往现代的桥梁，让优秀传统养生文化更好地与现代科学对话。

第三，大数据应用研究。健身气功有着很强的项目吸引力，受众群体可以十几年如一日地练功。有研究表明，习练健身气功能明显节省医疗费用。在健身气功几百万练功群体中，若运用大数据研究，将能更客观、更全面地反映项目优势，使健身气功在推进健康中国的进程中发挥更大作用。

对西藏体育科研的探讨

西藏自治区体育运动技术学校　范国平

学校的科研工作是教育教学工作的重要组成部分，扎实地完成各项任务，有利于教学工作的开展和教育事业的可持续发展，有利于提高教师的整体素质。西藏自治区体育运动技术学校（以下简称“学校”）每年都积极配合各级教育科研机构的工作，将教育科研工作纳入学校常规管理进行考核。积极立项和申报课题，定期交流，鼓励教师合作研究、撰写论文，制定了鼓励和奖励措施，取得了良好的效果。

一、科研整体思路及做法

以本校教研为依托，以教学科研为先导，以课题研究为引领，以师生的发展为出发点和落脚点，不断探索科学训练规律，提高科研质量，增强科研工作的实效性。

（一）认真组织好各类项目的申报工作

学校在组织各类项目的申报工作中，积极动员和鼓励教师进行科研项目的申报，提高申报项目的质量。

（二）加大科研团队建设力度

通过引进高水平人才，整合科研群体，充分发挥学科优势，积极开展科研团队建设。同时，结合学校实际情况，整合各方面资源，加大科研团队建设力度，制定一系列的政策和制度。

（三）教育科研意识的培养

要搞好教育科研，首先必须有较强的科研意识。①转变观念，提高教师科研意识。强调科研的意义，指出现代社会要求教师必须搞好科研，并把科研工作纳入教师量化管理，改变教师过去的看法，增强科研意识。②提高教师素质，增强教师科研意识。要求教师对自己所从事的事业能自觉地去追求探索和研究。同时，利用学校的图书、网络，对教师进行科研能力的培养。③以骨干教师的言传身教，带动全体教师提高教科研意识。

（四）从物质上和精神上为搞科研的教师开绿灯

教师搞科研，不是一帆风顺的，教师在科研工作中会有这样或那样的困难，如资料不足、物力短缺、心理压力大等。学校需要给予他们物质上和精神上的支持，给他们创造优越的工作环境，鼓励教师积极撰写科研论文，进行教学经验总结，更好地发挥他们的主观能动性和工作积极性。

（五）科研管理上新台阶

在科研管理工作中，学校认真完成科研管理的日常工作，提高工作效率，使科研管理水平更上一个台阶，为提高科研成果质量，对已发表论文、申报科研项目等的教师进行奖励，并制定了相应的奖励政策。历年来，学校非常重视教师的科研工作，定期组织教师学习科研知识，多次组织教师交流经验，鼓励教师把自己的经验写成论文。另外，我们还重视发挥青年教师的积极性，以老带新、新老结合开展教育科研，有意识地培养青年教师成为科研的骨干。

（六）立足长远发展，制定中长期发展计划

学校教师共同探讨了未来几年的技术需求，确定了今后几年技术开发的方向，制定了详细的科研项目运行计划，以不断提高未来几年的核心竞争力。

（七）创新科研体制，激发技术干部工作热情

近几年来，我们结合本单位实际，从科研体制创新入手，仔细研究，反复酝酿，为人才成长创造了宽松环境和有利条件，充分激发和调动广大科研人

员的积极性和创造性。

（八）采取积极措施，努力培养各类人才

搞好专业技术人才的培训与培养。制定中长期人才培养计划，本着“干什么，学什么”的原则，有计划、有选择地输送培养对象。

做好人才的交流与沟通工作。针对规划设计工作急需的高素质专业人才和具有实际工作经验的科研骨干，采取“走出去”的办法，充分发挥他们的特长，让一些技术素质过硬、实际经验丰富、创新意识突出的技术骨干，参与其他单位的项目，经过实践取得可喜的成绩；对专业技术人员，尽量按其所学专业进行配置，让他们学有所用，用有所长。

（九）加强科技服务与保障，普及体育科技知识

开展科技服务与保障工作，进一步做好此项工作，保证科技服务的积极性、及时性、针对性、有效性、科学性。对各项工作进行落实与贯彻，并根据重点项目、重点运动员以及运动队的具体情况，对科研人员进行明确分工，责任到人。根据不同群体的需求，利用讲座、咨询、体质监测、展板、横幅等形式，有针对性地开展科技服务与咨询、监测活动。对优秀运动员开展“加强科学训练，提高竞技运动水平”为主题的知识讲座以及科研监控、机能评定等。一方面，普及宣传了科学健身知识，使广大群众科学健身的理论知识和意识得到进一步提高，并通过体质测试服务使在场群众了解到自身的体质状况，切实感受到科学健身的重要作用，提高参与体育锻炼的主动性；另一方面，让科技成果惠及广大人民群众，为进一步形成“崇尚科学、热爱科学、学习科学”的良好局面，构建和谐社会营造良好的氛围。

（十）加强特殊行业科技服务，创新科研思路与途径

与竞技体育以外的特殊行业的合作，是体育科研的创新和突破，拓宽了体育科学训练与研究的领域，同时对科研人员来说提出了更高的要求，更是一种新的挑战，需要我们更加广泛地学习和研究不同领域的科学训练知识，不但为竞技运动、群众锻炼提供科学指导，也为我们今后研究高原武警官兵和高原

军事训练等特殊行业，提高官兵专项技能和体能以及高原低氧环境下的战斗力等方面开辟了新的思路与途径。

（十一）加强高原训练研究，探索高原训练规律

高原训练研究旨在探讨与总结不同海拔地区运动员体质状况和特征性差异，探索平原人群在低氧环境居住、生活以及运动员在低氧环境下科学、有效地进行训练，并进一步提高运动成绩的方法和手段。通过研究明确适宜进行高原训练的运动员的选材指标以及探索高原环境增进大众健康的健身方法和手段。

（十二）加强学术交流，推广科研成果，积极开展重点课题研究

在适当的时候开展竞技体育的交流，在运动项目、训练条件、后勤接待等条件对等的情况下实现运动员互访训练，相互交流经验和技能，以共同提高竞技体育水平。通过学术交流，了解专业领域最新的研究成果、技术方法和发展动态，开阔眼界、拓展思路，提高业务水平。这对促进西藏体育科研水平，培养科技人才，加强国际合作与交流，开拓科研思路与理念，立足国际视野把高原训练理论和实践提高到一个新台阶，进而为推动高原训练的发展提供强有力的科技支撑。

进一步加强对外交流合作研究，共同探讨高原训练的机理以及人类低氧适应的问题，并加强专业技术人才的培养，提高科研水平。

（十三）做好体质监测，服务全民健身

根据西藏国民体质监测工作的要求，学校应配合西藏自治区体育科学研究所技术人员做好培训、指导检查以及数据统计上报等工作。

（十四）采用多种方式对教师进行培训

为了提高教师教科研的水平，我校对全体教师进行了多种形式的培训，培训的方式有：学校安排进行学科培训；利用网络资源，组织教师进行教育科研。

（十五）建立奖励机制，促使教师向科研型转化

为了激励广大教师积极投身教育科研，学校完善了教育科研奖励制度，对论文发表、获奖、学术交流、辅导学生等教育教学成果均有奖励措施。

及时收集、反馈市级以上各级、各类报刊的征文、论文竞赛等信息，着力组织教师参赛、投稿，并推荐发表。

二、存在的不足及建议

（1）资金投入不足。因各方面原因，造成学校的资金紧张，因此，在教育科研的资金投入方面，有很大的缺口。

（2）认识不到位。很多教师在认识上，将科研看成写篇论文，缺少深入实际的过程性研究，与教育教学工作的实际相脱离，研究与实践脱节。在研究的能力上还不强，不知道如何去研究，欠缺研究的方法。另外，研究氛围不浓，缺少主动研究的意识，现有的“研究”也往往是简单的应付，所以很难出成果。对改进教育教学工作，提升学校办学质量，帮助不大。这种状况不改变，将制约着教师的专业发展，影响到学校办学质量的提升。

（3）缺乏专业引领。缺乏相关领域的专家，教师提出的种种问题不能及时解决，缺乏相关领域的权威，教师开展的课题立项不能及时把握方向。

（4）近几年通过为各运动队提供科技服务与保障，积累了一定的知识与经验，但由于高层次科技人才缺乏，科技服务大多还停留在科研测试水平上，还不能有效地指导高原训练。

（5）科研人员的研究能力和指导训练实践的能力不强，还需进一步加强和培养。

（6）在项目成果转化上，有些项目成果还有待于加强推广和应用。

（7）科技人才队伍存在潜在的危机。整体结构还不尽合理，技术干部年龄老化。

（8）科研管理工作需进一步加强。各项科技服务与保障不能较好地结合运动训练，监控运动量的指标不完善，运动强度的监控相对薄弱，需进一步研究监控运动强度的简易指标。

三、今后设想

（1）继续强化教师的科研意识。

（2）加强培训，提高教师的科研能力。

（3）进一步提高教育科研工作的规范性。

（4）创设环境，使教育科研成为学校发展的助推器，解决实际问题，促进教师专业发展。

（5）目前，存在的诸如科研成果数量偏少，高水平论文和高级别项目少，平台建设水平不高等问题，都有待在以后的工作中逐渐完善和提高。

慢性踝关节不稳研究报告

北京体育大学　高颀

一、问题的提出

（一）研究背景

竞技体育水平一直是体现国家实力与地位的因素之一。中国，作为一个体育大国，在奥运会及世界级大赛中都占据着极为重要的席位。世界范围内，在举国体制方针的指导下，中国无论在高水平运动员的数量还是参与运动项目的数量上，都占据巨大优势。在众多影响运动员竞技表现的运动损伤中，踝关节扭伤是最为常见的，也是涉及项目最广的。随着《“健康中国 2030”规划纲要》的逐步实施，越来越多的普通人开始参与体育运动。但由于缺乏科学专业的指导，运动爱好者的损伤率也越来越高。运动损伤不仅降低了人们的运动能力，还不断影响着日常生活。在大众体育中，跑步及足球、篮球等球类运动是参与度最高的，同时也是最容易发生踝关节扭伤的项目。调查显示，踝关节扭伤占所有运动损伤的 30%，除人数众多外，损伤的人群中仍会有 42%~80% 的人遗留后遗症，包括身体疼痛、关节不稳、反复扭伤及功能能力降低等，而具有这些症状及障碍的人群即为慢性踝关节不稳人群。与急性扭伤相比，慢性踝关节不稳在个体层面上，会给患者带来竞技水平降低、生活质量改变及运动心理障碍等一系列问题；在社会层面上，患者反复就诊会增加国家医疗负担、降低顶尖运动员的比赛成绩及打击体育爱好者的运动热情等。

（二）研究内容

1965年弗里曼首次对有踝关节损伤史的患者进行临床指标测量，发现踝关节韧带扭伤后会遗留长期单腿平衡能力不足的问题。弗里曼认为这是踝关节损伤后神经信号传导改变所致，并将这类患者定义为功能性踝关节不稳。继1965年后，相关研究逐渐增加，但那时对于慢性踝关节不稳的认识只停留在功能性不稳及感觉运动控制缺失方面，关于慢性踝关节不稳人群间是否存在损伤差异及该人群感觉不稳及功能表现下降的内在原因尚未明确。

2002年赫特尔发表了一篇慢性踝关节不稳分型的研究，极大地推进了慢性踝关节不稳领域的发展。赫特尔发现慢性踝关节不稳人群的损伤因素并不是单一的，且主要分为两种类型，即除了弗里曼提出的功能性踝关节不稳外，还包括机械性踝关节不稳。其中导致机械性踝关节不稳的原因有关节病理性松弛、关节动力学损害、滑膜炎及关节退行性改变，而导致功能性踝关节不稳的原因包括本体感觉缺失、神经肌肉控制不足、力量缺失及姿势控制能力不足，并提出同时患有功能性踝关节不稳和机械性踝关节不稳的人会发生踝关节的再次及反复扭伤的观点（见图1）。这是首次对慢性踝关节不稳进行定义的尝试，同时依据各亚组不同的病理因素，该分型为慢性踝关节不稳人群的研究及临床治疗提供了更为全面的理论依据。在赫特尔分型的指导下，慢性踝关节不稳领域的研究开始了对慢性踝关节不稳损伤特点及内在原因的探索，多数研究一致表明：急性踝关节扭伤在组织愈合后，仍存在多种可能导致慢性踝关节不稳的潜在因素（机械性、神经肌肉控制、功能性或感觉方面的缺失）。

随着文献研究数量的剧增，越来越多的证据支持慢性踝关节不稳人群存在不同亚组，其中希勒指出赫特尔的慢性踝关节不稳分型并没有将所有慢性踝关节不稳人群涵盖在内，因此，2011年在原有分型的基础上更新了缺失的亚组。希勒发现临床上并非所有同时患有机械性踝关节不稳及功能性踝关节不稳的人都会发生反复扭伤，而且还存在踝关节只发生反复扭伤的患者，因此，希勒将反复扭伤也作为一个独立因素加入慢性踝关节不稳的分型中，进而形成了包括机械性不稳、感觉不稳、反复扭伤、机械性不稳伴感觉不稳、机械性不稳伴反复扭伤、感觉不稳伴反复扭伤及机械性不稳伴感觉不稳伴反复扭伤的7个亚组

（见图 2）。希勒提出改良的分型后，在以往对慢性踝关节不稳人群重点关注感觉不稳这一主要症状特点的基础上，强调了干预及预防反复扭伤对该人群的临床治疗意义。由于再次及反复扭伤经常发生于日常生活及体育活动中，因此，后续研究在评估慢性踝关节不稳人群治疗效果时逐渐增加了除损伤特点外更多功能性的指标，以预测治疗方法的长期干预效果。

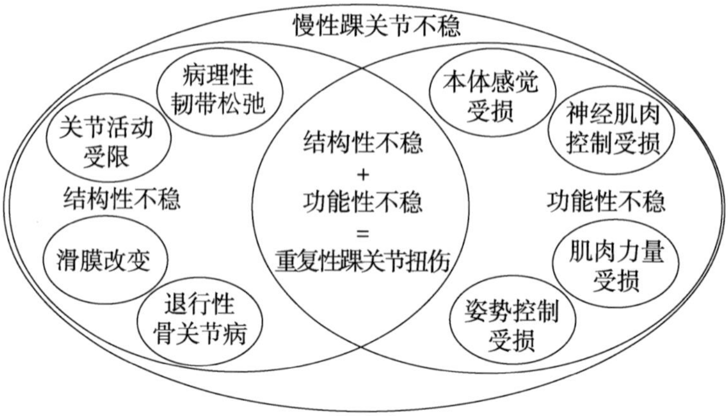

图 1　赫特尔慢性踝关节不稳模型

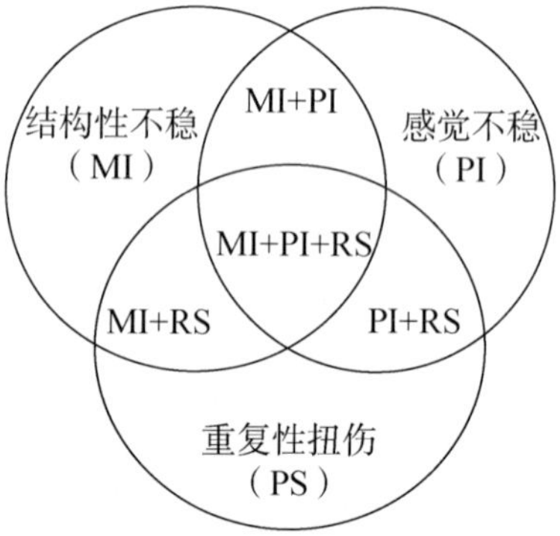

图 2　希勒慢性踝关节不稳模型

（三）研究意义

目前，关于慢性踝关节不稳的治疗大多是从以上障碍特征入手，通过改善相关障碍，达到治疗目的，希勒等根据新的慢性踝关节不稳模型发现不同亚组分型的慢性踝关节不稳者之间在静态姿势稳定性和神经肌肉控制方面存在不同的障碍特征，提示可以针对这种不同的障碍特征对不同亚组进行针对性的康复。若根据新模型的分组状况可以确定或者了解相应亚组患者的障碍特征，这会大大节约评估时间，有助于对慢性踝关节不稳患者的康复治疗。目前，关于此模型中不同亚组之间的下肢相关肌肉力量、动态姿势控制以及功能能力方面是否存在不同的特征还不清楚，因此，本研究基于希勒慢性踝关节不稳模型，测试分析不同亚组之间的下肢相关肌力、动静态姿势稳定性以及下肢功能能力，探究不同亚组之间以及各亚组与对照组之间在以上特征方面是否存在特定的障碍差异。

二、研究方法

对 149 名慢性踝关节不稳受试者及 24 名踝关节无损伤的受试者进行静动态平衡、肌肉力量及跳跃功能测试。对于双侧不稳的慢性踝关节不稳受试者，选择患者自身感觉不稳状况较严重的一侧进行测试，对照组测试侧随机选择。所有慢性踝关节不稳受试者由同一名测试人员按照希勒慢性踝关节不稳模型进行亚组分组。对比希勒分型下各亚组间的差异及与无损伤组间的差异。

三、研究结果

在单腿闭眼 30s 站立测试中，男性患者中存在感觉不稳的亚组和不存在感觉不稳的亚组之间相比表现出更差的静态姿势稳定性。在星形偏移平衡测试中，男性及女性患者各个亚组和对照组相比表现出更差的动态姿势稳定性，而不同亚组之间不存在差异。在髋关节等长肌力测试中，男性及女性患者各个亚组和对照组相比表现出更差的髋外展及髋后伸肌力，而不同亚组之间不存在差异。在踝关节等速肌力测试中，男性及女性患者的各个亚组和对照组相比均表现出更差的外翻肌群向心及离心力量，“结构性不稳 + 感觉不稳 + 反复扭伤”组患者的外翻肌群向心力量在不同的角速度下均较其他各亚组弱，存在反复扭伤的亚组与不存在反复扭伤的亚组相比在不同的角速度下均表现为外翻肌群离心力量更弱。男性及女性患者各亚组和对照组对比以及亚组之间的对比中，在踝关节背屈肌力上均不存在差异。在 6 m 单腿变向跳测试中，男性及女性患者的各个亚组与对照组之间以及不同亚组之间均未发现差异。在单腿侧方交替跳测试中，男性患者中存在感觉不稳的亚组与对照组和反复扭伤组之间相比表现出更差的功能能力，女性患者的各个亚组和对照组相比也表现出更差的功能能力。

四、研究结论

基于希勒模型分型的慢性踝关节不稳患者中，仅在外翻肌力及下肢功能能力方面存在一些特定的障碍差异，所有亚组和对照组相比都表现出踝关节外翻肌力更弱的特征，其中存在反复扭伤的亚组踝关节外翻肌群离心力量更弱，“结构性不稳 + 感觉不稳 + 反复扭伤”组的踝关节外翻肌群向心力量更弱；存在感觉不稳的亚组和对照组相比表现出下肢功能能力更差的特征。

五、临床指导意义

经以往综述可见，现阶段对于慢性踝关节不稳人群存在的主流运动康复方法包括平衡训练、力量训练、手法训练及足部矫形方法。其中：4 周的平衡训练即可有效改善慢性踝关节不稳人群损伤情况、功能能力及参与受限的多方面不足；4 周的力量训练即可有效改善慢性踝关节不稳人群的肌肉力量、本体感觉、静动态平衡、功能能力、踝关节自评功能及健康相关的生活质量情况；2 周及更长时间距小腿关节的关节松动术可以改善静动态平衡、关节运动学及患者自评踝关节功能情况。而足部矫形器具可以有效地降低踝关节扭伤的风险。

因此，由于慢性踝关节不稳人群普遍存在踝关节周围肌群力量薄弱的情况，踝关节周围肌肉力量训练是必须进行的训练。基于希勒分型发现，踝关节初次扭伤后会发生反复扭伤的人群除了应增加局部力量外，为了避免再次扭伤，从事运动及易扭伤的活动时，应该佩戴足部矫形器具。而存在踝关节失控及反复感觉不稳定的人群应该同时进行平衡及力量训练，以增强下肢肌肉的整体功能及神经肌肉控制能力，以改善活动功能。

国家铁人三项队运动营养保障服务情况介绍

国家体育总局运动医学研究所　邵晶

运动员合理营养主要包括膳食摄入和运动营养品补充两个方面，其中运动员所需营养素的摄入和补充主要通过食物来获取，因此，合理膳食是运动员合理营养的基础。膳食影响运动表现，运动员训练和比赛期间的饮食选择会影响他们训练和比赛的效果。

我们为国家铁人三项队提供的营养保障服务主要包括运动员营养状况的测量、运动员身体机能的监测以及营养补充策略的实施三个方面。

一、运动员营养状况的测量

测量营养状况从膳食的角度为运动员提供了健康指标和监控运动员对训练的反应基准，内容包括：结合医学检查（血液、尿液测试），肌肉—骨骼评价（体成分测量）和心理评价，对个体进行常规的营养状况评价，从治疗和预防两方面运用营养干预手段从而帮助运动员的训练能力达到最佳。

（一）膳食管理及食品安全

运动员餐厅的膳食搭配需在专业人员或营养师的指导下制作、供应，遵循食物多样化原则，注重早餐和必要的加餐，提供充足的食物供运动员选择。

训练基地的运动员餐厅严格把控食材的来源，做到可追溯，实行每天食物 24 h 留样制度。

（二）膳食营养调查

在不同训练阶段对运动员进行膳食营养调查，其目的是发现每个运动员膳食中存在的问题，并让运动员了解自己膳食中存在的问题。我们在小周期训练中选取 3 天，采用食物称重法，对运动员的一日三餐进行测量，采集数据，运用“运动员及大众膳食营养分析与管理系统”进行计算分析，获取运动员个体每日平均能量摄入值、三餐的能量配比、每日及各餐三大供能物质的比例、维生素摄入状况、微量元素摄入状况、膳食中优质蛋白质比例等数据。

通过对运动员进行连续 3 天的膳食调查，发现铁人三项运动员在膳食营养摄入方面存在很多不良习惯，问题较为严重。运动员普遍存在早、中、晚三餐热量分配不合理的现象，主要表现为早餐和午餐热量摄入不足，晚餐热量摄入过多。早餐、午餐摄入过少会明显影响运动员训练时的能量供应和训练质量，晚餐能量摄入过多则会导致脂肪积累和影响睡眠质量。此外，部分运动员存在碳水化合物摄入不足以及食物选取不合理的问题。通过对运动员加强宣传教育，纠正不良饮食习惯，并建议运动员在训练间歇以零食和液体形式补充碳水化合物，训练效果反馈较好。

（三）体成分测量

铁人三项属于速度耐力项目，运动员既要有绝佳的速度，又需要有良好的肌肉耐力与之相匹配；良好的肌肉耐力必须要有强壮的肌肉作支撑。肌肉量不足，相应速度力量就会不足，而且肌腱和韧带将过多地承受压力，受伤的风险大大增加。同时，较低的体脂率和较小的体重能让运动员在比赛中消耗更少的能量，在比赛中能占据先机。通过体成分测量，教练可以更加详细地了解运动员的肌肉脂肪含量，并通过相应的饮食和训练手段，有针对性地对运动员的体形做出调整，使其达到一个最佳的状态。

在冬训前、后分别对国家铁人三项一线队男队员进行了体成分的测定，发现复测队员整体体重、体脂率和体脂量降低，部分队员去脂体重和肌肉量增加，说明冬训期间训练负荷强度较大，在今后的冬训期间应注重膳食营养摄入充足，以保证训练期间的能量供应以及恢复期间的能量需求。

（四）能量消耗测量

能量消耗和摄入平衡是维持运动员理想身体成分和运动机能的基本前提，仅靠运动员自身感觉难以估量能量消耗从而合理制定膳食计划。运用能量监测仪对运动员进行监控，获取各重点项目运动员的能量消耗特征，结合膳食调查数据分析评估运动员能量平衡的状态，制定相应的营养恢复计划。

在对铁人三项运动员进行膳食调查的同时，使用SenseWear能量消耗监测仪对运动员进行为期3天的能量消耗状态监测，测试内容：每日的平均能量消耗、重点训练课的能量消耗、恢复程度的评价（睡眠质量的监控）、不同训练强度（根据MET值评估能量消耗）在训练周期中所占比例。计算并分析运动员进行不同训练课期间的能量消耗，为运动员根据每日不同训练课内容合理摄入能量提供一定的参考,有助于运动员实现每日能量摄入和能量消耗的平衡，为后期建立铁人三项运动员个性化膳食营养摄入方案提供一定的理论依据。

文献表明，睡眠和运动最佳表现之间存在着积极的关系，运动员的睡眠质量往往较低、睡眠时间往往较短。睡眠相对于其他训练需求的优先级别较低，由于沉溺手机设备使睡眠的时间进一步压缩，并且运动员缺乏对睡眠在优化运动成绩中的作用的认识。铁人三项运动员睡眠效率在70%~90%。需要加强运动员对睡眠重要性的教育，优化睡眠的质量，增加睡眠时间。由于膳食成分会影响睡眠质量、时间和行为，因此，营养知识的宣传教育内容中要有该项内容的介绍。

（五）训练周期及训练课的监控

训练小周期（以周为单位）每天早晨测量晨脉、空腹体重；每堂训练课前、后测量体重，并记录补液情况。以上用来监控训练期运动员机能水平及水合状态，并根据训练课前后的实际状况以及训练周期的监控结果，纠正运动员的不良习惯，制定相应的补液措施及营养恢复策略。

通过对铁人三项运动员进行训练课体液丢失及补液情况的监控，发现运动员在训练课中汗液丢失较多，训练后脱水情况较为严重，甚至出现中暑的情况，说明运动员缺乏补液的相关知识，意识淡薄，补水严重不足。通过对运动员进行教育，让其养成主动补水的习惯，注意运动前、中、后都要补液，尤其注意补充水、电解质和糖，并遵循少量多次的原则；运动后尽早补充糖类，实现最大化的糖原恢复。经过多次引导教育，补液情况有很大改善，训练效果反馈较好。

二、运动员身体机能的监测

利用生理生化指标，对运动员在赛前准备期的生理机能水平及恢复程度进行系统监测，为安排运动训练和合理运用营养手段提供科学的依据。

（一）血液测试

在监控过程中，发现个别运动员出现胆固醇和甘油三酯偏高的情况，通过了解发现这与运动员晚上吃零食和加餐有关，说明运动员在食物选择方面缺乏理性认知，在今后应对运动员加强教育，合理饮食，教练应加强零食管理，监督运动员养成良好的饮食习惯，保证运动员保持良好的健康状况，以取得更好的运动表现。

（二）尿液测试

根据运动队实际情况按照训练小周期，隔周或每月测试。

三、营养补充策略的实施

（一）营养知识的宣教

结合第一部分工作，对运动员和教练实施有关营养知识的宣传教育，定期给该群体授课，或者利用训练间歇采取聊天谈心的方式给运动员灌输科学合理的营养知识以及反兴奋剂预防措施，提高运动员的专业素养。

营养知识宣教的对象还包括运动队相关工作人员及复合团队内部人员、餐厅厨师和管理人员等；采取菜谱营养标签、宣传画、滚动视频、问卷调查等多种形式进行营养知识的宣传教育，同时也可通过微信群定期推送营养小贴士或比赛期间饮食建议等。

（二）补液措施

根据测试结果，按照体重丢失量的1~1.2倍要求运动员补液。同时教会运动员根据尿液的颜色来判断机体的水合状态，以防损害体能及身体健康。

（三）营养补剂的使用

参考营养状况测量、血液及尿液生化测试的结果，根据营养时间学理论（NTS系统），结合运动员个体特点，制定相应的运动营养补剂补充方案。

营养品补充包括基础营养品补充和特殊营养补充方案。根据训练安排，在训练间隙进行有规律的碳水化合物补充，保证训练期充足的能量和训练后机体糖原快速再合成；系统地进行体液（水）的补充，避免运动中脱水；运动后针对性地补充高生物活性的蛋白质和氨基酸制品，减轻肌肉酸痛，促进肌肉快速恢复。为每名运动员制定个性化特殊营养补充方案，预防或纠正运动员训练中出现的各种医学问题。包括制定预防或纠正训练后肌肉恢复不良或肌肉损伤、低血红蛋白或贫血、免疫机能低下、合成激素分泌抑制、抗自由基能力下降、神经系统疲劳时的营养方案。

我国体能训练反思与奥运会备战展望

北京体育大学　李春雷

为了备战2020年东京奥运会，国家体育总局正在诸多运动项目的国家队中推进“铁人计划”。如今，东京奥运会近在眼前，可谓时间紧、任务重。如何提升自身水平，在比赛中取得更好的成绩，有必要对以往的体能训练进行深刻的反思和总结。

一、体能训练仍存争议

概念是认识事物的逻辑起点，概念不清，观念不对，行动不准。虽然体能训练已经开展了十多年的时间，但相对技术训练、医疗营养、心理机能等领域仍属新生事物。经过十多年的发展，体能训练看上去红红火火，围绕着体能训练这个关键词也衍生出了很多新关键词。目前，除了体能训练这个关键词以外，还看到“运动素质、功能性、身体运动功能、纠正、运动表现”等术语。2012年和2016年奥运会备战周期，体能训练和身体运动功能训练并存。奥运会前后，围绕国家队体能训练的专题研讨、身体运动功能训练的培训、运动表现的训练论坛以及功能性训练的讲座此起彼伏，搞得很多业内人士不知所云，基层机构更是一头雾水，体能训练已经变成了“水中花、雾中月”，似乎说不清道不明。体能本身的歧义，概念上的误读，也必将导致训练指导上的偏差。

体能一词，其实是国内约定俗成的叫法。很多学者早就进行过研究和解读，美国国家体能协会英文名称是National Strength & Conditioning Association（NSCA），根据其名称可以看出美国对体能的基本理解，体能是力量和适应调节方面的能力，体能训练中抗阻训练是核心，当然也包括其他多种方式的整合训练，比如，冲刺灵敏训练、快速伸缩复合训练、柔韧性训练、有氧和无氧耐力训练等。美国国家体能协会（NSCA）最初把体能分成健康体能和竞技体能两部分，目前的认证主要涉及高水平竞技体育体能教练、大众健身私教、军事体育体能教练以及特殊人群体能教练。笔者认为，针对高水平运动的竞技体能是运动员竞技能力总体结构中的最重要结构之一，它是指运动员为提高运动技战术水平和创造优异运动成绩所必需的各种身体运动能力的综合。体能包括运动员的身体形态、身体机能、身体功能、身体健康和运动素质，体能是身体各种能力的综合。根据体能在专项运动中的作用，人们把体能分为一般体能和专项体能。一般体能是指完成非专项技战术的身体运动能力。一般体能训练的目的是巩固运动员的身心健康，纠正运动员的身体形态，改善运动员动作功能质量，提高运动员的基本运动能力，即指运动员在完成非专项运动时表现出来的运动能力。另一方面，也是为专项体能水平提高奠定基础。专项体能是指建立在一般体能的基础上完成专项技战术机体所需要的能力。

运动素质训练、运动功能训练、功能性训练、纠正训练、防护训练、康复体能训练等相互之间各有交集，且意义不完全相同（图 1），都是从不同角度对体能的一种解读方式而已，如果把体能比作大象，那么其他的各种解读就似盲人摸象，都有道理，但又都不完整。

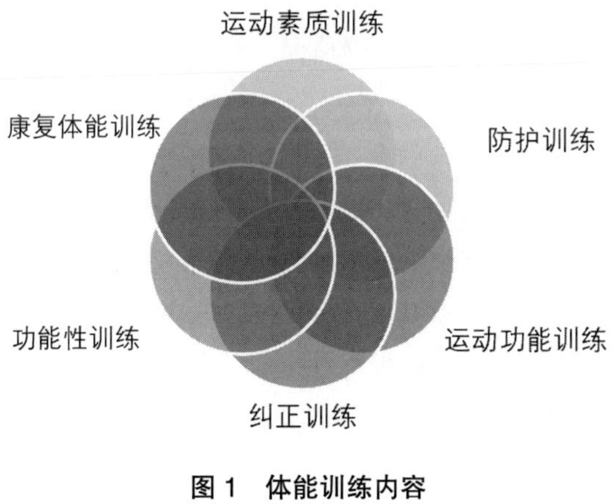

图 1　体能训练内容

二、体能训练重视程度仍有待提高

随着社会的进步，认识的发展，人们发现任何人、任何行业都离不开体能，这才有了各种行业各种协会的体能教练认证体系。体能教练是奥林匹克运动和职业体育发展到一定阶段的必然产物。竞技体育发展到今天，竞争越来越激烈，对抗越来越强，人类极限正在被无限接近，如何在现有的条件下合法合规地继续挖掘运动员潜能，提升其运动能力，科学体能训练几乎成为唯一的正确选项。当今职业体育如火如荼，赛事场次不断增加，运动员如何在整个赛季保持高水平并远离伤病，维系职业生涯，科学体能训练成为关键因素（图 2）。

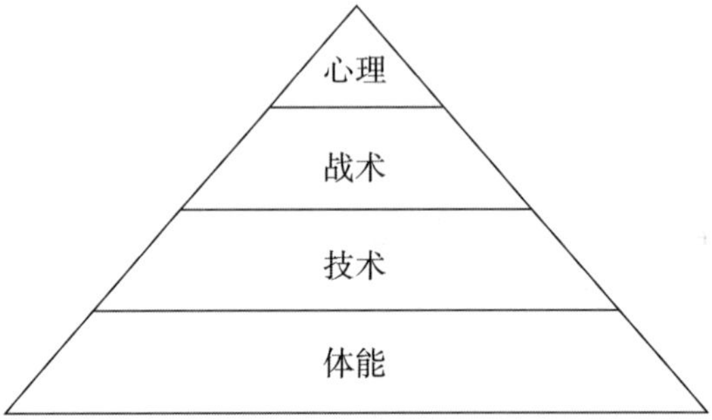

图 2　体能作用图

三、体能教练管理不够规范

（一）体能教练属于编外人员

目前，体能教练已成为国家队中不可或缺的角色，然而高水平体能教练毕竟是凤毛麟角，现有体能教练的数量和质量均无法满足运动队的迫切需求，导致运动队中的体能教练水平参差不齐，同时运动队中的体能教练也面临着身份不清不楚的尴尬局面。体能教练没有编制，不像技术教练，有级别有职称，可以按照现行规章制度执行薪资待遇；服务队伍的成绩一般也跟其晋职、提薪没有关系，从管理上来讲也不利于发挥其主观能动性。如果长此以往，必将挫伤中国体能教练以及其他工作人员的积极性。

（二）体能教练岗位可以客串

从众多国家队的团队运行情况来看，大部分队伍的体能教练主要来自专业院校体能专业人士、康复师、私人教练、专项运动员或教练、物理治疗师、队医等其他职业。从聘任体能教练的情况可以看出各个队伍对体能教练的岗位职责和专业要求还不是很清晰，康复师、私人教练、技术教练等和体能教练面对的是完全不同的服务对象，工作要求也是不同的，他们之间有专业交叉，但绝不可画等号。

这种客串现象在中国国家队很普遍。这主要是因为体能教练是稀缺资源，现有人才数量远远满足不了一线队伍需求，这可能也是一种没有办法的办法，作为过渡性措施可以理解，但长此以往，错位、越位的情况不改善带来的也必将是成绩的滑坡。

（三）体能教练认证一片乱象

体能教练是一种职业，职业就应有相关资格证书，就应持证上岗。一方面，体能教练在国内仍属新生事物，体制内没有办法对其定岗定编。另一方面，中国的体能教练行业认证体系不够完善，各种认证机构水平参差不齐，急需整顿、管理和规范。

（四）体能教练是教练还是科学家

体能教练属于教练，同时体能教练的专业也涵盖了其他一些体育科学学科。体能训练学从根本上扎根于运动科学，科学是遵循基于证据的系统方法对知识和理解的追求和应用。事实上，体能教练的角色类似于跨学科体育和运动科学家的角色，他们试图利用和整合多个运动科学领域的知识来解决现实的问题。例如，将解剖学知识作为设计训练计划的理论依据（运动生理学），探索改变运动技术会如何影响动力链和关节负荷（运动生物力学），目标设定和激励作用（运动心理学），并为运动员如何饮食以最大限度地提高运动表现或恢复提出建议（运动营养学）。然而，除了在专业领域内承担其主要的职责外，体能教练还逐渐被期望进行姿态评估、步态评估和运动筛查，使用实验室设备（如测力台、等速测力仪、身体成分分析仪）对运动员进行测试，同时监测运动员的运动和生理反应（如垂直跳跃、心率、运动感知评级、血液分析等）。除了需要具备广泛的科学领域的专业知识和实际应用能力，体能教练还应具有数据分析能力、沟通能力、教学组织能力、协调能力和执行能力。综上所述，体能教练的角色应该是多方面的。

体能教练指导精英运动员训练，其自身也必将是跨学科的精英体育人员，因此，体能教练获得体能训练专业学位就成了必要条件。

总而言之，体能教练应该既是一名高水平的教练，又是一名跨学科的体育科学家。如果体能教练要做到出类拔萃，那么，这些技能是必不可少的。因此，体能教练应该努力成为优秀的“全才”，并且只有在掌握了基础知识后才考虑成为“专家”，体能教练就是要做理论和实践之间的桥梁。

四、复合型团队力量没有完全释放

在国家体育总局的要求下，各支国家队都在组建复合型攻关备战团队。在 2012 年、2016 年奥运会备战周期，各个国家队都出现了大批外籍体能教练的身影。美国的体能训练理念非常先进，以美国为主的体能教练大批涌入中国国家队，但问题的关键在于这些外籍教练是否是真正的高水平的体能教练？是否有执教经验？对中国优势项目了解多少？能否融入中国国家队的复合型团队？这才是核心问题！

何为团队？团队是无上下级区分，代表不同领域，为了共同目标一起奋斗的专家群。团队包含几个要素：首先，没有上下级区分。其次，有不同专业领域的专家。国外的或客串的体能教练究竟是不是专家，还有待商榷。最后，一定是为了共同目标（为国争光）。这个为国争光的目标一定是所有人的、共同的、发自内心想努力去实现的目标！

因此，在组织上、机制上的设计满足团队的各个要素才是最为重要的，只有满足这些要素，整个团队才会有凝聚力，才会有火花，才会有创新力，才会有战斗力！为此必须改变过去的运作机制和管理模式，建立以运动员为中心、以主教练为首要、各工作小组保障为纽带的扁平化管理模式，实现团队模型自身要求和队伍需求的优化。

五、对功能性训练理解不够准确

功能性训练最初在康复训练领域和大众健身领域被广泛使用，在康复和大众健身领域，功能性训练主要用来改善受伤人群关节的稳定性和灵活性。

无论哪一个功能性训练都有爆发力训练、基础力量训练、单侧训练、抗旋训练、核心训练和纠正训练，这是对传统体能训练有益的补充。其实功能的本质就是目标，功能性训练一定是系统的、全方位的、立体的、多角度的和专项化的。最好的功能性训练一定是满足一般体能需求又适用于运动专项的、针对某运动员特点的、个性化的体能训练。

六、智能化、数据化体能训练仍相对落后

在当今信息爆炸的时代，大数据成为重要的训练依据。随着体育商业化、职业化的高度发展，体能训练的器材也不断升级， 比如，立足于神经肌肉控制的动态平衡台，基于速度的力量训练传感器、反应时训练干扰眼镜、速度训练的光电线路、B Strong 血流阻断加压抗阻训练带、穿戴设备、运动疲劳的脑电心率变异检控仪、战术训练现场虚拟模拟器等，使现在的体能训练更加精准、更加智能，传统的经验训练已经很难去挑战大数据下的现代化体能训练。

我国对竞技体育的投入不少，但高科技的体能训练设备相对不足，无法满足中国体能训练的数字化、智能化需求。没有数据就没有评价，没有数据就没有管理，没有数据的训练就是凭感觉的训练。国家体育总局在不断加强国家队大体能大数据的测试、评估与管理，其目的不言而喻。

七、过分迷信国外理念和体能教练

国外的训练理念相对领先于我们，但不代表我们什么都落后，也不能过分迷信外来的“和尚”。

比如，功能性训练、核心训练并不是外国的新理念，中国自古就有。

功、功能，英文是 function，功能性训练就是练功。中国古语“练武不练功，到老一场空”，中国武术的基本功是什么呢？其实就是灵活性和稳定性。站桩、

马步、金鸡独立、燕式平衡等动作练的就是稳定性基本功，下腰、横叉、朝天蹬、回头望月等动作练的就是灵活性基本功，与现在国外所宣扬的功能性训练精髓不谋而合。

总之，关于功能性和核心训练的认识，在中国起步更早，其理念在当今体育界依然有很强的现实意义，但没有被很好地继承和发展，而我们大量引进外来的理论和方法，不能不说是一种舍近求远。当然，国外理论和方法的优势我们也不能否定，其优势在于能够结合科技进步不断发明、创造、升级体能训练工具，并将理念、科技很好地运用到运动实践中，这一点正是我们所欠缺和需要认真反思的。

八、小结

体能训练的发展呈现科学化、数字化、智能化、团队化、职业化的特点，体能在竞技体育中的重要性也在不断提升。体能不是万能的，但没有体能是万万不能的。体能教练是教练也是运动科学家。随着东京奥运会和北京冬奥会的临近，以及全民健康战略的不断推进，对体能教练的需求将迎来新一轮的增长。

在体能教练的培养上我们起步晚、人员少，但后劲足。北京体育大学不仅率先成立了体能训练学院，而且体能训练专业于 2018 年在全国开始招生，2019 年全国相继有多家体育院校开设体能训练专业，体能训练发展形势一片大好。中国体育科学学会体能训练分会于 2017 年成立，秘书处设在武汉体育学院，在体能训练分会的努力下现已举办七届体能高峰论坛，培训了三批中国体能训练师学员，中国终于有了官方的、权威的、自己的体能教练培训体系，对于规范体能训练行业发展、推动中国体能训练事业理性纵深发展意义重大。

在备战奥运会复合型团队的建设上我们走了弯路，但积累了经验，2019 年国家体育总局在国家队推行“铁人计划”，无疑是一次积极的、有意义的尝试。同时，要求各个队伍向体能大数据要成绩，强调“以运动员为中心，以教练为首要，以条件保障为基础，以科技助力为支撑”，强化扁平化管理下的复合型团队联合科技攻关。毕竟我国的竞技体育从无到有、从弱到强一步步走来，已逐步形成了自己的优势项目，自身就有着优良的传统和丰富的经验。只要秉承“继承而不放弃、发扬而不忘记”的指导思想，可以预见的是：在新一轮的奥运会备战中，只要勇于改革、敢于创新，坚持走具有中国特色的体能训练发展和崛起之路，在 2020 年东京奥运会和 2022 年北京冬奥会上中国体育重新崛起就不是梦！

竞走技术相关研究

首都体育学院　李厚林

我的研究是以田径项目的运动技术诊断为主线，开展综合性科研攻关与科技服务保障，近期主要在竞走技术基本原理、技术理念、优秀运动员最佳技术模型和主要技术训练方面开展研究。

一、“复合钟摆”运动生物力学原理在竞走技术创新中的应用研究

钟摆原理是指摆锤围绕着一个中心在一定范围内做有规律的周而复始摆动。“钟摆效应”指当一个摆锤所处的初始位置越高，那么根据动能和势能转化原理，它摆过最低点后能够到达对面的位置就越高，反之，则达到的位置越低，而且摆动半径越大，摆锤摆动速度越快。竞走就是一个“复合移动钟摆运动”。在竞走过程中，当支撑脚着地后，形成以支撑腿髋为旋支点，摆动腿质心做“近固定正移动钟摆运动”；同时也形成了以着地支撑脚为旋支点，以身体重心到支点为半径的“远固定倒移动钟摆运动”，竞走是两个钟摆同步复合运动（图 1）。竞走技术的经济性和规范性取决于两个钟摆运动的平动效果。第一，根据物理钟摆微分方程（方程 1）和摆动周期与摆动半径关系图（图 3），物体的摆动周期（T）与摆体质量（M）无关，而是与质量（M）的分布有关，也就是与质心半径（h）有关。摆动周期（T^2）与摆动体质心半径（h）的关系：当摆动体质心半径 (h) 趋于 0 时，摆动周期 (T) 趋于 ∞，半径越大周期越短；半径为负值的情况下，则摆动体质心半径越短，摆动周期越短。第二，从肌肉力学来看，摆动腿髋、腿放松摆动，有利于形成合理钟摆运动。第三，动量守

恒定律来看，当支撑腿着地后，支撑腿着地瞬间产生巨大的冲击惯量，摆动腿过度紧张，限制了摆动腿的自由摆动（图 2b），摆动速度降低，髋部便以实体形式将运动惯量传递到支撑关节，导致髋、膝和踝关节出现损伤。第四，从人体解剖学结构来看，竞走运动过程中，形成以支撑髋为旋转支点，摆动腿为半径的摆动（图 2a），支撑腿着地后摆动腿放松，摆动腿质心下移，摆动半径加大，“正钟摆”摆动周期缩短，脚的摆动半径加大 (h)，下肢摆动速度加快，摆动周期缩短（图 2、图 3）。第五，从“倒钟摆”运动原理来看，当摆动腿放松摆动时，下肢摆动腿质心下降，运动员身体重心降低，“倒钟摆”半径缩短 (h_1)，摆动周期缩短（图 3）。因此，合理的“复合钟摆运动”增大步长，提高步频，不仅可以提高技术的规范性，而且还提高了竞走技术的实效性，改变传统“小步长、快频率”技术风格。

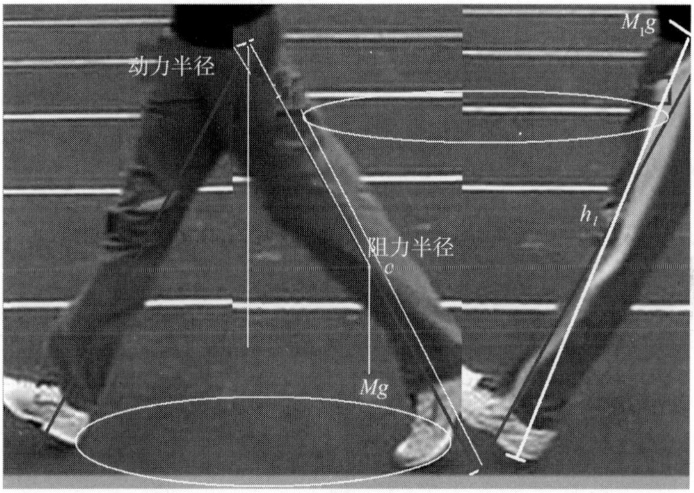

注：Mg 为下肢质心重量，h 为下肢质心半径，M_1g 为身体质心重量，h_1 为身体重心半径。

图1　竞走“复合钟摆”原理

如何应用“复合钟摆”运动生物力学原理效用，髋和下肢肌肉群的放松是核心，根据解剖学结构，髋部关节是肌肉包绕骨盆的“枢环”关节，髋部周围肌肉群放松是关键，后蹬结束后摆动腿只有在放松状态下髋部才可以在矢状面、额状面和水平面进行三维运动。在摆动腿髋部放松状态下，身体重心高度降低（$h>h_1$），同时下肢的摆动半径增大（$R>r$），不但可以提高重心的稳定性，降低重心起伏高度，还可以增加步长，使竞走动作符合竞走技术定义。

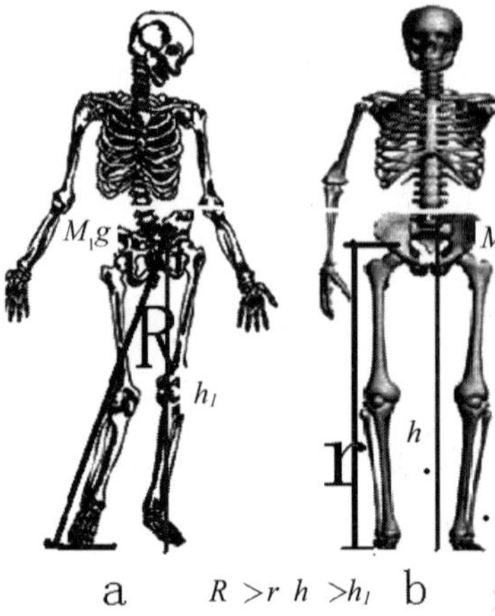

注：h、h_1为身体重心高度，R、r为下肢的摆动半径，Mg、M_1g为身体重心。

图2　摆动半径对比图

钟摆微分方程（1）[①]：

$$\frac{T^2}{4\pi^2}=\frac{J_C}{Mgh}+\frac{h}{g}$$

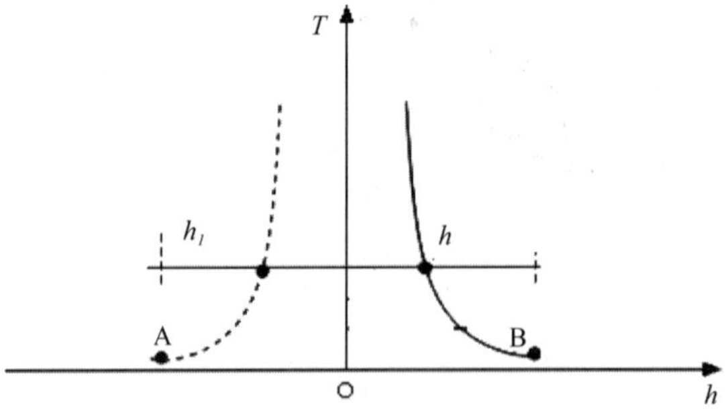

注：T为摆动周期，h为摆轴离中心的距离。

图3　摆动周期与摆轴离中心距离的关系

---

① T 为摆动周期，Jc 为摆动惯量，h 为摆动半径，M 为重量。

竞走技术原理是综合了“近固定正钟摆运动”和“远固定倒钟摆运动”的单支撑周期性运动的钟摆项目。

二、竞走技术规范化模型的技术要领

为了提高竞走技术水平，课题组从理论和实践操作层面不断创新，在提高中国竞走运动员的训练中提高自身技术水平，从技术理念上创新，结合竞走技术的规则定义，根据“复合钟摆”运动生物力学原理，建立“髋部三维”竞走技术、设计“常规问题训练手段”和“个性问题训练手段”，不断改进和完善竞走技术，以达到竞走定义标准的要求。

高水平运动员后摆阶段髋部跟进快，前摆阶段加速能力强，运动员髋部摆动速度后摆阶段大于前摆阶段；支撑阶段髋部速度高保持率增大了步长和大腿夹角，降低重心起伏，提高了动作幅度和竞走技术的规范性。

以“支撑腿撑得住、蹬得出，摆动腿（蹬完）放得松，重心跟得上，摆动髋出得去，摆动腿前摆摆得动（向前踢脚跟），膝走线，气在丹田，力在腰眼，立腰沉肩用髋走，摆臂时后摆用力，前摆放松，肘用力”的技术训练要领来指导训练，效果较好。教练在技术训练中要强调后摆阶段“髋部放得松”技术，以加快重心的跟进速度；支撑阶段“髋部跟得上”技术，以避免下肢的过早用力；前摆阶段“髋部出得去”技术，以优化髋部始动运动技术节奏；离地阶段摆动腿“前踢脚跟”技术，以增加后蹬距离。

三、竞走技术的创新发展趋势

确定科技攻关的关键在于如何突破“竞走技术瓶颈”，以实现竞走技术由“实用性”向“规范实效性”的转化。

从我国竞走的历史来看，2000年后中国竞走10年未见国际赛事奖牌，国内比赛连续创造好成绩，国际比赛颗粒无收。

2000—2009年每届奥运会、世界田径锦标赛和国际田联竞走世界杯（以下简称“世界杯”）都有因技术判罚取消比赛资格的竞走运动员。另外一些竞走运动员由于技术问题，不敢走，中途退赛的现象比比皆是，技术问题严重地制约了运动员自身水平的发挥。我国竞走运动员在 2003 年世界田径锦标赛上曾经有 8 名运动员参赛，5 名运动员因技术犯规而被取消比赛资格；2006 年世界杯有 3 名运动员被取消比赛资格；2007 年世界田径锦标赛有 2 名运动员被取消比赛资格，而且多名运动员被警告犯规；2008—2009 年有运动员被取消比赛资格，多名运动员被 2 次警告，技术问题使我国竞走运动员在比赛中长期处于“领先被罚、谨慎落后”的尴尬局面; 2009—2012 年我国竞走实力得到提升，在伦敦奥运会上取得 1 金 3 铜的好成绩。技术上逐渐成熟，但是，战术上认识不足，多次导致我国运动员与奖牌失之交臂，影响了运动员的信心与稳定性。

竞走技术的判罚主要有两个标准。第一，定义标准。①竞走运动员必须始终保持肉眼可见的一只脚落在地面上。②从前进脚落地的一刻起直到腿部达到垂直的姿势，腿部必须保持直线。第二，对比判罚标准。运动员与对于在实力相当，并符合复合竞走技术定义的前提下，还需要在技术规范上超越对手才能够获得领先，这种潜在的对比判罚标准在前 3 名奖牌运动员身上对比最为明显，对想夺取金牌的运动员具有极大的挑战。因此，我国竞走运动员的技术不但要达到竞走定义的标准，而且还要超越主要夺冠对手。

体育产业本质推动体育产业发展

国家体育总局体育科学研究所　李祥晨

近年来，国家高度重视体育产业的发展。2010 年，国务院办公厅印发《关于加快发展体育产业的指导意见》,体育产业开始起步。2014 年,国务院印发《关于加快发展体育产业促进体育消费的若干意见》，体育产业的发展潜力逐步被释放出来，大量社会资本涌入，推动了体育产业蓬勃发展。在新的国际形势下，国家希望体育在拉动消费方面发挥重大作用。2018 年，国务院办公厅印发《关于加快发展体育竞赛表演产业的指导意见》。2019 年 9 月，印发《体育强国建设纲要》，尤其 2019 年 9 月 17 日国务院办公厅印发的《关于促进全民健身和体育消费推动体育产业高质量发展的意见》，指出要以习近平新时代中国特色社会主义思想为指导，强化体育产业要素保障，激发市场活力和消费热情，推动体育产业成为国民经济支柱性产业，积极实施全民健身行动，让经常参加体育锻炼成为一种生活方式。体育产业逐步被推到一个新的高度，并被赋予了新的历史使命，为了推动体育产业的发展，需要认真厘清体育产业的本质和现状，抓住工作要点，加快推动体育产业发展。

一、体育产业本质认识

（一）体育产业是 3A 产业

3A 是 anybody、anywhere 和 anytime 的缩写，指体育是一项任何人在任何地方、任何时间都可以开展的“全人群、全区域、全天候”的产业。体育产业是覆盖人群最广、地域最大、持续时间最长的产业。面对我国 14 亿人口，毋庸置疑，中国体育产业将获得巨大的可持续的消费动力。

（二）体育产业是“小企业”的大产业

体育产业涉及的行业很多，属于一个地域性特别强的产业，比如，赛事活动、培训教育等，这种特点决定了体育产业中小型属地化企业数量多、相对规模小，很难形成大型龙头企业。国内体育产业的上市公司数量少，市值普遍在 30 亿元以内，是典型的由小企业汇聚成的大产业。

（三）体育产业是拉动经济和就业的大产业

从统计局网站的数据分析来看，2009—2011年以来，文化体育购销存总额呈持续快速递增状态，2015—2017年上下浮动，且基本上很难突破600亿元。同期的服装鞋帽购销存总额却接近甚至突破1万亿元。体育本质上是一个具有巨大拉动作用的产业，除了自身本体产业可以做大以外，对其他行业将产生数十倍的综合拉动作用。比如，除服装鞋帽外，还有旅游、饮食、休闲等。

（四）体育产业的核心是“快乐”和“健康”

体育本体产业的第一个核心动力是“快乐”。英国曼彻斯特联足球俱乐部年收入 40 亿英镑，美国国家橄榄球联盟年收入更是高达 130 亿美元，中国体育彩票每年收入近 3 000 多亿元人民币。第二核心动力就是“健康”。防病治病、全民健身保障全民健康，尤其面临老龄化社会，延长健康工作年限就是再造人口红利，也是提高个体生活质量的不二选择。

二、我国体育产业的现状和差距

（一）体育消费和我国居民收入还不相称

在体育产业启动的 10 年内，我国居民收入也有了大幅度的增长，但是，我们的体育消费在总收入的占比还非常低。更令人担忧的是在 2014—2017 年，文化体育消费的总额基本保持稳定，甚至出现略微下降的态势，与此同时，所拉动的其他产业，比如，服装鞋帽在 2013—2017 年也相应地出现这种情况。这说明居民的收入增长并没有相应地拉动体育消费，体育产业的发展速度遇到深层次的制约因素。

（二）我国政府对全民健身的投入有限

据国家体育总局统计，2013 年全国用于全民健身活动的经费为 197.59 亿元，人均 14.6 元。根据实地调研，经济比较发达的上海杨浦区用于群众体育的费用为人均 47 元，江苏无锡市为人均 30 元，中西部地区则人均不足 10 元。同期，英国的人均投入折合人民币为 666 元。目前，体育经费面临总量不足、比例不合理的双重压力，有限经费大部分用于竞技体育事业，群众体育经费占比不足 11.6%，很难拉动体育产业的快速发展。

（三）体育产业政策体系亟待完善

长期以来，一些观点认为体育事业就是政府拿钱争取金牌，是花钱的事业，不是赚钱的产业，对体育产业重视、支持程度不够，在税收、金融、人才、行业标准、研发、市场培育等方面都缺乏政策支持，导致体育本体产业动能不足。

三、推进体育产业发展的几条建议

（一）有序推进体育彩票事业发展

体育彩票是体育事业发展的重要保障。体育产业的发展需要大量政府投资的拉动。而目前，体育本体产业还未形成规模化税收，政府财政经费无法持续大规模地拉动产业发展，为此，需要有序地推动体育彩票的创新发展，在 5 年内，使彩票规模至少翻一番，募集可以保障体育事业投入人均每年 200 元以上的资金。

（二）加大体育事业投入，拉动体育产业发展

出台各类刺激措施，积极支持赛事活动，拉动人群参加，解决“人”参与的问题；由政府主导，大力推进全民健身工程的建设，完善升级全民健身设施，解决健身去哪里的问题，也是解决体育产业“场”的问题。在“人—货—场”的闭环产业链中，一旦具备了“人”和“场”，“货”，即体育产品就会源源不断地被创造和更新，体育产业就会被拉动起来。因此，建议建立以全民

健身参与度为核心的绩效评价体系。

（三）建立主动健康医学，优化国民健康保障体系

目前，人类疾病谱已经发生了重大变化，我国每年近 6 万亿元的总卫生费用中，70% 以上用于治疗体育可以有效遏制的生活方式疾病。如果不在发展路线上加以改革，无论采取怎样的优化卫生经济手段，都无法维系我国国民保障体系的可持续发展。因此，要加快发展主动健康的医学模式，创新国人健康模式。可借鉴国外经验，大量的生活方式疾病必须经过 1 年以上的主动健康干预，证明无效后，方可进入疾病医学治疗流程。医疗保险可支付这笔主动健康费用。力争每个人能够多健康工作 2~3 年，到 2030 年每个人能多健康工作 3~5 年。

（四）做好大数据技术的应用，加快体制改革

创新管理手段，采用大数据技术进行实时动态管理，政府牢牢抓住增加全民健身人群参与度和体育公共设施开放率、利用率等核心指标。深化体制改革，切实做好放、管、服工作。划清政府和社会的边界，搭建体育产业发展的舞台。建议建立国家全民健身大数据中心，助力体育产业全方位突破。

以系统性思维推进新时代我国体育体制重塑式改革

武汉体育学院　刘亮

当前，体育作为影响群众幸福指数的重要因素和全面建成小康社会的有机组成部分，已经成为事关民族复兴的重大国家战略。而体育领域一连串政策措施和顶层设计的出台，则预示着中国体育站在了新一轮改革的十字路口。很显然，新时代中国体育改革已不再局限于业务层面的局部调整，而将面临一场基于系统性思维的体育体制重塑式改革。

一、体育体制重塑式改革实践中的现实问题

（一）体育体制重塑式改革的实质

“重塑”既是一个从认识到实践、从理论到现实的互动过程，又是一个重塑体制优势、重塑事务边界、重塑权力结构和重塑发展动力的过程。精确地提炼出匹配实践的问题是“重塑”的关键，而当前中国体育最大的问题：一是体育公共服务供给不充分、不均等；二是社会发育不足，体育社会组织自组织能力太弱。这两大问题又可以“化约”为一个问题，即政府在体育事务中的行政色彩过于浓重。多年来的体育改革由于并未真正触及这一核心问题，因此尚未达到预期的目标。因此，新时代的体育体制重塑式改革必须回应党的十八届三中全会提出的“治理”概念，将形成“治理型体育体制”作为体育改革的历史使命和责任担当，这也是我国体育体制重塑式改革的实质。

（二）体育体制重塑式改革的基本依据

作为一种政治目标，党的十八届三中全会勾画了政府与市场、社会关系的新愿景，突出强调“市场决定性”“政府不缺位”“政社分开”。作为一个认识对象，学界对政府与市场、社会的关系并不缺乏抽象的学理性解说，提出了一系列富有创新性的观点和理论；但作为改革的行动对象，即在特定的体育语境与改革语境中，学界对几者关系缺乏系统的理论解说和叙事化认定。这种缺少共识的疑惑或者说是研究者的集体焦虑，导致了我国体育体制深层次改革的依据不足，其结果是“体育部门在改革行动上的原地踏步”。

（三）体育体制重塑式改革的目标与核心

体育体制重塑式改革目标作为对体育实践的一种预期，是体育实践行为的起点与归宿，也是整个体育改革的定向机制。在推进国家治理体系和治理能力现代化的改革总目标下，体育体制重塑式改革的目的就是推进国家体育治理体系和体育治理能力现代化，从而形成有为政府、有效市场与有机社会良性互动的共治格局。根据行政学原理，职能、结构、功能作为有机结合的3个要素，是体制架构的关键变量。其中，职能是逻辑起点并决定组织、结构和机制。显然，有为政府的打造、有效市场的建立、有机社会的培育，都离不开政府职能转变这一核心。因此，体育体制重塑式改革的核心是体育行政职能转变，这包括部分职能的转出或弱化，以及部分职能的转入或强化两个向度。

（四）体育体制重塑式改革的动力机制

体育体制重塑式改革的核心是体育行政职能的转变，其实质是体育行政部门的自我削权和主动让利。而这种“刀刃向内、以权力改革权力”的自我革命，必须依靠充足、可持续的动力机制来推动。根据“国家—社会”二元分析框架，改革的动力要么是来自体制内由上至下的推动力，要么是来自体制外由下至上的底动力。由于改革的最终执行者是在体制内，而根据我国“自上而下”的行政管理模式，将政府的绩效评价作为一种能够整合两种力量的约束与纠错工具，无疑是推动体育体制重塑式改革最为理想的动力机制。

二、基于系统性思维的“三维联动”改革框架

各治理主体间的新型关系重塑、政府职能转变与绩效评价是体育体制重塑式改革的核心要素和关键变量，这就需要既关注对政府职能的单体式考察，又重视对各治理主体间的关系式剖析；既要对权责边界进行理论性阐释，又要对职能设定进行价值性判断，以及对绩效评价进行实践性探索。在这种系统性思维下，可以构建一个集“理论依据—应然目标—动力机制”于一体的改革框架（见图 1）。

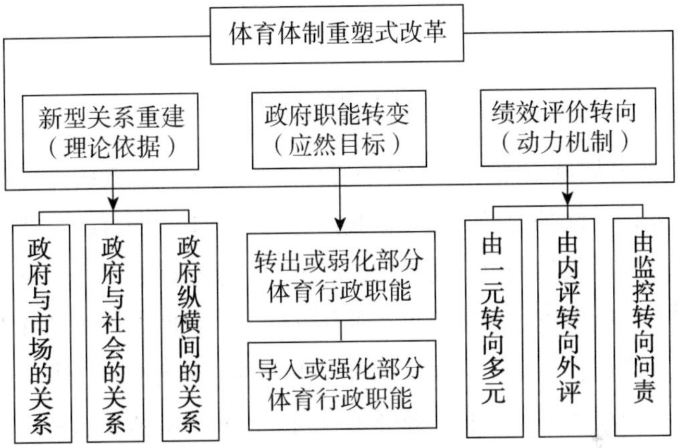

图 1　我国体育体制重塑式改革的“三维联动”分析框架

（一）框架要素一：新型关系重建

体育体制重塑式改革就是理顺各种关系，包括重塑政府与市场的边界、重建政府与社会的新型关系、重构政府内部的权责关系等。由于改革实践是一项涉及深层次利益调整的系统工程，既要从理论层面对各主体关系进行理论化的把握，又要在操作层面结合体育实践的客观规律，用实体的、具体的、经验的手段，找到改革的理论依据和现实基础。这些问题必须借鉴多学科知识，并结合体育特定的语境和权境，对几者关系和定位做出叙事化认定，以增强改革实践的操作性。

（二）框架要素二：政府职能转变

政府是最具权威的公共机构，在体育体制重塑式改革中起到发生、传动、生效的整体效应。但从现实情况来看，政府在履行体育公共服务职能外，还管了许多本应该由社会组织和市场自主决定的事项，并因存在着“越位”现象而备受诟病。因此，政府体育职能转变的合理性将直接决定着未来改革的有效性、充分性和彻底性。政府职能本是一个客观的描述性概念，意味着可以通过绩效考核来评价。但职能的设定则是规范的，负载着一定的价值取向，须将其置于当前的时代背景中，进行整体性和关联式的动态考察，以增强改革实践的目标指向性。

（三）框架要素三：绩效评价转向

有效的体育体制重塑式改革必须着眼于解决体制内激励机制问题，并能有效整合体制内外两种力量。而根据我国“自上而下”的行政管理模式，结合第三方的绩效评估来加强对政府部门的考核、约束与问责，将形成一种改革定向与纠错机制，这既能为改革提供一种外部性、工具性力量，又可激发改革主体的自主性、功能性力量，从而推动政府职能转变和政策的落实。因此，推动体育体制重塑式改革，必须将绩效评价与问责机制有机结合起来，通过形成杠杆效应，撬动体育体制深层次的利益格局，以增强政府自我改革的自觉性。

三、推动我国体育体制重塑式改革的政策建议

（一）遵循功能匹配原则，确定政府转移职能的功能属性

在正确处理政府、市场与社会关系的基础上推进政府体育行政职能转变，是当下体育体制重塑式改革的核心，而其关键是对所转移权力属性的准确把握。根据功能匹配理论，国家、市场和社会根据其功能特点有不同的公共任务分担，有些公共职能由私人部门履行最为高效，有些则由非营利性组织或政府履行更为合理。就当前的体育体制而言，各组织实体在体育实践运行中有不同的使命、目标和责任。由于它们的价值、目标、约束等组织特性各异，对其承担具体公共体育职能时的要求也有所不同。因此，遵循功能匹配原则，确定政府转移职

能的权力属性，进而在寻找组织特性与公共体育职能之间最佳连接点的基础上确定职能履行主体，是实现政府体育职能转换、推动体育体制重塑式改革的前提。

（二）建立“三个清单”制度，迈开政府职能转变的关键一步

对体育体制重塑式改革而言，其本质是政府体育职能的转变，这种转变包括部分政府体育职能的转出或弱化，以及部分政府体育职能的导入或强化两个方向。而到底哪些能够管、必须管，哪些不该管、不能管，必须通过清单制度的形式，明确政府的行为边界和责任，这将是实现政府职能转变的一个关键环节。而以权力清单、责任清单和负面清单为主要内容的清单制度，是一场行政权力的自我革命，也是政府依法行政的“先手棋”。由于权力与责任向来是相伴而生的，通过权力清单的衔接和责任清单的跟进，可以督促政府做到“法定职责必须为”。同时，实行负面清单制度，充分发挥市场机制和社会自治的作用，保证转移与下放后的权力有人接和接得住。

（三）探索协作性治理，让离实践最近的主体有决策权

随着公共部门的协同行动、跨地区协作和跨边界实践，公共职能已不再是政府的唯一领域，由相关利益者共同参与的协作性治理正在成为一种新的公共管理发展趋向。作为一种处理政府和市场、社会之间关系的新模式，协作性治理强调各利益相关者直接参与围绕公共政策或公共项目的协商式集体决策过程，非政府部门不再仅仅是公共机构的咨询对象。在体育公共事务复杂化和利益主体多元化的今天，每一个公共体育问题的解决都涉及多个组织、多种主体，都需要政府多个职能部门以及市场、社会组织的协同配合。如何在有效整合公共管理机构、职能、流程与资源的基础上，通过协调形成共识并赋予离实践最近的主体以决策权，将是我国体育体制重塑式改革的方向。

（四）建设绩效型政府，发挥评估和行政问责的杠杆效应

实现体育体制的理性化重塑，必须以建设绩效型政府为契机，根据体育工作的特点构建科学的绩效考核体系，并结合常态化、制度化的行政问责，形

成闭合的约束环。其一，要以提高认识为先导，强化政府的法治思维和改革意识，自觉把体育体制重塑式改革引入政府绩效考核之中；其二，要以制度建设为基础，制定综合的体育工作评价体系，从操作上和技术上解决行政问责的测算难题；其三，要以方法创新为抓手，综合利用第三方评价、信息化手段等多种方法，建立起内部执行力和外部公信力并重的考核机制；其四，要以舆论监督为压力，营造激励先进、鞭策后进的良好氛围；其五，要以行政问责为保障，将责任分解到每一位政府工作人员身上,实现问责过程与问责对象的无缝对接。

冬奥会雪务保障的关键问题研究
——以高山滑雪为例

哈尔滨体育学院　刘石

一、引言

2022 年北京冬奥会的雪上项目主要在延庆、张家口等地举办。我国在高山滑雪等项目的雪务保障方面既缺乏优良的自然天气条件，又不具备成熟的场地条件，同时也需要相应的技术保证和人才支持。

要对冬奥会进行统筹规划，保障赛事雪资源需求，并对其加以有效、充分利用，才能为体育竞赛提供良好场地，为运动员取得优异成绩创造条件。为保障 2022 年北京冬奥会和冬残奥会的雪务工作顺利开展，进行雪务保障的关键问题研究势在必行。

二、研究目标

（1）主要通过对北京延庆高山滑雪场地和张家口雪上项目所在地区的调研，获得冬奥会和冬残奥会雪务工作所需的实际资料，完善冬奥会滑雪场地对应数据，提供科学、有效的技术支撑。

（2）针对赛事期间相关造雪、囤雪、补雪、垫雪需求，进行重点问题分析，主要为应对延庆赛区自然雪不足、天气条件多风和沙尘等问题提供建议。

（3）明确常规天气条件下雪务保障和极端特殊天气条件下雪务保障的具体措施。

三、实验和观测方法及结果

（一）调查区域及内容

2016年11月25日至2018年12月25日期间，对赛区场地进行了探查调研。主要观测地点包括张家口崇礼赛区云顶滑雪公园的改扩建A区域，规划新建B区域，冬季两项和北欧两项规划区域。同时也探查了北京延庆赛区的石京龙、八达岭和张家口崇礼赛区的云顶、万龙、太舞、富龙等雪场的雪情、水况、造雪设施、人员配置等内容。

（二）场地情况

2022年北京冬奥会和冬残奥会的滑雪比赛场地，可以划分为三类：第一类为雪道长、面积大、造雪需求量多的场地，这些场地主要集中在高山滑雪场地、越野滑雪场地、冬季两项滑雪场地、单板滑雪场地；第二类为技术标准高、用雪量不多的场地，主要为自由式滑雪空中技巧、单板U型场地、自由式滑雪雪上技巧；第三类为依靠设备技术、需要建筑材料整型、上方铺设冰面或冰状雪的场地，包括跳台滑雪场地。同时，第三类场地中还包括设在延庆的雪车、雪橇场地（制冰为主）。

2022年北京冬奥会和冬残奥会的滑雪场地规划建设所面临的问题各不相同。由于各比赛场地的自然地理条件差异性较大，前期建设基础不同，因此雪务保障工作相对复杂。

整体来看，2022年北京冬奥会和冬残奥会雪上项目场地所在区域适合开展滑雪运动，滑雪周期长，雪质较好；大部分冬奥赛区的小气候天气有利于降雪和造雪。无论是现有的张家口崇礼赛区场地，还是新建的北京延庆赛区高山滑雪场地，雪质湿度较小，少有颗粒状降雪，造雪的雪质都适合比赛需要。

需要明确的是：部分冬奥会滑雪比赛场地自然降雪不足，为保障赛事顺利开展，必须进行人工造雪。因此，进行统筹规划，在比赛场地合理铺设造雪设施、提前造雪和赛时补雪都非常关键。另外，2022年北京冬奥会和冬残奥会将从2月4日持续到3月14日。从历史气象数据可查，这一期间，存在温度高等不利天气条件。因此，充分考虑天气等不可控因素，做好预案也非常关键。北京和张家口属大陆性季风气候，干燥和不确定的气候条件使得冬季的天气情况存在很大的不确定因素。

如果延庆赛区出现极端天气，温度偏高，部分区域造雪可能受到影响。特别是举办冬残奥会的时间段，雪质、雪量如何保证，均需要额外重视。

（1）场地基本情况：高山滑雪场地设在国家高山滑雪中心，距离奥运村3.6 km，行车10 min；雪车、钢架雪车、雪橇场地设在国家雪车、雪橇中心，距离奥运村200 m，步行3 min。其中，高山滑雪场地的雪道总长9 814 m、雪道面积为358 658 m^2，造雪需求为519 519 m^3，总用水量约335 000 m^3。

（2）场地气象温度条件：延庆高山滑雪规划区域造雪时间约为11月5日至次年1月5日。

2011—2016年造雪期温度变化范围为–20.66 ℃至8.02 ℃，平均温度为–6.31℃。

延庆赛区的冬奥会竞赛期在2月4日至2月24日。2011年以来冬奥会竞赛时间段内的温度变化范围为–21.04℃至4.8℃，平均温度为–8.45℃。

延庆赛区在2月25日至3月3日之间，2011年以来温度变化范围为–14.22℃至6.72℃，平均温度为–5.01℃。延庆赛区的冬残奥会竞赛期时间为3月4日至3月14日。历史数据表明，2011年以来该时间段内的温度变化范围为–13.68℃至9.7℃，平均温度为–3.92℃。

（3）场地造雪要求：延庆赛区高山雪场雪道及热身与连接雪道主要包括6条，分别为速降雪道、超级大回转雪道、回转雪道、大回转雪道、连接雪道和热身雪道。造雪面积包括雪道规划线内面积、延展面积和连接区域及赛道公共区域面积。雪道造雪量包括雪道基本雪量、保障性雪量、损失雪量、延展区域雪量。

根据高山雪场项目特点和冬残奥会保障需要，建议在常规赛造雪量1 m的基础上增加0.35 m左右的保障厚度。延展区域相应造雪平均厚度为0.6 m；造雪密度为650 kg/m^3，总造雪量约为520 000 m^3，用水量约为335 000 m^3。基本造雪量约为179 000m^3。

（4）场地用水保障：延庆赛区高山雪场至少要包括7个造雪系统泵站、

9 个蓄水池，以及相应的造雪管线与供水管线系统。造雪系统应包括冷却系统和过滤系统，以保障造雪用水符合标准，提高造雪效率。

根据区域水平衡系统的相关研究，延庆赛区应该形成三级水资源保障系统，其中：一级为必备蓄水池，总容量达 250 000 m^3 左右；二级为储备蓄水池，总容量为 500 000 m^3 左右；三级为备用水库，以白河堡水库、佛峪口水库作为赛事的保障性水库，满足赛事区域各种用水需求。

四、应对“极端天气”的保障分析

（一）速降、超级大回转至应对极端天气的保障

（1）雪道厚度增加至 1.35 m 以上，并按照上述水平衡系统规划进行排水保障，延长雪道使用时间。

（2）在海拔 1 930~2 198 m 区域雪道内进行防风处理，保证造雪效果，防止赛道雪流失。例如，通过设置“雪长城”形成景观装饰，兼具防风和囤雪功能。

（3）在冬残奥会期间，可以在使用赛道的上方设置有效截水系统，防止冬残奥会期间温度过高，上方雪道融雪后水流过大对下方比赛用道形成冲蚀和破坏。

（4）在冬残奥会期间，需要采用适宜材料对比赛用道进行局部覆盖，防止高温对流、降雨、风沙等极端天气对赛道雪质产生影响。

（5）采用旱雪技术对冬残奥会场地区域进行整体覆盖，既可以解决赛道人工植被不足问题，保证场地微细排水层的呈现，减少造雪损耗，又可以对该赛道进行四季运营。

（6）采用制冷保雪技术，可以有效消除极端高温天气对冬残奥会期间赛道雪质的影响，并且该方法相对于其他非常规造雪手段，如液氮、全天候等技术，具有低耗能和易操作的优势。

（二）回转场地应对极端天气的保障

回转场地主要进行男、女回转项目，其中男、女回转项目起点海拔 1 750 m，

终点海拔 1 460 m，线路长度 690 m，落差 290 m。

应对极端天气的保障主要有以下几点：

（1）雪道厚度增加至 1.35 m 以上，并按照上述水平衡系统规划进行排水保障，延长雪道使用时间。

（2）在冬残奥会期间，可以在使用赛道的上方设置有效截水系统，防止冬残奥会期间温度过高，上方雪道融雪后水流过大对下方比赛用道形成冲蚀和破坏。

（3）在冬残奥会期间，需要对比赛用道采用适宜材料进行局部覆盖，防止高温对流、降雨、风沙等极端天气对赛道雪质产生影响。

（4）采用旱雪技术对赛道的缓冲区域和连接区域进行处理，保持雪道的辅助功能呈现。

（三）大回转场地应对极端天气的保障

大回转场地主要进行男、女大回转项目，其中男、女大回转项目起点海拔 1 750 m，终点海拔 1 360 m，线路长度 726 m，落差 390 m。

具体保障措施：

（1）增加雪道厚度至 1.35m 以上，并按照上述水平衡系统规划进行排水保障，延长雪道使用时间。

（2）在冬残奥会期间，在使用赛道的上方设置有效截水系统，防止冬残奥会期间温度过高，上方雪道融雪后水流过大对下方比赛用道形成冲蚀和破坏。

（3）在冬残奥会期间，需要对比赛用道采用适宜材料进行局部覆盖，防止高温对流、降雨、风沙对赛道雪质产生影响。

（4）采用旱雪技术对赛道的缓冲区域和连接区域进行处理，保持雪道的辅助功能呈现。

马拉松运动的特点与营养补充方案选择

吉林省体育科学研究所　马玉丹

随着竞技体育训练水平的不断提高，运动员所承受的运动负荷强度、运动负荷量也越来越大，这必然会导致训练后运动员的身体机能下降。科学合理地补充营养可以保证运动员在运动训练后快速、有效地恢复体能，保障教练训练计划的顺利实施，从而提高运动员的竞技能力。如何针对运动项目特点，采取合理的运动营养补剂配置方案，是广大体育科研工作者研究的一个重点。本文在分析马拉松项目运动特点、供能方式及不同运动营养补剂功能的基础上，探讨马拉松运动员的营养补剂选择配置，为提高马拉松运动员的身体机能水平、建立合理的营养补充体系提供理论参考。

一、马拉松运动的特点

马拉松比赛需要运动员在公路上跑完 42.195 km，比赛持续运动时间至少需要 2 h，属于耐力性运动项目，其供能方式以有氧代谢供能为主，慢收缩肌纤维在运动员肌肉中所占比例较高，在运动时，主要是Ⅰ型、Ⅱa 型肌纤维参与工作。由于马拉松运动时间长，在运动中会出现极点现象，因此，马拉松项目主要以碳水化合物、脂肪及蛋白质的有氧氧化供能系统为主，对运动员的心肺功能要求较高，而且，需要提高机体的氧气利用效率。碳水化合物作为主要的供能物质，从马拉松比赛一开始就担负着为机体提供能量的任务，随着运动时间的延长，为节省糖原，脂肪参与供能，但到了最后的加速、冲刺等阶段仍以碳水化合物供能为主。

在日常训练中，马拉松运动员的平均日训练量可达 15~18 km，在训练后，由于运动应激刺激，机体会产生大量的自由基，这些自由基会攻击体内线粒体膜、细胞膜等生物组织，造成机体氧化损伤，形成运动疲劳，从而影响训练计划的顺利实施。与此同时，大强度运动训练也会引起运动员内分泌功能的变化，合成代谢激素水平下降，免疫功能降低，身体机能水平下降等问题。

根据上述分析，为保证运动员处于良好的身体机能水平，马拉松运动员需要：①重视碳水化合物、脂肪和蛋白质这三大能源物质的合理摄入和补充；②重视维生素、无机盐及水的合理摄入；③重视清除自由基抗氧化物质的合理补充；④重视具有增强机体免疫能力的运动营养物质补充；⑤重视具有提高合成代谢激素水平的运动营养物质补充；⑥重视具有抗缺氧作用的运动营养物质补充；⑦重视具有提高血红蛋白含量的运动营养物质补充。

二、马拉松运动的营养补充方案选择

（一）基本营养物质的合理摄入和补充

合理膳食、均衡营养是运动员营养补充的基础，耐力项目运动员运动训练时能量消耗大，对摄入物能量构成的要求更为严格。为保证马拉松运动员具备良好的体能和身体状态，需要在其日常饮食中注意三大能源物质的摄入和补充，并注意矿物质、维生素及水的合理摄入。

1. 能源物质的摄入和补充

碳水化合物和脂肪在马拉松运动中占据着重要的位置，在马拉松运动中，主要能量由碳水化合物供应，脂肪在运动后期也参与供能，因此，马拉松运动员饮食中的脂肪摄入量可高于其他运动项目，达到总能量的 30% 左右。作为主要供能物质，在运动前、运动中、运动后特别要重视碳水化合物的合理摄入和补充，以弥补运动中不断被消耗的肌糖原，保证运动质量，延缓疲劳发生，促进机体恢复。同时，在日常饮食中也要保证每日 13% 左右的蛋白质摄入量，满足机体对蛋白质的需要。三大营养素的合理摄入可以保证机体最大限度地利用能量，有利于运动成绩的提高。

2. 维生素、无机盐及水的合理摄入补充

人体内无机盐约占体重的5%，具有参与物质和能量代谢、构成细胞组成及维持神经、肌肉系统兴奋性的作用，对维持人体内环境的稳定具有重要作用。维生素参与体内能量代谢，可以影响运动员的抗氧化能力和免疫功能。在日常饮食中要注意按照运动员推荐摄入量进行补充，可以服用“善存”等复合维生素片，避免由于饮食不均衡所引起的维生素、矿物质缺乏现象。马拉松运动持续时间长，在训练比赛中会导致运动员体液的大量丢失，出现代谢障碍，影响运动能力的正常发挥，在训练比赛前、中、后，要根据个人情况，适时、适量补水，以减少体液流失，保持体能，降低运动心率。饮用合理配比的富含多种糖类、矿物质、维生素的运动饮料，对消除乳酸，延缓疲劳，提高运动能力具有重要意义。

（二）特殊运动营养物质的补充

运动员不同于普通人，大运动量、高强度的运动训练使得运动员日常消耗很大，仅仅从膳食中不能完全获得机体恢复所需的所有营养物质，必须采取有针对性的强化营养方式来消除运动疲劳，提高运动成绩。根据马拉松运动项目的特点和马拉松运动员的身体机能所需，马拉松运动员应有针对性地补充以下几方面的运动营养物质。

1. 清除自由基的抗氧化物质的合理补充

运动引起的自由基升高可引起脂质过氧化，造成机体氧化损伤，因此，在日常训练中也需要有针对性地补充清除自由基的抗氧化物质，加快运动员体能恢复，避免运动疲劳发生。常用的清除自由基的抗氧化物质包括维生素E、维生素C、番茄红素以及生物活性肽等。人参、淫羊藿、银杏叶、刺五加、五味子、当归、芦荟及冬虫夏草等中草药也具有极佳的清除自由基的能力。适量的自由基在人体免疫系统中起到有益的作用，但如果服用抗氧化剂过量，会损害自由基的正面作用，因此，需将机体抗氧化指标（丙二醛、超氧化物酶、谷胱甘肽过氧化物歧化酶）的监控与营养补充品的摄入有机结合，充分发挥抗氧化物质的营养作用。

2. 提高机体免疫能力的运动营养物质补充

高强度运动训练会导致机体运动性免疫力下降，运动员容易受疾病困扰，影响运动能力的充分发挥。当马拉松运动员出现免疫能力低下的情况时，需要有针对性地补充 L- 谷氨酰胺等能提高免疫能力的物质，并在以后的训练阶段落实预防性补充计划。作为淋巴细胞和巨噬细胞在免疫反应过程中的重要产物，L- 谷氨酰胺的摄入可以使免疫细胞加速增殖，从而提升机体免疫力。

3. 提高合成代谢激素水平的运动营养物质补充

长期的运动训练可导致人体的最重要的一个内分泌体系——下丘脑—垂体—性腺轴功能受到抑制。具体表现在：运动员体力下降，血液中睾酮水平下降，竞争意识衰退，兴奋性减弱。睾酮是体内最重要的合成代谢激素，较高的睾酮水平可以增加人体肌肉、增强力量、促进红细胞生成、提高肌糖原储备，对训练后的疲劳恢复也具有积极的促进作用。如何促进机体合成代谢激素分泌，加快运动疲劳消除，是体育科研工作者关注的焦点。目前研究发现，中药蒺藜、肉苁蓉、鹿茸等能够促进睾酮分泌，精氨酸、鸟氨酸、赖氨酸等氨基酸可以刺激生长激素分泌，进而促进代谢水平的提高。对于马拉松运动员，可以根据个人使用效果，从补充蒺藜皂苷、氨基酸等营养品入手，同时结合监测指标变化，调整补充方案，以保持运动员最佳的身体机能状态。

4. 抗缺氧作用的运动营养物质补充

马拉松运动持续时间很长，当运动进行到一定时间后就会出现极点现象，改善有氧供能效果、提高机体抗缺氧能力有助于帮助运动员顺利度过极点时期，提高运动成绩。研究表明：中药红景天可以加大动脉氧压差，提高氧气利用率，增强机体对缺氧的耐受性；L- 肉碱可以促进脂肪酸转移进入线粒体进行氧化分解，增强运动耐力，减少运动过程中丙酮酸和乳酸的堆积；辅酶 Q10 能促进肌体内氧的利用，从而提高有氧供能能力；果糖 -1,6- 二磷酸可以改善心肌供能，提高骨骼肌代谢、抗酸能力。这些抗缺氧物质的适度补充可以改善运动员的有氧代谢能力，提高运动成绩。

5. 提高血红蛋白含量的运动营养物质补充

血红蛋白是机体运输氧气的载体，对于马拉松这种长距离有氧耐力项目而言，运动员血红蛋白的水平会影响运动员的训练水平、比赛成绩。铁是血红蛋白的重要组成部分，在血红蛋白合成时发挥着至关重要的作用。在日常饮食中运动员要多吃含铁丰富的食品，与此同时，强化补充复合型营养铁剂，如血红素铁、葡萄糖酸亚铁、甘氨酸亚铁、比特铁等，以提高铁储备。但铁摄入过多同样会对身体健康和机能水平产生不良影响，进而影响运动员的运动能力和心血管功能。因此，铁剂的补充也要做到与机能指标的监测有机结合，适度补充果糖 -1，6- 二磷酸及维生素 C 等抗氧化剂，以保障红细胞的能量供应、保护细胞膜以防止红细胞被破坏。

三、结论

对于马拉松运动员而言，需要采取膳食、特殊营养物质补充相结合的方式进行营养恢复。合理膳食、平衡营养是营养恢复的基础，强化营养物质、制订运动营养组方是营养恢复的常规手段。在营养补充过程中要做到根据训练计划，把握营养物质补充的最佳时机，并且与生理生化指标的监控有机结合，做到补充营养物质质量、数量的有的放矢，同时营养物质搭配、摄入时间也要讲究科学性。这种全面、互补的营养补充，对改善运动员的身体机能水平、提高运动能力意义重大。

参考文献

[1] 刘美声 . 对马拉松运动员过度训练的营养学干预 [J]. 山东体育科技 , 2010(02):39–41.

[2] 余娟 , 王棣 , 曲洪刚 , 等 . 竞走运动员运动补剂选择的理论分析 [J]. 宝鸡文理学院学报 (自然科学版), 2010, 30(01):33–37.

[3] 黄红梅 . 运动营养补剂研究进展综述 [J]. 体育科学研究 , 2009, 13(01):80–83.

[4] 冯炜权 , 冯美云 , 谢敏豪 , 等 . 当前运动生化与营养的几个问题——运动生物化学动态之四 [J]. 北京体育大学学报 , 2001, 24(01):64–68.

聚焦行业需求
明确发展定位　服务人才培养

成都体育学院　杨成波

一、以问题为导向，明确研究思路

以问题为导向是马克思主义的鲜明特点，研究是为了解决现实中的问题，或者是解答现实中的困惑。近年来，伴随着运动训练实践的快速发展，建立在近代科学观基础上的运动训练科学逐步实现了学科知识向运动训练科学的转化。在转化过程中，运动训练科学在持续总结实践经验并将其升华为学科知识的基础上，又不断汲取其他学科的理论与研究成果，支撑自身学科理论体系的发展。然而，随着实践需求水平的不断提高，运动训练科学的解释力与指导力已不能满足训练实践的快速发展需求，需要对既有理论体系做出反思以促进运动训练科学理论的不断完善。基于上述思想，我们确立了研究工作的基本思路：基于复杂性科学研究范式，进行运动训练监控与干预的理论与研究。研究结果《近代运动训练科学范式：特征及局限》《基于精确控制与模糊控制的运动竞赛过程最优化控制理论》发表于成都体育学院学报上。

二、构建跨学科的研究团队，并加强不同学科间的合作与交流

根据复杂性研究需要，构建了涵盖运动心理学、运动训练学、生物医学工程等领域学者和运动项目教师组成的研究团队。并明确了团队的工作机制，集中讨论确定选题、集中撰写申报书、集中讨论研究进展。同时，积极与运动

医学、脑科学研究院和神经信息教育部重点实验室等开展合作。“小球项目训练监控与干预”团队于2018年3月获得学校立项。

三、紧密结合行业发展需求

脱离了行业需求，所有的研究就缺少了支撑与发展，因而我们积极与省市运动队、国家体育总局运动项目管理中心取得联系。通过不断交流，明确行业需求。我们从工作实际出发，基于复杂性科学视野，针对隔网对抗类项目探索建立竞技运动训练监控理论体系。同时，建立运动训练指标体系数据库，构建跨学科的运动训练综合干预模式，在服务运动训练的同时，为体育运动表现的科学评价提供数据支持，为运动绩效预测与优化提供支撑。

（一）积极服务四川省乒乓球队

为服务四川省乒乓球队，我们根据运动员训练计划，对教练和运动员进行访谈、问卷调查以及结合文献分析构建乒乓球训练监控与评价指标，并进行数据采集和统计分析，建立起运动员训练与比赛个性化指标体系与评价标准，形成运动员个性化技战术模型，为运动员训练监控与竞赛提供帮助。根据工作需要，我们研发了网络版乒乓球技战术数据统计软件。其特点是现场搜集技战术数据，多人分工确保跟上比赛实时进程，提高数据采集效率。在服务四川省乒乓球队备战“第十三届全运会”科技攻关的基础上，对他们进行了持续跟进服务。

（二）积极服务中国网球协会

为积极发挥高校的智力支持，我们围绕网球项目发展的战略需求，聚焦当前中国网球后备人才培养模式存在的问题、国外高水平网球后备人才培养模式及培养机制、中国特色的高水平网球后备人才培养体系的构建与培养模式设计等重点领域，立足团队优势学科基础，结合中国本土特色和文化传承，继续发挥举国体制的独特优势，探索多元人才培养的融合机制，并在培养运动员过程中形成最佳合力。我们申报并获得了中国网球协会立项，成为中国网球协会智库单位。目前，正聚焦中国网球后备人才培养的现实问题，围绕“高水平网球后备人才培养”这一总体方向目标，积极开展历史性与前瞻性相结合的纵向研究和国际、国内相比较的横向研究，组织跨学科综合研究，以提出实用、有效的建议。目前，我们承担了中国网球协会委托课题两项，分别是“我国网球竞赛体系等级结构现状对运动员竞技水平提高及其成才路径的影响”与“我国网球后备人才培养政策与措施的建议”两项课题。在此基础上，我们与国家体育总局网球运动管理中心积极联系，经过交流，拟开展“国家网球队（后备组）综合数据采集与分析服务”。主要工作内容包括：①根据国家队所提供的各项数据，做好数据汇总、分析和建议工作；②从训练和各阶段比赛日程安排出发，在国家队集训及在国内集中参赛期间选派相关专家及人员做集中数据采集、数据会诊与数据分析等工作，积极参与训练（封闭集训）和参赛期间的相关科研服务工作。具体工作内容包括运动员生理生化指标的分析与反馈，中医对运动性疾病预防、监测、分析与反馈，营养膳食调控，心理诊断与评价，建立运动员专项心理指标数据库，开展运动心理技能训练、体能诊断与评价，建立运动员专项体能指标数据库，根据教练和运动员的需要，定期跟踪国家队重点队员体能指标变化并结合运动员技战术特点，提供阶段体能训练建议、技战术数据分析。

（三）积极服务中国羽毛球队

前期，我们开展了“优秀羽毛球运动员比赛胜负预测及战术方案优化模型”研究，并就我们的研究成果积极与国家羽毛球队教练进行沟通，目前，正根据教练需求，对中国羽毛球队东京奥运会夺金形势与参赛策略及国家羽毛球女单选手陈雨菲的比赛情况进行分析。

四、积极开展交叉学科研究

与电子科技大学生命科学学院医学信息中心及神经信息教育部重点实验室合作开展“运动改变大脑网络结构”研究。确立研究方向前，我们主要从以下几点出发：运动员怎样控制他们的动作技术？运动员的脑功能结构与一般人有什么不同？这些不同的神经生理机制能不能帮助运动员进一步提高竞技表现和帮助运动障碍病人进行康复训练？因为这些问题已经不仅仅是运动科学领域非常重要的问题，更是探测运动相关疾病以及大脑可塑性的重要脑科学研究主题，这种训练引起的人脑可塑性包括了运动准备、运动模仿、运动学习以及功能整合等复杂的神经活动。而由于运动员经历了长时间训练，在大脑可塑性的研究中可作为非常好的研究对象。因而，我们与省市运动队、与生物医学研究机构合作完成《基于小世界网络分析的小球类专项学生运动员脑网络可塑性变化研究》《基于白质纤维束概率追踪和功能连接的小球运动员脑可塑性研究》《基于动态低频振荡振幅方法的乒乓球运动员脑可塑性变化研究》。目前，一篇文章发表在南京体育学院学报自然科学版，一篇文章被上海体育学院学报刊用。目前，我们结合前期研究基础，申报了四川省科技厅项目应用基础研究项目“基于生理及心理学的网球运动员脑可塑性研究”。

五、聚焦自我提升与人才培养

在开展研究工作的过程中，我们通过团队合作的形式，积极地、广泛地吸纳多学科人才，逐渐形成了相对稳定的研究团队，并聚焦人才培养，积极吸纳优秀的博士研究生和硕士研究生加入我们的团队。通过开展合作研究，除前述取得的成果外，还获得了四川省教育厅高等教育教学改革研究课题 2 项，成都体育学院教育教学改革研究课题 2 项，团队主持的“乒乓球裁判员训练虚拟仿真教学”项目目前已通过四川省教育厅评审，正处于省级立项项目公示期，同时，1 名硕士研究生论文被评为成都体育学院优秀硕士学位论文。

新疆生产建设兵团体育文化创新发展研究

石河子大学　杨冠强

党的十八大提出建设社会主义文化强国的宏伟战略目标，党的十八届三中全会进一步开启推进社会主义文化体制机制创新的战略。文化作为一个民族的灵魂，是一个开放的体系，要随着时代发展和社会进步，不断进行调整、更新和重塑。

2013 年中国向全世界提出了共建“一带一路”的倡议，共建“一带一路”深厚的文明底蕴、包容的文化理念，为沿线国家互学互鉴提供了平台，共建“一带一路”推动了沿线国家在教育、科技、文化、卫生、体育、媒体、旅游等领域开展广泛合作。为贯彻落实“一带一路”倡议，加强与“一带一路”沿线国家和地区的文明互鉴与民心相通，切实推动文化交流、文化传播、文化贸易创新发展，文化部（现为文化和旅游部）编制了《“一带一路”文化发展行动计划（2016—2020 年）》，为新时期中国文化在“一带一路”倡议框架下的发展指明了方向。

体育文化是指人类社会实践过程中形成的有关体育活动的精神财富的总称。体育文化不仅是人类文化在体育活动领域的反映和体现，也是人类文化组成中不可或缺的内容。新疆生产建设兵团（以下简称“兵团”）体育文化是中国特色社会主义文化的组成部分，兵团体育文化见证了兵团屯垦戍边事业的伟大壮举。在新的时代背景下，兵团体育文化对于提升兵团职工凝聚力，增强健康素质，增进各民族交流，促进各民族团结和社会进步起到了重要的作用，随着时代的进步，兵团体育文化需要不断地创新和进步。

本课题在马克思主义文化理论的科学指导下，运用文献资料、专家访谈、田野调查等研究方法对有关兵团体育文化核心概念进行科学界定，对兵团体育文化的发展演变历程进行梳理，兵团体育文化发展的演变历程经历了萌芽期、形成期、受挫期、振兴期和发展期；兵团固有的政治体制、经济基础和地理环境是兵团体育文化形成的社会基础，在兵团体育文化发展过程中承担着为打造安疆、固疆的“稳定器”服务的政治使命，为打造凝聚各族群众的“大熔炉”服务的民生使命；为打造先进生产力的示范区服务的经济使命和为打造先进文化的示范区服务的文化使命。

借助文化结构理论对兵团体育文化创新发展中遇到的挑战、创新的原则和内容进行分析，最后对兵团体育文化的创新和发展提出以下对策与建议。

一、坚持以习近平新时代中国特色社会主义体育思想为引领

新时代体育思想凸显了“人们对美好生活的向往”的核心，是中国体育事业的顶层设计，对屯垦戍边中的兵团体育“怎么发展？为谁发展？发展什么？”指明了方向。

（一）怎么发展

社会主义事业全面发展的“五位一体”和“四个全面”总体布局，确立了我国各项工作的战略目标和战略举措。体育已经从增强体质的单一功能向提升国民精神、国民健康、国民地位的多元功能转变。兵团体育现阶段立足于兵团屯垦戍边事业的发展实际，自觉融入兵团的经济、政治、文化、社会、生态文明，统筹发展。

（二）为谁发展

坚持以人民为中心，把人民放在最高位置，是中国共产党人矢志不渝的政治情怀。健康中国的国家战略，使全民健康素质水平与建设全民小康紧密相连，将体育事业发展纳入健康生活、健康服务、健康保障和健康环境中来。是

“一切为了人民”思想的彰显，兵团体育应立足兵团，在全民健身、体育产业、体育旅游等惠及民生的屯垦戍边事业中发挥自身优势，以“创新、协调、绿色、开放、共享”发展为理念，建设全民参与、全民共享的兵团体育事业。

（三）发展什么

兵团体育的发展既要彰显“兵”之属性，又要凸显“垦”之特征。在“兵”方面，强化军事体育，提高军事训练效果，加强国防教育；在“垦”方面，以健康兵团为主线，大力开展全民健身运动，发展兵团体育产业，促进群众体育、竞技体育、青少年体育和学校体育统筹协调发展。

二、构建兵团体育跨界整合创新体系

（一）体育与军事跨界整合体系

现代体育的许多项目，本身就是从军人的战斗训练实践中演化而来的，在信息化战争条件下，一名合格的军人必须首先拥有良好的体能和体魄，大力发展军事体育，是我们践行强军目标的内在要求。维稳戍边的特殊使命，决定了兵团人必须有良好的军事素质。兵团党委先后制定出台《加强兵团民兵武装力量建设十年规划》《关于新形势下加强戍边守防工作的意见》等指导性文件，标志着融生产、训练、执勤、应急于一体的民兵常态化轮训备勤机制进一步完善。

（二）体育与经济跨界整合体系

兵团在《国务院关于加快体育产业发展促进体育消费的若干意见》《大力发展体育旅游的指导意见》等基础上制定了《兵团贯彻落实国务院关于加快体育产业发展促进体育消费若干意见》，对于推动增加体育供给的政策落实，加强公共体育服务设施建设和规划布局，多方统筹加大体育投入，拓宽体育产业发展领域，以及做好体育旅游产业发展的各项基础性工作进行了部署。

（三）体育与医疗跨界整合体系

《“健康中国2030”规划纲要》明确了体育在健康中国建设过程中的重要作用。兵团在健康中国战略目标顶层设计下，出台了《新疆生产建设兵团全民健身实施计划（2016—2020 年）》，该计划对促进全民健身与科技、教育、文化、卫生、养老、助残等事业融合发展，统筹谋划全民健身重大项目工程，发挥全民健身在促进素质教育、文化繁荣、社会包容、民生改善、民族团结、健身消费和大众创业、万众创新等方面具有积极作用。

三、构建“以文化化人、以体育育人”为核心的文教结合创新路径

（一）注重兵团体育文化内涵的挖掘，提升文化软实力

兵团体育文化是在长期的屯垦戍边历史中形成的外在表现的运动形式。由于它是一种身体文化，它的教育功能不仅具有现代体育的强身健体功能，同时作为一种特殊的文化载体，具备了促进人的全面发展的教育功能。以体育为载体对兵团进行文化教育，有利于学生社会主义核心价值观的培养和弘扬，增强民族自豪感和使命感。

（二）优化学校体育教育改革，创新体育教学内容，培养体育文化创新人才

以兵团体育文化中的精髓为依托，把“兵团第一犁”“老兵故事”“小白杨哨所”等在屯垦戍边事业中的先进典型事例与体育项目结合起来，在全国红色运动会项目的基础上，对体育项目进行优化创新；打破全国军训一盘棋的壁垒，将兵团民兵武装训练融入学校军训课程中，使青少年在校园里接受兵团武装训练和国防教育，创新学校军事体育教育改革。

在兵团体育文化进一步弘扬和传承的过程中，以学校体育教育为核心，架构起以家庭、学校、社会“三位一体”的教育模式，形成“以文化化人、以体育育人”的文教结合的兵团体育教育路径体系。

四、坚持以互联网为媒介，打造“兵团体育 +”科技创新路径

（1）充分依靠互联网技术，开发“兵团体育 +”相关产品和服务，在消

费者通过互联网进行体育消费、观看体育节目、进行体育社交、搜集体育资源等形成的原数据的基础上，开发相关终端 App 应用软件，使其在全民健身、运动训练、体育康复等领域获得多元化功能体验。

（2）充分依靠互联网技术打造线上线下兵团体育体验模式，使兵团体育资源获得更好的优化配置，在体育赛事、体育师资培训、健康知识讲座等方面依靠互联网技术，打造新的“兵团体育 +”的 O2O 电子商务模式。

（3）充分依靠互联网技术，形成健康体质大数据库。通过互联网体质健康平台，对参与者身体形态、健康状况、体质变化、运动参与等原数据进行分析，获得兵团人运动、健康、体育消费等综合信息，制定相关促进健康运动的处方，对兵团国民体质和健康水平进行实时动态监控与干预。

参考文献

[1] 鲍明晓 . 以新时代改革开放 , 统领体育强国建设 [J]. 体育科学 ,2019，39(03):13–18.

[2] 金东涛 . 传统茶文化与体育运动相结合的作用探析 [J]. 福建茶叶 ,2016,38(01):247–248.

[3] 李军华 . 我军早期体育工作的若干特点研究 [J]. 军事体育学报，2010(04):72–75.

[4] 袁伟民 , 李志坚 . 中华人民共和国体育史（地方卷）[M]. 北京 : 中国书籍出版社 , 2002.

[5] 钱志强 . 新中国群众篮球运动发展史的研究 [D]. 苏州：苏州大学 ,2002.

[6] 赵予征 . 新疆屯垦 [M]. 乌鲁木齐：新疆人民出版社，1991.

体医结合促进健康的研究

辽宁省体育事业发展中心　张蓝予

一、前期相关研究

前期相关研究为健身运动对中老年人 HCY（同型半胱氨酸）水平影响的研究。

（一）研究对象

本研究采用调查法筛选符合条件的受试对象，年龄 55~75 岁。选择长期坚持健身运动人群（200 人）为实验组，无规律健身运动人群（100 人）为对照组。

（二）结果

1. 长期健身运动组和无规律健身运动组 HCY 值比较

表 1 各组 HCY 值比较

		无规律健身运动组	骑行组	长跑组
男	HCY/(μ mol · L^{-1}) 数量 / 人	$24.16 \pm 13.30^{\triangle}$ 50	$18.87 \pm 4.64^{** \triangle}$ 50	$17.82 \pm 5.49^{** \triangle}$ 46
女	HCY/(μ mol · L^{-1}) 数量 / 人	18.50 ± 6.88 43	$13.91 \pm 3.86^{**}$ 50	$15.28 \pm 4.30^{*}$ 42

注： ** 表示组间比较 $P<0.01$，* 表示组间比较 $P<0.05$； △表示男女间比较 $P<0.05$。

表 1 显示，长期坚持骑行运动和长跑运动人群分别与无规律健身运动人群进行比较，骑行组和长跑组的 HCY 水平均比无规律健身运动组低，且有显著性差异（P<0.01）。骑行组和长跑组之间 HCY 值没有显著性差异。各组男性 HCY 值普遍高于女性，且存在显著性差异 (P<0.05)。

2. HHCY（高同型半胱氨酸血症）发生率的比较

表 2 各组 HHCY 发生率

	无规律健身运动组	骑行组	长跑组
男	74%	76%	52.17%
女	62.79%	20.41%	38.09%

表 2 显示，除男性骑行组外，女性骑行组和男、女长跑组 HHCY 发生率均低于无规律健身运动组。

3. 结论

骑行和长跑运动都是简单、实效的有氧运动，长期坚持有规律、中等强度的有氧运动可以降低血清 HCY 水平，从而降低 HHCY 的发生率，降低脑卒中风险，预防相关疾病的发生。

二、后续准备开展的研究

（一）选题依据

流行病学研究表明，脑血管疾病和缺血性心脏病位列最严重致死疾病的前两位。传统心血管疾病的风险因素包括高血压、高胆固醇血症、高脂血症、肥胖、糖尿病和吸烟。然而，15%~20% 的心血管患者没有发现传统的心血管疾病危险因素，而在临床研究中发现冠心病病人中，HHCY 却占相当的比例。近年来国内外大量的研究已经证实：HCY 升高是心脑血管疾病的独立危险因素。而且 HCY 升高会导致高血压者患血管疾病的风险增加约 11 倍。此外，HHCY 也是影响其他疾病发生的独立危险因素，比如，老年痴呆、糖尿病、慢性肾病等。因此，预防血浆 HCY 水平升高，控制好 HHCY 水平，对预防心脑血管等疾病的发生具有重要作用。

1. 国内外现状

（1）HCY 的生物学特性：HCY 是一种含硫氨基酸，是人体内蛋氨酸代谢过程中重要的中间产物。HCY 大部分经转硫化途径进行代谢，以维生素 B_6 为辅酶，在胱硫醚 β 合成酶的催化下与丝氨酸缩合生成胱硫醚，再进一步转变为半胱氨酸，最终随尿排出体外。HCY 在蛋氨酸合成酶的作用下，以维生素 B_{12} 为辅酶，由 5– 甲基四氢叶酸提供甲基，通过甲基化重新生成蛋氨酸。在正常情况下，HCY 经过甲基化或转硫途径进行代谢，HCY 可以和蛋氨酸、半胱氨酸进行互转，使 HCY 的生成和降解保持平衡状态。正常成人体内血浆 HCY 浓度应于小 10 μ mol/L，当缺乏关键的 HCY 代谢酶或维生素，如维生素 B_6、维生素 B_{12}、叶酸时可引起 HHCY，进而引起心脑血管病变。

（2）HCY 的致病机理和病理作用：过高的 HCY 通过氧化应激反应，导致内皮细胞和内质网损伤，破坏机体凝血和纤溶之间的平衡，使机体处于血栓前状态，引起血管平滑肌细胞的增殖和胶原的合成。病理作用主要包括 HCY 损伤血管内皮细胞，促进血管平滑肌细胞增殖，促使载脂蛋白在血管壁堆积，影响纤溶蛋白活性等。

2. 学术价值和应用价值

目前，国内外医学领域对 HCY 的研究也是针对 HCY 与心脑血管等疾病关系的研究，而且研究对象多为患者。国内有关运动对 HCY 影响的研究为数不多，而国外的研究多集中在急性运动对 HCY 的影响，一些关于有氧运动对 HCY 影响的研究也由于运动方式、运动方案、研究对象的不同而得到不同的结果。虽然对健身方法研究较多，但是尚未查到把健身运动、HCY、脑卒中联系在一起的研究。

（二）研究内容

1. 研究对象

受试者分为中青年组和老年组（排除心脑血管疾病、全身性疾病、严重的器官疾病、内分泌疾病以及近期维生素摄入者）。筛选长期坚持骑行、长跑运动者为实验组，坚持运动年限 2 年以上，每周运动至少 3 天，要求每次健身 60% 为最大强度，达到靶心率的运动时间至少为 40 min。无规律健身运动者为对照组。医院门诊新发脑卒中病人为临床组，发病前无规律健身运动。

2. 总体框架

研究框架见图 1。

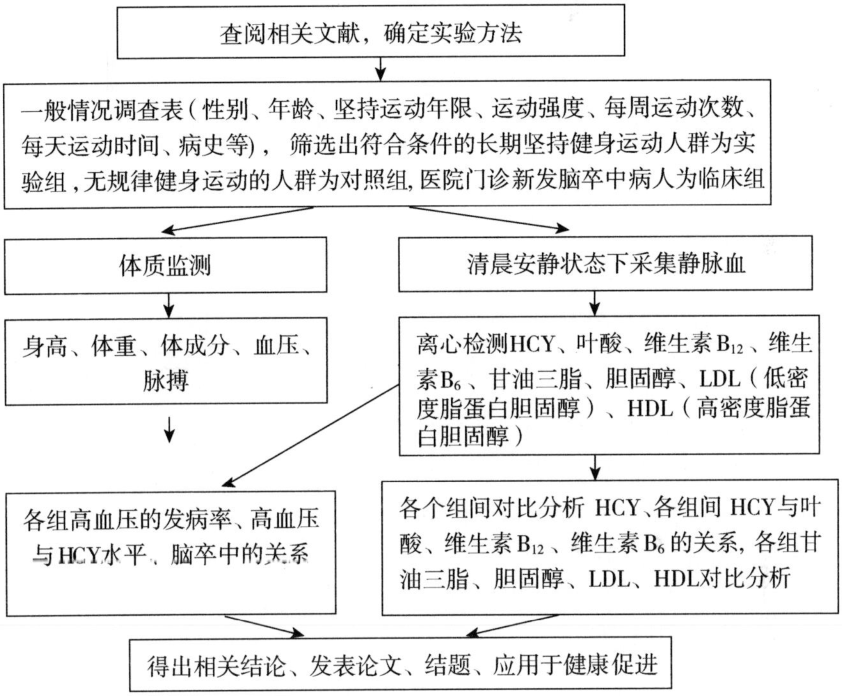

图 1　研究框架

3. 研究目标

为更好地完成强身健体、预防疾病的目标，本研究以大众群体为研究对象，选取非常常见并易于坚持的健身项目，通过分析长期坚持健身运动人群、无规律健身运动人群和临床组的血浆 HCY 水平，探讨长期坚持有氧健身运动对老年人血浆 HCY、叶酸、维生素 B_6、维生素 B_{12}、甘油三酯、胆固醇、LDL、HDL、血糖水平的影响，以及与脑卒中的关系，加强体医结合，旨在通过大众健身运动，预防心脑血管等疾病，为促进健康目标的实现提供方法及依据。

（三）思路方法

由于规律的有氧运动会带给我们健康，我们假设长期坚持规律的有氧运动会使 HCY 水平显著性降低，结果将会阐明长期有氧运动对降低 HCY 起作用，从而可以进一步强调运动对心脑血管疾病的影响，实现预防心脑血管等疾病的目标。为了完成预期的设想和目标，本课题要做以下几个方面的研究：

（1）长期坚持健身运动组与无规律健身运动组、临床组 HCY 水平的比较，观察不同人群血浆 HCY 水平是否有差异，得出运动可以引起 HCY 的改变，从而作为健身运动预防脑卒中的理论和实践支撑。

（2）各组 HCY 水平与叶酸、维生素 B_6、维生素 B_{12} 水平的相关性分析，以及运动对它们的影响，进而探讨运动引起 HCY 变化的机理。

（3）各组高血压发病率的比较，进一步证实运动对高血压是否有防治作用；健康人群和患病人群 HCY 水平和高血压与脑卒中发病率的关系，探讨 HCY 和高血压双重因素对脑卒中发病率的影响。

（4）各组甘油三酯、胆固醇、HDL、LDL 水平的比较，观察运动对影响心脑血管因素的作用。同时观察临床组 HCY 与传统危险因素的关系，以证实 HCY 为脑卒中独立的危险因素。

（四）创新之处

（1）目前，国内外对血浆 HCY 水平研究多集中在医学领域中 HCY 与心脑血管疾病的关系。运动领域也都停留在运动与 HCY 的关系上，国内有关运动与 HCY 的文献为数不多，国外有关运动与 HCY 的研究也比较少见，且结论不一致。本研究侧重于如何通过适宜的有氧健身运动，降低 HCY 水平，从而达到预防疾病的目的。

（2）国外有关运动对 HCY 影响的研究多集中在急性运动，多以运动员为研究对象。少数长期运动的研究由于坚持运动周期短，运动方式、运动强度、坚持运动时间等因素不同而呈现不一致的研究结果。本研究以 300 名大众群体为研究对象，且实验组为坚持有氧健身运动两年以上的健康人群。选取简单、易于坚持的群众健身项目。

（3）把运动、HCY 和脑卒中联系在一起，通过多个指标联合测试、综合分析，体医结合。

“体育＋旅游”助力新疆脱贫攻坚的思考

新疆体育职业技术学院　赵刚

一、国内“体育＋旅游”的发展情况

2016年夏季达沃斯论坛上，李克强总理首次提出了旅游、文化、体育、健康、养老“五大幸福产业”概念，“五大幸福产业”的跨界融合引人遐想，其中“体育＋旅游”备受关注。《体育产业发展“十三五”规划》中提出，“十三五”期间，将大力推动“旅游＋体育”的体育产业发展，满足人们多元化的体育和旅游需求，包括冬季冰雪旅游、休闲运动、户外营地、徒步健身绿道、体育健身养生、赛事旅游、体育运动公园、体育场馆观光等与体育运动相关的旅游休闲体验以及相关的装备和设施建设。

近年来，随着国民经济的发展，我国体育产业发展态势良好，成为国民经济新兴产业的潜力非常巨大。数据显示，2015年，我国体育产业总产出（总规模）为1.71万亿元，增加值为5 494亿元，占同期国内生产总值的比重为0.8%，较上年度的0.64%增长了0.16个百分点。同时，近年来旅游产业发展迅速，2016年中国旅游业对国民经济综合贡献达11%，中国旅游业对社会就业综合贡献超过10.26%，与世界平均水平持平。

二、国外“体育＋旅游”的发展情况

在西方发达国家，体育旅游产业已经成为国家的支柱产业之一，据2011年英国旅游年鉴数据，英国全年旅游收入达到227亿英镑，其中体育休闲旅游收入达到 130 亿英镑，占 57.3%，比 2010 年的 115 亿英镑增加了 13%。2012 年伦敦奥运会更是带给英国 150 亿英镑的旅游收入。而瑞士建有 200 多个滑雪场，每年前往瑞士进行登山、滑雪的人群不断增加，据瑞士旅游局统计，在 2012—2013 年间仅前往滑雪的中国游客就有 6 万多人次，增长了 25%。

国外“体育 + 旅游”形式主要分为参与性体育旅游和观赏性体育旅游。参与性体育旅游分为户外和室内。户外参与性体育旅游，主要包括远足、登山、游泳、划船、漂流、赛马、垂钓、高尔夫球等休闲项目；室内参与性体育旅游，主要是飞镖、斯诺克台球、保龄球等项目。观赏性体育旅游以观看比赛为主，欧洲体育赛事频繁，世界上的高水平足球联赛基本都在欧洲，据统计，2011—2012 年英格兰足球超级联赛的场均观众人数达到 34 601 人，联赛的收入约为 23 亿欧元。同时，欧洲也是奥运会举办最多的大洲，2012 年伦敦奥运会给英国经济带来的拉动效益价值有 150 亿美元。在欧洲的其他国家，每年都要举行众多高水平的比赛，例如，欧洲足球冠军联赛、环法自行车赛、世界一级方程式锦标赛等，这些观赏性赛事的举办，都给欧洲各国带来了巨大的经济效益。

三、国内外“体育 + 旅游”模式

（一）建设体育小镇吸引游客参观、游览、体验，带动旅游业发展

1. 国内体育小镇的建设情况

2016 年 7 月，住建部、发改委、财政部联合下发《关于开展特色小镇培育工作的通知》，要求到 2020 年培育 1 000 个左右各具特色、富有活力的特色小镇，体育特色小镇的发展迎来一波利好政策。

2017 年 5 月 11 日，国家体育总局办公厅印发《关于推动运动休闲特色小镇建设工作的通知》，明确指出到 2020 年，在全国扶持建设一批体育特征鲜明、文化气息浓厚、产业集聚融合、生态环境良好、惠及人民健康的运动休闲特色小镇。同时，该通知明确了 2017 年度运动休闲特色小镇的推荐数量。其中，京津冀三省（市）推荐量为 3 个，其他省（区、市）推荐量为 1~2 个；国家体育总局有关运动项目管理中心各推荐 1 个。照此推算，2017 年体育小镇的推

荐量至少在 45 个以上。

目前，国内体育小镇建设已经初具规模，如河南省登封市嵩皇体育小镇、浙江省绍兴市柯桥酷玩小镇、浙江省平湖市九龙山航空运动小镇、北京市丰台槐房国际足球小镇等。

2. 国外体育小镇的建设情况

国外体育小镇的建设时间较早，且在建设规模、设施、效益和知名度等方面较为成熟。如法国霞慕尼小镇、新西兰皇后镇、意大利蒙特贝卢纳镇、瑞士滑雪胜地达沃斯、法国赛车运动小城勒芒、爱尔兰香侬、美国的户外小镇等。

（二）举办体育比赛，带动旅游业发展

举办体育比赛，吸引选手参赛、游客观看比赛等带动旅游业发展，如世界各大城市的马拉松比赛，以及高水平的足球、篮球、赛车、网球、高尔夫球、拳击、搏击等比赛。

（三）开放体育场馆

将国家体育场（鸟巢）、国家游泳中心（水立方）及世界各地的奥运场馆、大型比赛的场地对游人开放、供游人观赏等。

（四）定制旅游路线、体育明星代言

如中国男子篮球职业联赛与携程旅游签署合约；美国职业篮球联赛球星“字母哥”阿德托昆博担任希腊旅游大使；卢旺达与欧洲足球豪门阿森纳足球俱乐部合作等，都取得了良好的效果。

四、新疆发展“体育 + 旅游”助力脱贫攻坚的意义

2014 年新疆确定的深度贫困县 22 个、深度贫困村 1 962 个、深度贫困人口 162.75 万人，这里是我国脱贫攻坚的主战场，尤其是南疆四地州被列入国家深度贫困地区。通过发展“体育 + 旅游”可以带动贫困地区的经济发展，促进贫困地区贫困人口就业，增加贫困地区人口的人均收入，帮助贫困人口脱贫，促进社会的和谐发展。

通过发展“体育＋旅游”可以增强各民族之间的交流，开阔贫困人口的视野，消除贫困地区传统落后的观念，激发脱贫致富的内生动力，增进各民族的团结和友谊，促进社会稳定繁荣发展。

五、新疆发展“体育＋旅游”助力脱贫攻坚的建议

（一）依托新疆的地理资源优势，大力发展“体育＋旅游”产业

新疆拥有166万平方千米的土地，占全国面积的1/6，地理气候条件独特，有草原、沙漠、雪山、河流、戈壁、湖泊等各种地理环境，拥有全国最多的5A级景区，拥有全国最多的民用机场。这些优势条件为发展“体育＋旅游”提供了坚实的基础。尤其是南疆地区更应该充分利用沙漠、胡杨林等独特的景色大力发展“体育＋旅游”产业，帮助贫困人口脱贫致富。

（二）大力宣传、积极举办品牌赛事，推动“体育＋旅游”的发展

近年来，新疆也在大力宣传和积极举办品牌赛事，如第十三届全国冬运会、环塔（汽车、摩托车）拉力赛、环赛里木湖公路自行车赛、赛里木湖马拉松赛、库姆塔格沙漠越野挑战赛、全国露营大会、中国男子篮球职业联赛等精品赛事，这些赛事的举办为推动“体育＋旅游”的发展创造了良好的条件。南疆地区应该积极申办和参与此类赛事，从而带动南疆旅游业的发展，推动贫困人口脱贫致富。

（三）积极开发少数民族传统体育项目，发展“体育＋旅游”产业

新疆自古以来就是少数民族聚居的地方。到目前为止已经发掘整理了629个少数民族传统体育项目，其中有很多特有的少数民族传统体育项目，如叼羊、达瓦孜、姑娘追、押加、秋千等，深受各族人民的喜爱，这为开发“体育＋旅游”产业打下了基础。南疆地区应该充分利用本地特有的这些少数民族传统体育项

目，发展“体育 + 旅游”产业，助力脱贫攻坚。

（四）大力培养“体育 + 旅游”的专业人才，积极促进就业

目前，新疆各个高校开设的“体育 + 旅游”相关专业并不多，专业人才数量少，无法满足市场的需要。建议高校加大对“体育 + 旅游”市场的调研，扩大对贫困地区的招生力度，有针对性地培养专业人才，促进“体育 + 旅游”的发展，助力脱贫攻坚。

基于尉村“鼓车赛会”的体质人类学研究

山西体育职业学院　赵俊杰

一、前言

鼓车，鼓与车的结合。鼓车赛会是由古代官兵用于训练的战车战鼓演变而成的鼓乐表演和体育竞技相结合的民俗活动。鼓车赛会这一特有的民俗传统活动在尉村流传千年，属于速度与耐力结合的群体性竞技活动。目前，尉村的鼓车赛会活动已成功申报第三批国家非物质文化遗产，从弘扬与传承这项古老竞技活动的视角，其历史渊源及体现的运动特征值得探析。

二、研究目的与意义

本研究实地深入山西省临汾市襄汾县尉村进行田野调查，查看了尉村鼓车赛会现存的历史遗迹及相关资料，访谈了鼓车赛会传承人、乡村干部、知情村民，从体质人类学的视角，对 34 名鼓车赛会参与者进行体质测量，就鼓车赛会运动的运动特征进行挖掘与整理，使尉村鼓车赛会非物质文化遗产得到进一步的传承和弘扬。

三、研究方法

（一）田野调查

本次田野调查时间为 2019 年 4 月 18 日至 24 日，以尉村群众开展的与身体活动有关的鼓车赛会为研究对象。运用参与观察、访谈、体质测量、影音记录等技术手段，共访谈鼓车赛会传承人及参与人、乡村干部、知情村民近20人。

（二）体质测量与分析

依据国民体质监测的相关指标，选取反映人体的身体形态、身体机能、身体素质的指标。由于测量时部分鼓车赛会参与者外出等原因，仅对34名尉村鼓车赛会参与者进行体质测量。

（三）数理统计法

采用单样本均数的 t 检验，对鼓车赛会参与者与山西省同年龄段人群的各项体质指标进行差异性检验。

四、结果与分析

（一）鼓车赛会参与者的身体形态测量与分析

表1 鼓车赛会参与者身体形态指标一览表

	年龄/岁	身高/cm	体重/kg	胸围/cm	腰围/cm	臀围/cm	左臂围/cm	右臂围/cm	颈围/cm
平均数	39.15	175.43	75.2	95.82	87.46	97.75	29.73	31.15	35.63
标准差	2.67	1.32	4.57	1.36	1.54	0.97	0.58	0.59	0.44
范围	20 ~ 50	155 ~ 179	62 ~ 75	81 ~ 110	72 ~ 96	87 ~ 108	25 ~ 37	25 ~ 36	32 ~ 39

由表1可知，参与者平均身高为（175.43 ± 1.32）cm，与2014年国民体质监测公报显示的该年龄段全国平均身高（169.9 cm）相比，高出5.53 cm；体重为（75.2 ± 4.57）kg，与全国该年龄段的平均体重（71.5 kg）相比，多出3.7 kg。

表2 鼓车赛会参与者身体形态指标与山西同年龄段人群对比一览表

	性别	年龄/岁	身高/cm	体重/kg	胸围/cm	腰围/cm	臀围/cm
鼓车赛会人均	男	38.03	175.4*	75.2*	95.8	87.4	97.7
山西人均	男	35~39	169.9	72.3	93.1	87.8	96.8
P			0.044	0.037	0.645	0.341	0.715

注：（1）* 为 $P < 0.05$ 有显著性差异；（2）数据来自2014年山西省国民体质监测公报。

由表 2 可知，鼓车赛会参与者各项身体形态指标的调查结果与山西同年龄段人群的各项身体形态数据相比，胸围、腰围、臀围不存在显著性差异，而身高、体重存在显著性差异。可见，鼓车赛会参与者相比山西同年龄段人群平均身高和平均体重都要偏高,原因可能与鼓车赛会在选材时注重身强力壮有关。

（二）鼓车赛会参与者的身体机能测量与分析

表 3 鼓车赛会参与者身体机能指标一览表

	年龄 / 岁	安静脉搏 /（次 /min)	收缩压 / mmHg	舒张压 / mmHg	肺活量 / mL	台阶指数
平均数	38.03	73.4	125.54	82.37	3 715.14	64.34
标准差	2.18	4.68	5.73	2.79	623.47	3.45
范围	18 ~ 50	57 ~ 102	106 ~ 152	63 ~ 99	3 034 ~ 4 139	53~70

由表 3 可知，与全国该年龄段的平均肺活量 3 505 mL 相比，鼓车赛会参与者平均肺活量高出 210.14 mL，这表明该群体呼吸机能水平普遍较高。台阶指数是通过机体对运动负荷的反应来评价心血管系统的机能水平。与全国该年龄段的平均台阶指数 56.6 相比，参与者平均台阶指数高出 7.74，这表明该群体心血管功能机能水平较高。

表 4 鼓车赛会参与者身体机能指标与山西同年龄段人群对比一览表

	性别	年龄 / 岁	安静脉搏 /（次 /min)	收缩压 / mmHg	舒张压 / mmHg	肺活量 / mL	台阶指数
鼓车赛会人均	男	38.03	73.4	125.5	82.3	3 715*	64.3*
山西人均	男	35 ~ 39	78.9	123.0	78.3	3 541.9	58.9
P			0.197	0.413	0.24	0.041	0.024

注：（1）* 为 $P < 0.05$ 有显著性差异；（2）数据来自 2014 年山西省国民体质监测公报。

由表 4 可知，鼓车赛会参与者安静脉搏略有降低，不存在显著性差异；收缩压和舒张压也均不存在显著性差异。而参与者的肺活量、台阶指数均略高于山西同年龄段人群的平均水平，可见这一群体的肺通气能力和心血管机能较好，经常参加鼓车赛会能提高机体的心肺机能水平。

（三）鼓车赛会参与者的身体素质测量与分析

表 5 鼓车赛会参与者身体素质指标一览表

	年龄 / 岁	握力 /kg	背力 /kg	坐位体前屈 /cm	纵跳 / cm	俯卧撑 / 次	闭眼单脚站立 /s	选择反应时 /s
平均数	38.03	48.84	134.27	4.76	32.50	19.42	17.10	0.42
标准差	2.18	2.43	3.16	1.45	2.14	1.82	1.94	0.99
范围	35 ～ 39	41 ～ 53	113 ～ 159	3 ～ 6	29 ～ 37	16 ～ 24	14 ～ 20	0.3 ～ 0.6

由表 5 可知，与全国该年龄段人群相比，尉村鼓车赛会参与者平均握力高出 2.94 kg，平均背力高出 7.07 kg，平均纵跳超出 5.25 cm，由此可见，这一群体手部及背部肌肉力量较强，下肢肌肉力量及爆发力较好。而全国该年龄段人群的坐位体前屈和闭眼单脚站立平均值分别为 6.1 cm 和 25.3 s，参与者坐位体前屈与之相差 1.34 cm，闭眼单脚站立相差与之 8.2 s，表明参与者的柔韧性和平衡能力有退化趋势，需要加强这两方面的锻炼。参与者的俯卧撑和选择反应时，与全国该年龄段人群的数据指标相近，说明这一群体肩部肌肉耐力和神经系统的反应速度较好。

表 6 鼓车赛会参与者身体素质指标与山西同年龄段人群对比一览表

	性别	年龄 / 岁	握力 / kg	背力 / kg	坐位体前屈 /cm	纵跳 / cm	俯卧撑 / 次	闭眼单脚站立 /s	选择反应时 /s
鼓车赛会人均	男	38.03	48.8*	134.2**	4.7*	37.7*	19.4	17.1	0.42
山西人均	男	35 ～ 39	45.0	127.3	5.4	30.0	19.3	18.2	0.39
P	—	—	0.038	0	0.031	0.003	0.453	0.265	0.614

注：（1）* 为 $P < 0.05$ 有显著性差异；** 为 $P < 0.01$ 有非常显著性差异；
（2）数据来自 2014 年山西省国民体质监测公报。

由表6可知，与山西同年龄段人群的各项身体素质数据相比，鼓车赛会参与者俯卧撑、闭眼单脚站立、选择反应时不存在显著性差异。而参与者的握力、背力、纵跳均显著提高，可见这一群体手部、背部及腿部肌肉力量较强，这可能是因为日常生活、工作以及经常参加鼓车赛会时，这些部位的肌肉力量得到了较好的锻炼。然而，鼓车赛会参与者的坐位体前屈显著降低，说明这一群体柔韧性较差，需要加强柔韧性的锻炼。

五、结论

尉村位于山西省临汾市襄汾县，这里的百姓是古代军人的后裔，世世代代流淌着战士的血液，并且传承着骁勇善战的文化基因。鼓车赛会在尉村流传千年，这种速度与耐力结合的群体性竞赛活动，能够使鼓车赛会参与者身强体壮，获得较好的心肺机能，较好的手部、背部及腿部肌肉力量。对尉村鼓车赛会体育文化的考察和研究，具有非常重要的意义。它能为尉村鼓车赛会体育文化的发展提供详翔实、可靠的材料，有利于其发展成地方特色的体育文化产业，使尉村鼓车赛会非物质文化遗产得以进一步的继承和发扬。

参考文献

[1] 谭广鑫，周志俊，许爱梅，等．巫风武影：南部侗族“抬官人”挖掘整理的田野调查报告 [J]. 体育科学，2014,34(03):62-71.

[2] 山西省体育局．2014 年山西省国民体质监测报告 [M]. 太原：山西科学技术出版社，2017.

[3] 卫微．山西尉村民俗体育“跑鼓车”文化解析 [D]. 成都：成都体育学院，2015.

[4] 张智，魏彪，张润宇．山西临汾市尉村跑鼓车文化研究 [J]. 体育科技，2017,38(02): 79-80.

[5] 国家体育总局．2014 年国民体质监测公告 [R]. 国家体育总局网站，2015-11-25.

不同急性运动对静息代谢率的时序性影响研究

国家体育总局体育科学研究所　何子红

一、前言

体力活动不足已被认为是全球的流行病，是全球第四位主要死亡危险因素。80% 的国家制定了相关政策或行动计划去提高体育活动的水平，但是收效甚微。运动有益于健康，但是具体到每一个体位，却没有能获得最大的运动益处的精准化运动指导方案。因此，本研究拟通过研究受试者不同负荷急性运动后静息代谢率（RMR）的时序性变化，以期系统阐明不同急性运动对 RMR 的影响，为制订健康效应最大化的运动干预方案提供参考依据。

二、研究对象与方法

（一）研究对象

受试者分两批完成最大脂肪氧化强度、通气无氧阈值强度、高强度间歇运动Ⅰ、高强度间歇运动Ⅱ、抗阻训练（RT）5 种急性运动。

第一组受试者（group1）完成最大脂肪氧化强度、通气无氧阈值强度。

第二组收受者（group2）完成高强度间歇运动Ⅰ、高强度间歇运动Ⅱ、抗阻训练。

受试者基本情况见表 1。所有受试者实验前均经过严格体检，排除心血管疾病及代谢性疾病，并在过去一年未进行规律性的运动健身活动（每周少于 2 次，每次少于 20 min，或 1 周内总时间少于 75 min），且实验前 4 周内未服用任何激素类药物，无饮酒及吸烟行为，不存在运动禁忌证。实验前所有受试者都被告知实验的细节和潜在的风险并签署知情同意书。

急性运动干预前一周，对受试者进行身高、体重、身体成分、最大摄氧量等指标测试。每位受试者在每次急性运动前 48 h 和来实验室的 4 天均保持日常体力活动、饮食结构以及作息时间与干预前一致。

测试当天要求受试者早上 7:30 之前空腹到达实验室，静坐 10 min 之后进行安静时心肺代谢气体变化测试，早餐后 2 h 开始急性运动。受试者在运动干预后的次日早晨、第三日早晨和第四日早晨的 7:30 之前空腹到达实验室测试基础代谢率（图 1）。

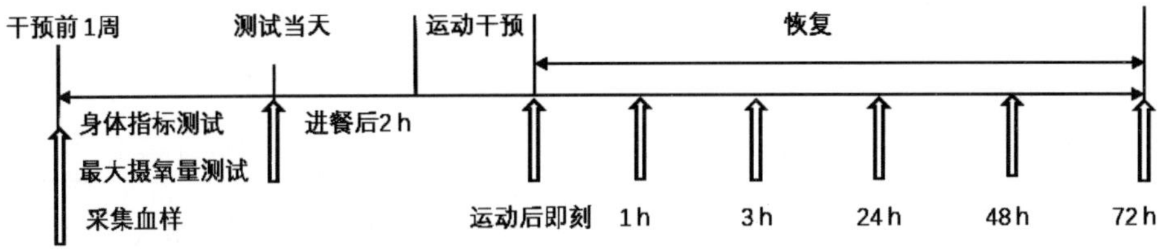

图 1 实验流程图

本研究采用自身对照，group1 有 3 次静息代谢率测试，group2 有 4 次静息代谢率测试。采用重复测量进行方差分析，各指标均无显著性差异。

表 1 受试者基本情况

	Group1	Group2	tt-test
数量	14	17	—
年龄 / 岁	23.0 ± 1.0	23.0 ± 2.0	T=0.69, P=0.496 8
体成分	—	—	—
身高 /cm	172.9 ± 5.0	175.5 ± 3.5	T=−1.67, P=0.106 7
体重 /kg	64.9 ± 5.8	69.1 ± 6.7	T=−1.85, P=0.073 9
身体质量指数	21.7 ± 1.8	22.4 ± 1.6	T=−1.17, P=0.251 0
体脂百分比 /%	13.6 ± 3.7	15.2 ± 4.4	T=−1.05, P=0.302 3

续表

	Group1	Group2	tt-test
肌肉质量 /kg	53.6 ± 6.0	57.1 ± 5.3	T=−1.69, P=0.101 7
骨矿盐 /g	2 862.8 ± 467.9	3 109.8 ± 370.8	T=−1.64, P=0.111 6
骨密度 /(g · cm^{-3})	1.3 ± 0.1	1.3 ± 0.1	F=−0.84, P=0.405 7
最大摄氧量 /(mL · kg^{-1} · min^{-1})	45.7 ± 3.6	48.7 ± 4.5	T=−2.01, P=0.054 1
最大二氧化碳排出量 / (L · min^{-1})	3.6 ± 0.5	3.7 ± 0.3	T=−1.06, P=0.296 8
通气量 /(L · min^{-1})	111.5 ± 11.8	124.7 ± 12.8	T=−2.98, P=0.005 8
最大心率 /(次 · min^{-1})	192.0 ± 7.0	192.0 ± 13.0	T=0.24, P=0.815 7
静息代谢率 /(kcal · h^{-1})	72.0 ± 8.8	81.1 ± 5.2	F=2.90, P=0.046 6

（二）急性运动方案

1. 运动强度

根据递增负荷运动试验（GXT）得出每位受试者的峰值摄氧量（VO_2 peak），之后再根据 VO_2peak 来确定受试者的 50%VO_2 peak、90%VO_2 peak、100%VO_2 peak 和通气无氧阈（VT）值，从而设定每位受试者相对应的运动强度和跑台运动速度。

最大脂肪氧化强度（FATmax）测试采用 25%VO_2 peak、35% VO_2 peak、45% VO_2 peak、55% VO_2 peak、65%VO_2 peak、75% VO_2 peak 分别代表不同的强度，在测试过程中如果有某一负荷呼吸商过高，则重测这一负荷，具体操作如下：

（1）准备活动。

（2）气体分析仪与跑台的连接以及校准。

（3）受试者佩戴面罩（以受试者感觉舒服且不漏气为佩戴完成），另外佩戴心率带以及安全带。

（4）受试者上跑台，测试开始。

（5）测试共分 6 个阶段，每段测试持续时间为 6 min，每段测试结束后休息 5 min。

（6）测试过程中注意事项主要为仪器的准备以及校准和呼吸面罩的佩戴。

（7）数据的导出，每次测试时间为 6 min，因为前 2 min 为适应阶段，我们选取 3~6 min 的数据取平均值计算出每个负荷阶段脂肪燃烧速度，然后将 6 次的数据做成抛物线（若某一负荷的数据偏差较大则删除，按另外 5 个负荷做成抛物线，抛物线至少有 4 个负荷符合要求，否则需要补测），取抛物线的最大值，对应的负荷强度为脂肪燃烧的最大速度。

（8）测试结束。

力量训练强度是根据美国运动医学学院（ACSM）推荐的全身主要肌肉群的力量训练方案进行急性干预。在进行正式干预前 1 周，对每位来实验室进行基础测试的受试者都给予力量训练技术动作的指导,使其熟悉力量训练的内容。然后进行 1 RM 测试，重复使用 10 RM 的重量来推测 1 RM 的重量。具体内容见表 2。

表 2 力量运动干预方案

训练动作	训练内容	组数 × 次数	组间间歇
深蹲	股四头肌	4 × 10	90 ~ 120 s
硬拉	腘绳肌	4 × 10	60 ~ 90 s
卧推	胸大肌	4 × 10	60 ~ 90 s
重锤下拉	背阔肌	4 × 10	60 ~ 90 s
杠铃肩上推举	三角肌	4 × 10	60 s
站姿弯举	肱二头肌	4 × 15	45 ~ 60 s
仰卧起坐	腹肌	4 × 20	40 ~ 60 s

2. 急性运动的内容

本实验采用自身对照实验设计，每组受试者需要依次完成不同的运动干预方案，且每两次运动干预之间至少间隔 1 周以上。

（1）高强度间歇运动Ⅰ运动方案。

高强度间歇运动Ⅰ（HIIT Ⅰ）参考相关研究，负荷安排如下。见图 2。

① 准备活动：10~15 min 慢跑和拉伸；

② 正式运动内容：在跑台上以 2.5 km/h 速度走 2 min，然后速度直接增加至 100%VO_2max 强度速度，保持 30 s，之后速度降至 50%VO_2max 强度速度，维持 90 s，然后依次交替进行，完成 6 次，之后以 2.5 km/h 速度走 2 min。第一组结束，休息 12 min，进行第二组。

③ 运动时间：6 × 30 s100%VO_2 max 强度速度和 6 × 90 s 50%VO_2 max 强度速度交替进行，共计 11 min。其中速度从 2.5 km/h 转换到 100%VO_2 max 强度速度，大约需要 25 s 的转换时间（因为每个人的最大速度不一样而略有不同），速度从 50%VO_2 max 强度速度转换到 100%VO_2 max 强度速度与从最大速度降到此速度所需要时间相同，大约需要 15 s（因为每个人的最大速度不一样而略有不同）；转换时间共计约 3 min。因此，完成 1 组约 18 min。全部完成约 48 min。

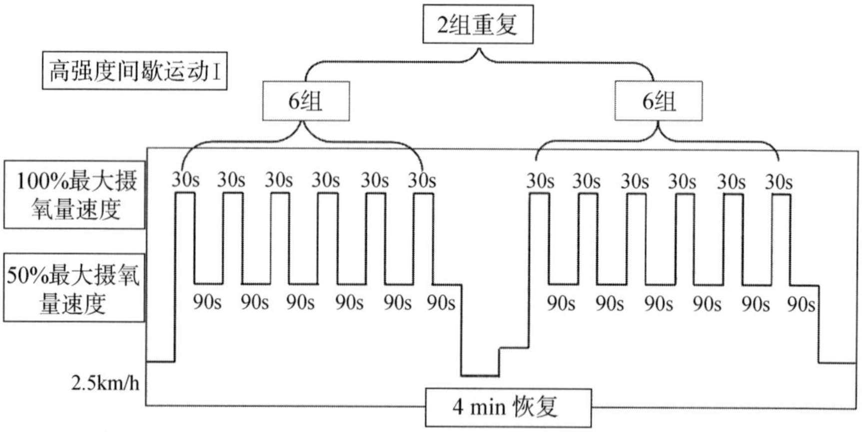

图 2 高强度间歇运动Ⅰ运动方案

（2）高强度间歇运动Ⅱ运动方案。

高强度间歇运动Ⅱ（HIIT Ⅱ）参考相关的研究，负荷安排如下。见图 3。

① 准备活动：10~15 min。

② 正式运动内容：在跑台上以 3 km/h 速度走 2 min，然后速度直接增加至 90%VO_2max 强度速度，保持 4 min，之后速度降至 3 km/h，保持 4 min，然后依次交替进行，完成 5 次，之后到达恢复期，以 2.5 km/h 速度走 2 min。

③ 运动时间：5 × 4 min 90%VO_2 max 强度速度跑，中间为 5 × 4 min 的速度为 3 km/h 的走，共计 40 min。其中速度从 3 km/h 转换到 90%VO_2 max 强度速度与从最大速度降到此速度所需时间相同，需要 23 s（因为每个人的最大速度不一样而略有不同），转换时间共计约 4 min。因此，全部完成总计 48 min。

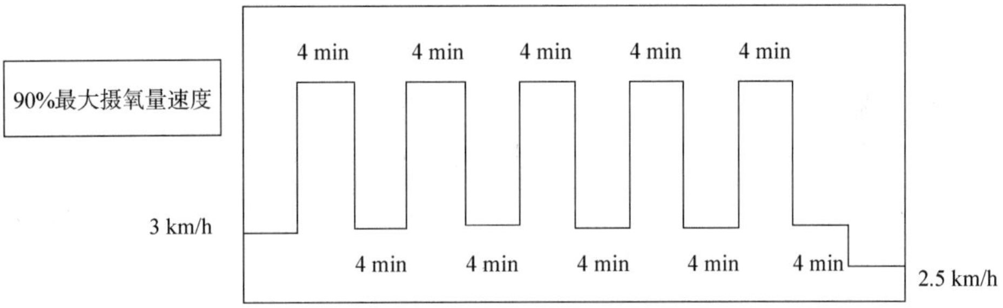

图 3　高强度间歇运动Ⅱ运动方案

（3）力量训练。

根据美国运动医学学院（ACSM）推荐，设计针对全身主要肌肉群的力量训练方案（简称 ST）。正式实验前 1 周，对受试者进行力量训练技术动作的指导，使其熟悉力量训练的内容。重复使用 10 RM 的重量来推测 1 RM 的重量。

① 准备活动：5~10min 低强度的跑台运动和全身肌肉群的牵拉。

② 正式运动：一组包括深蹲、卧推、硬拉、杠铃划船、肩上推举、站姿弯举（强度均为 10 RM）和仰卧起坐（20 次 / 组）；重复 4 组，组内间歇 60~90 s，组间间歇 4 min，完成时间总计约 50 min。

（4）最大脂肪氧化强度训练。

最大脂肪氧化（FATmax）干预方案参考相关研究制定：首先，受试者在正式干预前进行适当的热身运动，包括 5~10 min 低强度的跑台运动和全身肌肉群的牵拉；之后，受试者需要在跑步机上完成 45 min 强度为最大脂肪氧化速度跑。

（5）无氧阈训练。

根据 VO_2peak 来确定受试者的无氧阈（AT）：首先，受试者在正式干预前进行适当的热身运动，包括5~10 min低强度的跑台运动和全身肌肉群的牵拉；之后，进行 45 min 的运动干预。

运动监控：实验室测试均用心肺代谢测试分析系统检测呼吸代谢气体变化。在测试过程中，同步观察摄氧量（VO_2）、心率（HR）、呼吸交换率（RER）等信息，若发现 HR 及受试者表现异常时立即终止测试。

（三）测试指标

1. 身高、体重测试

采用电子身高体重计测量受试者身高，要求受试者赤脚，呈立正姿势站在身高体重计的底板上，躯干自然挺直，头部正直，两眼平视前方。上肢自然下垂，两腿伸直。脚跟并拢，脚尖分开约 60°。足跟、骶骨部及两肩胛骨间与立柱相接触，呈“三点一线”站立姿势。身高记录精确到 0.1cm，体重记录精确到 0.1 kg。

2. 体成分测试

采用双能 X 射线吸收扫描仪，要求受试者去除鞋袜、不能佩戴金属物品，测试时受试者保持安静，仰卧位平躺在扫描仪平板上，双臂放在身体两侧，身体任何部位不要超出扫描区域。

3. 最大摄氧量测试

最大摄氧量（VO_2max）测试是在运动干预前进行的，采用运动心肺功能测试系统和递增负荷跑台力竭性运动方案直接测定最大摄氧量。

测试准备：测试时室温控制在 20~25℃。受试者以 9 km/h 的速度在坡度为 0° 的跑台上慢跑 5min，熟悉跑台环境。准备活动完成后休息 3~5min，开始佩戴 Polar 表和呼吸面罩，同时应向受试者强调测试时的要求及注意事项。

正式测试：受试者按照设定的运动方案，由电脑控制跑台开始测试。首先对受试者安静采气 1 min，1min 后以 7 km/h 的起始速度开始递增负荷运动，第 1 级负荷为 2 min，以后每 1 min 速度递增 1 km/h，当速度达到 14 km/h 以后不再增加跑速，而是在保持速度的同时增加跑台坡度1%，直至受试者力竭为止。测试期间记录受试者心率（HR）、主观体力感觉（RPE）。

最大摄氧量判定标准：（1）心率超过年龄预测最大心率；（2）RER ≥ 1.10；（3）RPE 接近 20；（4）摄氧量不再随着运动负荷增加而明显增加，相邻两次间吸氧量增值小于 2 mL · kg^{-1} · min^{-1}。满足以上 3 个或 3 个以上即可判断达到其最大摄氧量。

4. 静息代谢率测试

静息代谢率（RMR）测试是在运动干预前、运动后 24 h、运动后 48 h 和 72 h 清晨空腹进行的。通过测量摄氧量（VO_2）和二氧化碳排出量（VCO_2）间接测定。在每次使用测试系统分析仪之前都会根据制造商的说明进行校准。每天早上 7 点开始测试，要求受试者来实验室之前的 12 h 要禁食、禁止吸烟、禁止喝咖啡和饮酒。来实验室静坐 10 min 后进行测试。测试时室温保持在 22.1℃，房间内保持安静。受试者在测试中保持平卧姿势和清醒状态，测试中不能活动四肢、说话和摇头，以排除肌肉活动对 RMR 的影响。VO_2max 测试前和急性运动前的测试要求：当 RER 在 0.7~0.8 之间，METs 值在 1 左右且 HR 稳定时，正式收集 20 min 气体，同时选取后 15 min 用于分析。在运动后 24h、运动后 48h 和 72h 清晨空腹的测试，当 VO_2 变化小于 25 mL/min 进行收集。数据选取后 15 min 且每隔 30 s 开始计算一次静息能量消耗的相关指标。根据 Weir 公式计算受试者静息代谢率。根据 Frayn 公式计算安静时脂肪氧化率。公式如下。

$$EE\ (J/min) = [3.9 \times VO_2(L/min) + 1.11 \times VCO_2(L/min)] \times 4.2$$

$$Fat\ oxidation\ rates(g/min) = 1.67\ VO_2(L/min) - 1.67\ VCO_2(L/min)$$

5. 统计学方法

数据采用平均数标准差（SD）表示。采用夏皮罗维尔克检验法和莱文尼方差齐性检验法分别进行正态分布和方差齐性检验。采用双因素 [时间 × 运动方式（HIIT Ⅰ、HIIT Ⅱ、RT）或 FATmax 和 AT] 重复测量方差分析静息代谢率的时序性变化。单因素重复测量方差分析比较静息代谢率在同一种急性运动方式的时序性变化，以及在不同急性运动方式后峰值和 AUC 的特征。

以 VO_2max 测试前和三次急性运动前的 4 次测试的平均值为静息代谢率的安静值。在统计共性特征的同时，分析个体变化特征，即反应者（responders）和非反应者（non-responder）。反应敏感性（responsiveness）以超过两倍的测量误差（the typical error of measurement，TE）评价。通过 VO_2max 测试前的安静值和三次急性运动前的安静值计算 TE。静息代谢率的反应敏感型的阈值（2×TE/mean×100%）在 group1 为 13.4%，在 group2 为 15.9%。

所有的统计学处理在 SAS9.4 完成。$P<0.05$ 为显著性差异。

三、主要结果

（一）急性运动过程中能量消耗与底物利用

HIIT Ⅰ、HIIT Ⅱ、AT 和 FATmax 之间的能量消耗和底物利用有显著差异（表 4）。

能量消耗：HIIT Ⅰ的能量消耗显著高于 HIIT Ⅱ（T=4.62，P<0.000 1）和 FATmax（T=8.23，P<0.000 1）。AT 的能量消耗显著高于 FATmax (T=6.41, P<0.000 1); HIIT Ⅰ的能量消耗高于 AT (T=2.87, P=0.005 7) 和 FATmax (T=3.84, P=0.000 3); 但是 HIIT Ⅰ和 AT 之间没有显著差异 (T=1.53, P=0.132 7)。

脂肪（Fat）供能：在 FATmax 最高，但是没有达到显著性差异 (F=1.96, P=0.130 7)。 对于久坐的受试者，在 45min 的最大脂肪氧化强度运动过程中，不能维持一致的脂肪氧化。随着时间的推移，脂肪供能降低、心率和碳水化合物供能升高。

糖（CHO）供能：HIIT Ⅰ显著高于 HIIT Ⅱ (T=4.06, P=0.000 1)；HITT Ⅰ显著高于 FATmax(T=9.74, P<0.000 1)；HIIT Ⅱ 显著高于 FATmax (T=5.88, P<0.000 1)； AT 显著高于 FATmax (T=7.63, P<0.000 1)；HIIT Ⅱ 和 AT 之间没有显著性差异 (T=2.11, P=0.039 1), HIIT Ⅰ和 AT 也没有达到显著性差异 (T=1.75, P=0.085 6)。

HR：HIIT Ⅰ 显著高于 FATmax (T=8.40, P<0.000 1)；HIIT Ⅱ 显著高于 FATmax (T=6.10, P<0.000 1)；AT 显著高于 FATmax (T=8.96, P<0.000 1)。此外，HIIT Ⅰ 高于 HIIT Ⅱ (T=2.42, P=0.018 7)。

RER：HIIT Ⅰ 显著高于 FATmax (T=6.30, P<0.000 1)；HIIT Ⅱ 显著高于 FATmax (T=8.23, P<0.000 1)；AT 显著高于 FATmax (T=6.96, P<0.000 1)。HIIT Ⅰ 低于 HIIT Ⅱ (T=–2.03, P=0.046 8)。

表 4 急性运动训练中的能量消耗与物质利用

	HIIT Ⅰ	HIIT Ⅱ	AT	FATmax	F, P
EE/ (kcal/h)	825.9 ± 110.1	641.1 ± 71.5	761.7 ± 117.7	479.6 ± 159.7	F=25.60, P<0.0001
CHO/ (g/h)	154.1 ± 30.5	119.2 ± 15.8	138.3 ± 25.1	65.9 ± 27.0	F=34.62, P<0.0001
Fat/ (g/h)	10.8 ± 3.9	10.0 ± 3.6	9.0 ± 8.2	14.1 ± 7.3	F=1.96, P=0.1307
HR/(次 /min)	169.0 ± 10.0	158.0 ± 11.0	173.0 ± 10.0	130.0 ± 19.0	F=33.05, P<0.0001
RER	0.944 ± 0.021	0.963 ± 0.022	0.954 ± 0.025	0.881 ± 0.039	F=26.26, P<0.0001

（二）基础代谢率

单因素的重复测量方差分析显示：在 RT 运动 24h 后，RMR 显著升高（F=10.37，P=0.005 3）；HR 显著升高（F=12.92，P=0.002 4）。RMR 的变化特点见表 5。

双因素的重复测量方差分析显示：RMR 在 group1，时间与运动干预方式没有显著的交互作用（P=0.058），在 group2，时间与运动干预方式也没有显著的交互作用（P=0.664）。

AT、FATmax、HIIT Ⅰ 、HIIT Ⅱ 和 RT 后 RMR 的时序性变化见图 4、图 5。

5 种不同的干预中个体反应差异较大（图 6）。FATmax 有 14% 的高敏感群体，AT 有 29%，HIIT Ⅰ 有 6%，HIIT Ⅱ 有 24%。

表 5 RMR 的变化特点

单位：kcal/h

		训练前	训练后 24 小时	训练后 48 小时	训练后 72 小时	每次急性运动训练的时间为 F、P 值
RMR	HIIT Ⅰ	81.2 ± 5.7	81.2 ± 8.1	82.1 ± 9.3	82.1 ± 7.6	F=0.13, P=0.929 3
	HIIT Ⅱ	81.2 ± 8.0	80.9 ± 8.0	83.9 ± 9.1	82.8 ± 7.6	F=0.88, P=0.476 3
	ST	80.5 ± 6.7	87.0 ± 8.5	80.2 ± 6.8	82.1 ± 9.3	F=3.94, P=0.031 4
	AT	71.5 ± 9.5	75.2 ± 12.0	74.5 ± 11.1	74.7 ± 9.3	F=1.27, P=0.333 3
	FATmax	72.4 ± 9.1	77.0 ± 10.6	73.9 ± 9.7	73.2 ± 10.0	F=0.98, P=0.439 2
RMR-HR	HIIT Ⅰ	57.4 ± 6.1	58.3 ± 7.1	60.1 ± 6.2	58.5 ± 6.5	F=2.25, P=0.127 6
	HIIT Ⅱ	59.8 ± 6.6	59.4 ± 7.5	60.1 ± 9.5	57.2 ± 6.2	F=2.86, P=0.074 5
	ST	57.4 ± 6.9	61.4 ± 8.2	58.2 ± 8.8	57.8 ± 8.0	F=4.43, P=0.021 7
	AT	63.9 ± 9.4	65.5 ± 7.0	64.4 ± 5.4	62.4 ± 5.5	F=3.25, P=0.063 6
	FATmax	61.5 ± 8.2	59.1 ± 17.0	62.6 ± 6.3	62.4 ± 7.4	F=0.43, P=0.736 0

（1）RMR-HR: 测量 RMR 时的 HR;
（2）一次力量训练后，训练前的 RMR 与训练后 24 小时的相比，F=10.37，P=0.0053;
（3）训练前的 RMR-HR 与训练后 24 小时的相比，F=12.92，P=0.0024。

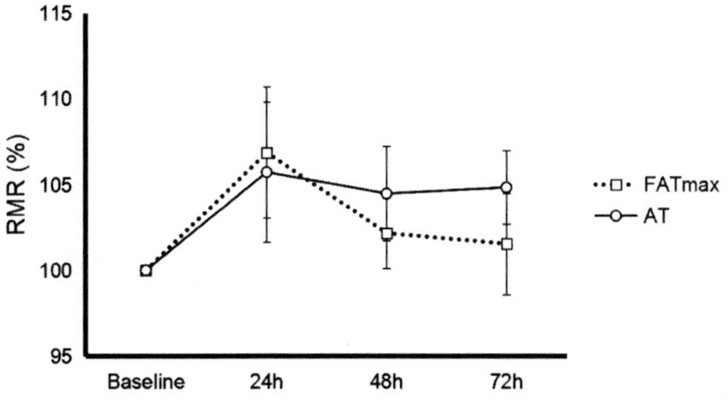

图 4　AT 和 FATmax 后 RMR 的时序性变化

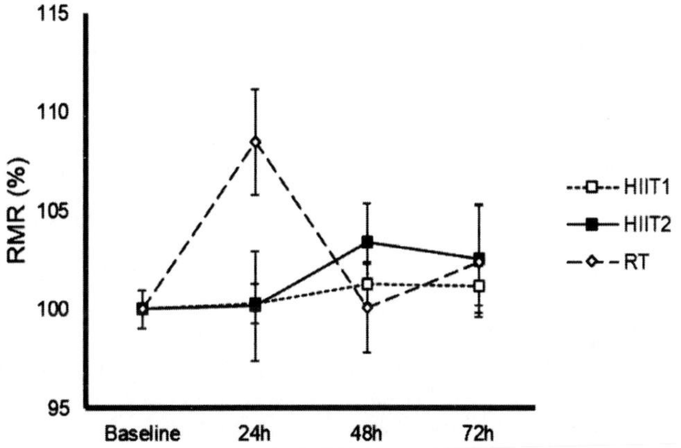

图 5　HIIT Ⅰ、HIIT Ⅱ 和 RT 后 RMR 的时序性变化

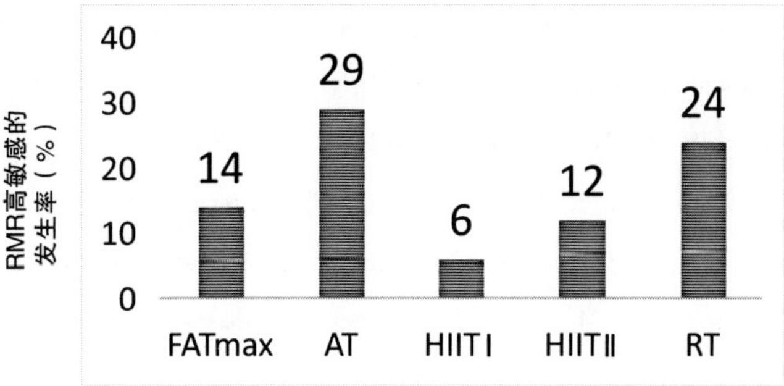

图 6　不同运动干预方式后 RMR 高敏感的发生率

四、讨论

近年来，慢性非传染性疾病(以下简称“慢病”)发生率持续上升，慢病导致的死亡人数占全球死亡人数的67%，其中80%发生在低收入和发展中国家。肥胖全球流行是慢病的主要危险因素。慢病和肥胖高发生率反映了能量摄入和消耗的不平衡。为了使体重安全降低，男性和女性每天最低各需要摄入能量1 505 kcal和1 204 kcal。因此，能量消耗是能量平衡中的更大变量，其包括静息能量代谢率（RMR）、身体活动能量消耗和食物的生热作用。RMR是指静息状态下的能量消耗占总能量消耗的百分比，一般为60%~75%，因此RMR的升高或降低具有重要意义。低的RMR是体重增加的重要危险因素。

运动锻炼能够增加能量消耗，同时是保持健康的重要方法，88%的体重成功降低的案例中包含增加运动锻炼。运动锻炼对RMR的影响一直是探讨运动健康效应的重要方面，但研究结果存在较大争议。

本研究中FATmax、AT、HIIT Ⅰ、HIIT Ⅱ和RT运动干预后，总体平均水平上，如果应用单因素重复测量方差分析，力量训练组的次日早晨的RMR显著升高，但是当应用双因素的重复测量方差分析，这种升高不显著。个体水平上，FATmax有14%、AT有29%、HIIT Ⅰ有6%、HIIT Ⅱ有12%、RT有14%的受试者RMR显著升高。因此，如果想通过运动干预提高受试者的RMR，应该根据受试者的特点选择一个有效的方法。

参考文献

[1] KOHL HW， CRAIG CL, LAMBERT EV, et al. The pandemic of physical inactivity: global action for public health[J]. The Lancet, 2012,380:294–305.

[2] SALLIS JF, BULL F, GUTHOLD R, et al. Progress in physical activity over the Olympic quadrennium[J]. Lancet (London,Eng land), 2016,388:1325–1336.

[3] WILLIAMS PT. Reduced total and cause–specific mortality from walking and running in diabetes[J]. Medicine and science in sports and exercise, 2014,46(5):933–939.

[4] PAFFENBARGER RS, JR., HYDE RT, et al. Physical activity, all–cause

mortality, and longevity of college alumni[J]. The New England journal of medicine, 1986,314:605–613.

[5] LEE IM, SHIROMA EJ, LOBELO F, et al. Effect of physical inactivity on major non–communicable diseases worldwide: an analysis of burden of disease and life expectancy[J]. Lancet, 2012,380:219–229.

[6] HASKELL WL, LEE IM, PATE RR, et al. Physical activity and public health: updated recommendation for adults from the American College of Sports Medicine and the American Heart Association[J]. Circulation,2007,116:1081–1093.

[7] ISLAM H , TOWNSEND L K , HAZELL T J . Modified Sprint Interval Training Protocols Part I: Physiological Responses[J]. Applied Physiology Nutrition & Metabolism, 2016, 42(4):339–346.

[8] HUH JY, SIOPI A, MOUGIOS V, et al. Irisin in response to exercise in humans with and without metabolic syndrome[J]. The Journal of clinical endocrinology and metabolism, 2015,100:E453– E457.

[9] TAKAGI S, SAKAMOTO S, MIDORIKAWA T, et al. Determination of the exercise intensity that elicits maximal fat oxidation in short–time testing[J]. Journal of sports sciences, 2014,32:175–182.

[10] FRAYN KN. Calculation of substrate oxidation rates in vivo from gaseous exchange[J]. Journal of applied physiology: respiratory, environmental and exercise physiology, 1983,55:628–634.

[11] COMPHER C, FRANKENFIELD D, KEIM N, et al. Best practice methods to apply to measurement of resting metabolic rate in adults: a systematic review[J]. Journal of the American Dietetic Association, 2006,106:881–903.

[12] WEIR JB. New methods for calculating metabolic rate with special reference to protein metabolism[J]. Nutrition, 1990,6:213–221.

[13] HOPKINS WG. Measures of reliability in sports medicine and science[J]. Sports medicine, 2000,30(1):1–15.

[14] LOZANO R, NAGHAVI M, FOREMAN K, et al. Global and regional

mortality from 235 causes of death for 20 age groups in 1990 and 2010: a systematic analysis for the Global Burden of Disease Study 2010[J]. Lancet, 2012,380:2095–2128.

[15] PRATT M, SARMIENTO OL, MONTES F, et al. The implications of megatrends in information and communication technology and transportation for changes in global physical activity[J]. Lancet, 2012,380:282–293.

[16] FLEGAL KM, CARROLL MD, KIT BK, et al. Prevalence of obesity and trends in the distribution of body mass index among US adults, 1999—2010[J]. JAMA : the journal of the American Medical Association,2012,307:491–497.

[17] PROSPECTIVE STUDIES C, WHITLOCK G, LEWINGTON S, et al. Body–mass index and cause–specific mortality in 900 000 adults: collaborative analyses of 57 prospective studies[J]. Lancet, 2009,373:1083–1096.

[18] BERRINGTON DE GONZALEZ A, HARTGE P, CERHAN JR, et al. Body–mass index and mortality among 1.46 million white adults[J]. The New England journal of medicine, 2010,365(9):869–869.

[19] HALL KD, HEYMSFIELD SB, KEMNITZ JW, et al. Energy balance and its components: implications for body weight regulation[J]. The American journal of clinical nutrition, 2012,95(4):989–994.

[20] HALL KD, SACKS G, CHANDRAMOHAN D, et al. Quantification of the effect of energy imbalance on bodyweight[J]. Lancet, 2011,378:826–837.

[21] RAMAGE S, FARMER A, APPS ECCLES K, et al. Healthy strategies for successful weight loss and weight maintenance: a systematic review[J]. Applied physiology, nutrition, and metabolism = Physiologie appliquee, nutrition et metabolisme, 2014,39:1–20.

[22] POEHLMAN ET. A review: exercise and its influence on resting energy metabolism in man[J]. Medicine and science in sports and exercise, 1989,21:515–525.

[23] ZURLO F, LARSON K, BOGARDUS C, et al. Skeletal muscle metabolism is a major determinant of resting energy expenditure[J]. The Journal of clinical investigati on,1990,86:1423–1427.

[24] DONNELLY JE, BLAIR SN, JAKICIC JM, et al. American College of Sports Medicine Position Stand. Appropriate physical activity intervention strategies for weight loss and prevention of weight regain for adults[J] Medicine and science in sports and exercise, 2009,41:459–471.

[25] RAMAGE S, FARMER A, ECCLES KA, et al. Healthy strategies for successful weight loss and weight maintenance: a systematic review[J]. Applied physiology, nutrition, and metabolism = Physiologic appliquee, nutrition et metabolisme, 2014,39:1–20.

[26] MCMURRAY RG, SOARES J, CASPERSEN CJ, et al. Examining variations of resting metabolic rate of adults: a public health perspective[J]. Medicine and science in sports and exercise, 2014,46:1352–1358.